Le casier judiciaire au Cameroun et en droit comparé

Charlem Claustaire KAMDEM FEUTSEU

Le casier judiciaire au Cameroun et en droit comparé

Préface de François ANOUKAHA

Postface de Jean Fils NTAMACK

L'Harmattan
Cameroun

5-7, rue de l'Ecole-Polytechnique, 75005 Paris

http://www.editions-harmattan.fr

ISBN : 978-2-336-53251-6
EAN : 9782336532516

« Il faut éclairer l'histoire par les lois et les lois par l'histoire ».

Montesquieu, De l'Esprit des lois, 1748.

DÉDICACE

À Monsieur KAMTOH Pierre, de regrettée et de glorieuse mémoire,

Magistrat hors hiérarchie premier groupe,
Président de la Chambre judiciaire de la Cour de Justice CEMAC,
Officier de l'ordre du mérite communautaire CEMAC.

REMERCIEMENTS

- **À Monsieur Laurent ESSO**, Ministre d'État, Ministre de la Justice, Garde des Sceaux ;
- **À Monsieur AMADOU SOULEY**, Directeur des Affaires pénales et des Grâces (DAPG) au ministère de la Justice pour ses encouragements constants ;
- **Au Professeur François ANOUKAHA**, agrégé des Facultés de Droit-Doyen honoraire qui nous a fait l'honneur de préfacer le présent ouvrage ;
- **À Monsieur Jean Fils NTAMACK,** Magistrat hors Hiérarchie premier groupe, qui a bien voulu accepter d'inscrire et de signer la postface de cette réflexion ;
- **Dr Roger SOCKENG**, Conseiller à la Cour suprême, pour ses précieux conseils ;
- **Dr MANGUETET Véronique épouse NGANOU DJOUMESSI,** Sous-Directeur au ministère de la Justice, précédemment Greffier en Chef de la Cour d'appel du Centre à Yaoundé et en charge entre autres, du casier judiciaire spécial, avec qui nous avons eu des échanges riches et édifiants.

Reconnaissance infinie :

➢ Aux collègues Magistrats pour le temps consacré à la relecture parfois laborieuse de nos écrits et pour leurs suggestions constructives, notamment :

- **M. Maurice SOH**, *Sous-Directeur à la Direction de la Législation au ministère de la Justice ;*
- **M. Simon OJONG ERET**, *Chargé d'Études Assistant à Cellule de Suivi au Secrétariat général du ministère de la Justice ;*
- **Dr Hubert TSAGUE DONKENG**, *Substitut du Procureur de la République au Parquet d'instance de Yaoundé Centre Administratif ;*
- **Dr. WALID ABDOULAYE,** *Attaché au Parquet général du Centre à Yaoundé.*

- Aux Sous-Directeurs **M. HAMAN BOUBA et M. LOGMO Achille** pour la leur implication active dans le fonctionnement du casier judiciaire ; Aux collègues Magistrats de la DAPG au ministère de la Justice et notamment Messieurs **Camille KENENGUE** et **Jean Beauvais ENDOMO** ainsi que les collaborateurs de ladite Direction pour leur contribution dans la quête des données contenues dans cet ouvrage.

LISTE DES ABRÉVIATIONS

ADN :	Acide Désoxyribo Nucléique
B1 :	Bulletin n°1 du casier judiciaire
B2 :	Bulletin n°2 du casier judiciaire
B3 :	Bulletin n°3 du casier judiciaire
BUNEC :	Bureau national de l'État civil
CA :	Cour d'Appel
CBF :	Cameroon Business Forum
CEMAC :	Communauté économique et monétaire de l'Afrique Centrale
CIC :	Code d'Instruction criminelle
CNI :	Carte nationale d'Identité
CP :	Code pénal
CPC	Contrainte par Corps
CPP :	Code de Procédure pénale
DAPG :	Direction des Affaires pénales et des Grâces
DGSN :	Délégué général à la Sûreté nationale
ÉCRIS :	European Criminal Information System
ELECAM :	Elections Cameroon
FIJAIS :	Fichier national automatisé des auteurs des infractions sexuelles et violentes
FIJAIT :	Fichier national automatisé des auteurs des infractions terroristes
MINAT :	Ministère de l'Administration territoriale
MINDEF :	Ministère de la Défense
MINFOPRA :	Ministère de la Fonction publique et de la Réforme administrative
MINJUSTICE :	Ministère de la Justice

MINPMEESA :	Ministère des Petites et Moyennes Entreprises, de l'Économie sociale et de l'Artisanat
MINREX :	Ministère des Relations extérieures
MINDDEVEL :	Ministère de la Décentralisation et du Développement local
OHADA :	Organisation pour l'Harmonisation en Afrique du Droit des Affaires
OPJ :	Officier de Police judiciaire
PCA	Président de Cour d'appel
PG :	Procureur général
PROCIVIS :	Programme d'Appui à la Citoyenneté active
RCCM :	Registre du Commerce et du Crédit mobilier
SDCJC :	Sous-Direction du Casier judiciaire central
SED :	Secrétaire d'État à la Défense
TCS :	Tribunal Criminel Spécial
TIC :	Technologies de l'Information et de la Communication
TPI :	Tribunal de Première Instance
Cass :	Cour de cassation
Cour Eur. D. H :	Cour européenne des Droits de l'Homme
Cons. Const :	Conseil constitutionnel
CE :	Conseil d'État
UE :	Union européenne
S-TESTA :	TransEuropean service For Télématics between administrations
STIC :	Système de traitement des infractions constatées (fichier de la police en France)
JUDEX :	Système judiciaire de documentation et d'exploitation (fichier de la gendarmerie en France)
CNUDCI :	Commission des Nations Unies pour le Droit commercial international
OCDE :	Organisation de Coopération et de Développement économiques
ISO :	International Organization for standardization (Organisation internationale pour la Normalisation)

OIT :	Organisation internationale du Travail
OMS :	Organisation mondiale de la santé
UNESCO :	Organisation des Nations Unies pour l'éducation, la Science et la Culture
ONUDC :	Office des Nations Unies contre la Drogue et le Crime
OMC :	Organisation mondiale du Commerce
OMPI :	Organisation mondiale de la Propriété intellectuelle
FNAEG :	Fichier national des empreintes génétiques (à l'origine pour conserver les les empreintes génétiques des délinquants sexuels, aujourd'hui étendu à d'autres infractions)

SOMMAIRE

AVANT-PROPOS

Sur ma trajectoire professionnelle tridimensionnelle, Siège (11 ans), Parquet (11 ans) et Services centraux (16 ans)[1], aux détours des réflexions dans les dossiers, divers thèmes d'étude ont plusieurs fois titillé mes neurones en dépit de mes lourdes et prenantes charges professionnelles. Certains de ces thèmes ayant fait l'objet de réflexions amorcées, mais abandonnées en chantier, souvent dans des domaines de droit où mes humanités remontent dans le temps, tels que la propriété intellectuelle[2], les questions électorales[3]. Néanmoins, quelques-uns de ces thèmes, dans un autre champ du droit, ont été achevés et publiés, dont celui sur les mandats de justice[4].

Par décret n° 2020/446 du 10 août 2020, précédemment Chef de la Cellule de Suivi au Secrétariat général du ministère de la Justice que je fus, j'ai été nommé Sous-Directeur du casier judiciaire central à la Direction des Affaires pénales et des Grâces dudit ministère. En préparation à l'exercice de mes nouvelles fonctions, je me suis transporté dans les librairies avec le vœu d'y trouver de la documentation pour panser préventivement mes lacunes sur le casier judiciaire, dont des rudiments, je n'avais que des réminiscences découlant de mes fonctions antérieures dans les tribunaux[5]. Grande fut ma surprise de faire face à une pénurie de documentation sur le casier judiciaire dans les rayons de nos librairies. Les recherches dans les librairies étrangères avaient néanmoins comblé quelque peu mes attentes.

Dans le souci de donner le meilleur de moi-même dans mes nouvelles fonctions et surtout, de maintenir l'acuité intellectuelle qui fut la mienne dans mes précédentes fonctions de Chef de la Cellule de suivi, je me suis investi

---

[1] Estimations au titre de l'année 2025.

[2] Mémoire en vue de l'obtention du Diplôme d'Études Approfondies (DEA) en Droit communautaire sur le thème « Le rôle du formalisme en propriété intellectuelle dans l'espace OAPI », Université de Dschang, 2006 ;

[3] Représentant du ministère de la Justice à l'occasion des concertations des acteurs du processus électoral, initiées par ELECAM et suivies du contentieux électoral (2009-2014), au titre de nos fonctions d'alors, à la Cellule de Suivi au Secrétariat général du ministère de Justice ;

[4] Charlem Clautaire KAMDEM FEUTSEU, « Mandats de justice : soliloque sur certaines dispositions équivoques du Code de Procédure pénale », in *Juridis Périodique*, revue scientifique de Droit et de Science politique n° 126, avril mai, juin 2021, pp. 176-182.

[5] Juge aux Tribunaux de Première et grande instance de Kaélé et du Mayo Kani (Extrême-Nord du Cameroun) de 1987 à 1998, Substitut du Procureur de la République près les Tribunaux de Bafoussam (1998 à 2000), Procureur de la République près les Tribunaux de Mbouda-Bamboutos (2000-2006), Procureur de la République près les Tribunaux de Kribi-Océan (2006 à 2009), en service dans les services centraux depuis 2009.

dans les recherches tous azimuts sur le casier judiciaire. Tout y est passé, abondantes documentations, internet (Wikipédia), consultation des archives, rencontres, enquêtes et retraite de rédaction… en cours de processus, la moisson des enseignements est allée au-delà de mes espoirs. Je suis resté confus et subjugué en face, d'une part, de l'étendue de mon ignorance et, d'autre part, de l'abondance et du volume des enseignements, notamment la découverte de multiples aspects du casier judiciaire dont j'étais proprement ignorant. De même, j'ai réalisé combien le droit comparé sur le casier judiciaire est fécond, faisant en même temps le constat de nombreuses insuffisances de la législation camerounaise en cette matière ainsi que du gap considérable entre le fonctionnement du casier judiciaire au Cameroun et celui des autres Pays y compris certains pays africains, notamment le Sénégal, la Côte d'Ivoire et le Togo.

L'exercice au quotidien de mes fonctions de Sous-Directeur en charge du fichier central m'a permis, rendu au cœur du système, d'explorer le casier judiciaire de fond en comble dans toutes ses sutures et subtilités. De multiples missions sur le terrain, toutes aussi enrichissantes, ont contribué à renforcer mes connaissances.

L'inspiration d'une réflexion au crible du droit comparé, indifféremment du thème, m'a habité lors d'une visite de travail au Tribunal correctionnel du Canton de Vaud à Lausanne en Suisse[6]. À l'occasion, j'avais eu le privilège de prendre part à des audiences, de réaliser des rencontres d'échanges enrichissantes avec plusieurs Magistrats de cette juridiction[7], ensuite, de visiter les prisons. À l'issue de cette mission, j'avais été marqué par mon immersion dans une culture juridique étrangère et de la densité de l'enrichissement qui en avait découlé.

Advenu à la phase de rédaction de cet ouvrage, l'auteur en proie à des contingences de divers ordres, parfois lourdes et pénibles, a vu son engagement vaciller. La plume, parfois fébrile, parfois bredouillante, parfois dubitative, a connu des moments de panne sèche. La hantise du mythe de Sisyphe en l'homme était plus que réelle. Le démon de la renonciation a plusieurs fois rôdé. C'est au plus profond de mes tripes, sur un socle de foi chrétienne que je suis allé chercher ascèse et transcendance pour me constituer un *fighting spirit (mental de combat)* nécessaire pour la poursuite et l'achèvement de cette œuvre. La détermination qui a suivi a fait le reste.

---

[6] Du 06 au 10 novembre 2017, j'ai pris part à un Forum inter professionnel à Lausanne-Suisse, intervenant et modérateur sur le thème ***« soins psychiques et enjeux sécuritaires »,*** décliné en plusieurs autres modules de réflexion : ***"l'adolescent entre soins et protection", "la prison entre sanction pénale et soins sous contrainte".***

[7] D'autres contacts ont été ultérieurement noués avec d'autres Magistrats suisses, respectivement dans la ville de Genève et Fribourg.

La collecte documentaire a été significativement affectée par la maigreur de la documentation sur le casier judiciaire. Les antériorités en cette matière ne foisonnent pas. La pénurie observée dans les rayons de bibliothèque en est une expression éloquente. Le présent ouvrage ambitionne de combler ce vide. Ce vœu a dû vraisemblablement doper ma motivation.

Par ailleurs, faut-il le relever, ce travail fort prenant et laborieux a été réalisé au prix de multiples privations et détachements des mondanités que j'ai pu convertir en force mentale et intellectuelle. Mon entourage familial en a payé le prix fort, non sans avoir des appréhensions sur mes couchers tardifs et mes réveils précoces récurrents. Je me suis accommodé durablement à des réveils entre 03h - 04h du matin, à la recherche d'une muse en "marée haute" ou encore de longues journées devant mon ordinateur avec téléphone hors service, afin d'éviter des interruptions téléphoniques susceptibles de perturber le fil de mes idées. À la vérité, pendant trois (3) ans (2021 à 2023), je me suis surpris à être désagréable auprès des miens qui ont souvent eu, à mon égard, le sentiment d'être à la fois présent et absent. Pour les prochains challenges du même ordre, du reste imminent, s'il plait à Dieu, des compromis seront nécessairement aménagés.

Telles sont les circonstances combien laborieuses de l'enfantement, pénible certes, mais sans forceps, de cet ouvrage dont la valeur ajoutée est laissée à l'appréciation du lecteur. Cette publication ambitionne de s'inscrire non seulement comme modeste contribution à lever les incompréhensions et préjugés autour du casier judiciaire, à en améliorer la saine compréhension et surtout à lever le voile sur sa dimension utilitaire dans ses multiples aspects.

L'approche comparative retenue n'est pas anodine. Il nous a semblé plus constructif d'opter pour une démarche réflexive critique en recherchant dans le terreau du droit comparé, le ferment indispensable pour des réformes pertinentes en vue de l'édification d'un casier judiciaire réconcilié avec son environnement, plus contributif aux préoccupations et interpellations contemporaines.

L'Auteur

PRÉFACE

Le casier judiciaire au Cameroun et en droit comparé, tel est le titre de cet ouvrage à la fois original et profond que vient de commettre M. KAMDEM FEUTSEU Charlem Clautaire.

L'ouvrage est original en ce qu'il aborde pour la première fois au Cameroun ce sujet demeuré longtemps inexploré, à notre connaissance. En effet, bien souvent, l'on ne s'aperçoit de l'existence du casier judiciaire que lorsque celui-ci est exigé à l'occasion de la composition d'un dossier de concours, d'intégration ou même d'élection. Il s'agit alors bien souvent de l'extrait de casier judiciaire n°3.

Parce que l'on parle de l'extrait, on comprend qu'il a bien fallu aller le chercher dans des relevés de condamnations transcrites sur des fiches qui contiennent bien plus d'informations. C'est l'ensemble des fiches de condamnations rangées par ordre alphabétique dans un dispositif de conservation qui est appelé casier judiciaire. Il en est délivré des extraits encore appelés bulletins ainsi déclinés :

- Le bulletin n°1 contient toutes les condamnations, les mesures de sûretés et les arrêtés d'expulsion prononcés contre une personne ;
- Le bulletin n°2 a le même contenu que le précédent à l'exclusion des décisions effacées par l'amnistie et la réhabilitation ;
- Le bulletin n°3 mentionne les condamnations à des peines privatives de liberté non effacées par l'amnistie et la réhabilitation. Il mentionne en outre toutes les condamnations relatives à la circulation routière.

Comment est organisé ce registre ? Comment fonctionne-t-il ? À quoi sert-il ?

C'est sur ces questions fondamentales que M. KAMDEM FEUTSEU Charlem Clautaire fait montre de sa capacité non seulement d'exposer, mais également d'analyser les données fournies.

Sur l'organisation du casier judiciaire, il relève qu'il en existe deux paliers, l'un plus connu que l'autre.

Le premier est le casier judiciaire institué au greffe de chaque tribunal de première instance. Il est appelé fichier d'arrondissement. C'est celui-là qui est le plus sollicité par les Camerounais. La raison en est qu'il concerne les personnes nées dans le ressort du tribunal concerné.

Le second, le moins connu, est celui institué au niveau du ministère de la Justice. Il a une double vocation, l'une tournée vers l'extérieur, l'autre vers l'intérieur. Vers l'intérieur, le casier judiciaire institué au ministère chargé de la Justice joue un double rôle. D'une part, il est appelé à centraliser les informations provenant de tous les casiers judiciaires institués auprès des tribunaux de première instance. D'autre part, il a un rôle de suppléance. Il reçoit dans ce cas les fiches du casier judiciaire des personnes de nationalité camerounaise dont le lieu de naissance est inconnu ou dont l'identité est douteuse. La question est alors de savoir qui est chargé d'établir et de communiquer au ministère les fiches concernées ?

Tourné vers l'extérieur, ce casier judiciaire concerne les personnes de nationalité camerounaise nées à l'étranger ou alors les personnes de nationalité étrangère résidant au Cameroun ayant fait l'objet de condamnations judiciaires ou même de mesures de sûreté. On comprend alors toute la complexité de cette institution dont on peut s'interroger sur le fonctionnement.

Sur le fonctionnement du casier judiciaire, il y a lieu de convoquer deux catégories de liens, un lien horizontal et un lien vertical, le point de déclenchement étant le prononcé de la décision judiciaire pénale.

La verticalité dans le fonctionnement appelle la hiérarchisation des relations entre les différentes administrations concernées. Ainsi, chaque juridiction ayant prononcé une condamnation ou une mesure de sûreté est tenue d'adresser au casier central aux fins d'un classement nominal et dactyloscopique, deux des exemplaires de la fiche de casier judiciaire portant transcription du dispositif de la décision, qu'elle doit dresser à cet effet.

L'horizontalité dans le fonctionnement appelle la même juridiction à adresser au greffe du tribunal de première instance du lieu de naissance de la personne condamnée deux exemplaires de la fiche de casier judiciaire. Il devrait en être de même pour les personnes de nationalité étrangère, bien que la loi n'en dise rien. C'est à ce niveau qu'apparaît la nécessité d'une collaboration entre les différents États. Autant les États étrangers doivent communiquer aux autorités compétentes camerounaises, les décisions concernant leurs ressortissants à l'étranger, autant le Cameroun doit le faire pour les personnes étrangères condamnées au Cameroun. Est-ce bien ainsi que fonctionne le casier judiciaire au Cameroun ?

M.KAMDEM FEUTSEU Charlem Clautaire, Sous-Directeur du Casier judiciaire central à la Direction des Affaires pénales et des Grâces au ministère de la Justice y apporte un jugement éclairé. Après avoir analysé le fonctionnement du casier judiciaire au Cameroun, à la lumière du droit comparé notamment, il propose des voies nouvelles pour l'améliorer.

Il s'agit, entre autres, de :

- L'inscription au casier judiciaire seulement des décisions de justice devenues définitives ;
- L'institution d'un délai pour la transmission des fiches de casier judiciaire ;
- L'institution de casiers judiciaires spéciaux pour des groupes à risques catégorisés ;
- L'institution formelle d'un casier judiciaire pour les personnes morales, conséquence de la consécration en droit camerounais de leur responsabilité ;
- La transmission systématique du casier judiciaire à l'administration pénitentiaire ;
- L'institution d'infractions spéciales relatives au casier judiciaire ;
- La création d'une section spécialisée du casier judiciaire au greffe de chaque tribunal de première instance ;
- L'habilitation du fichier central à délivrer des extraits de casier judiciaire à tout citoyen camerounais ;
- L'informatisation du casier judiciaire.

Il ne fait nul doute que ces mesures, si elles étaient implémentées, elles donneraient plus de visibilité et plus de flexibilité dans le fonctionnement du casier judiciaire au Cameroun. Loin d'être un simple outil statistique, le casier judiciaire deviendrait un véritable élément de mise en œuvre de la politique pénale au Cameroun.

Je souhaite que cet ouvrage puisse intéresser au premier chef les décideurs politiques, mais également les enseignants d'université et les étudiants juristes et plus largement tout le grand public féru des questions de droit et de politique pénaux.

Professeur François ANOUKAHA
Agrégé des Facultés de Droit, Doyen Honoraire

INTRODUCTION

Le Garde des Sceaux français Robert BADINTER[8], à l'occasion de l'inauguration du Casier judiciaire national à Nantes en France le 8 juin 1982[9], évoquait, dans son allocution d'ouverture, le ressenti que laisse le casier judiciaire aux personnes condamnées. Il en parlait alors comme d'une "mémoire douloureuse". Divers autres substantifs sont souvent utilisés pour désigner le casier judiciaire, notamment : "biographie judiciaire", "curriculum pénal" ou encore, "mémoire pénale". En marge de ces expressifs, qui dénotent d'un embarras sur la notion de casier judiciaire, plusieurs autres figures de style sont en usage pour exprimer, sur un autre versant, les diverses appréciations des analystes quant aux effets attribués invariablement au casier judiciaire selon le contexte, notamment : double peine, séquestre des libertés fondamentales, obstacle à une citoyenneté pleine et entière, etc. Résolument, le casier judiciaire fait l'objet d'une appropriation polysémique par les uns et les autres.

Le déploiement lexical riche et diversifié sur le casier judiciaire, au-delà des élans émotionnels sous-jacents, traduit à la fois le degré de controverse notionnelle et d'incertitudes autour de ce document auquel nous sommes pourtant familiarisés, mais ô combien insaisissable[10]. Il est curieux de constater que même les législateurs dans divers Codes se sont dérobés quant à proposer une définition audible, qui ne soit pas équivoque, à défaut d'être plausible. C'est dire combien il n'est pas aisé de donner une connotation

---

[8] Né le 30 mars 1928, d'une famille juive, décédé à Paris le 9 février 2024, Robert Badinter était un personnage pluridimensionnel : juriste, essayiste, Avocat, Garde Des Sceaux (1981 à 1986), Sénateur, Président du Conseil constitutionnel… Grâce à lui, la peine de mort est abolie en France le 9 octobre 1981. Homme de courage et de conviction, Badinter a été de plusieurs combats (lutte contre l'antisémitisme, dépénalisation de l'homosexualité…). Les qualificatifs de Jean Luc Mélenchon (homme politique français) à l'endroit de Badinter sont assez expressifs : « une force de conviction sans pareille », « un être lumineux » (informations diffusées par France 24, le 9 février 2024, jour du décès de cet illustre personnage. À l'occasion de l'Hommage de la nation française présidée par le Président Emmanuel MACRON, le 14 février 2024 à la place Vendôme, le Chef de l'État français dans son propos, a loué le mérite et la stature de cette « figure incontournable de la justice » et a annoncé l'entrée de ce « Géant du siècle » au Panthéon.

[9] Loi n° 80-2 du 4 janvier 1980 relative à l'automatisation du casier judiciaire, *journal officiel du 5 janvier 1980.* Le Casier judiciaire national a été inauguré le 8 juin 1982 par le Garde des Sceaux Robert BADINTER.

[10] S. FREGEAU, « De la notion juridique de casier judiciaire », *27 Criminal Reports (3d)* 26, 1982, p. 52.

univoque au casier judiciaire[11]. Dès lors, il serait audacieux d'élaborer une définition ayant la prétention de fédérer toutes les sensibilités. Néanmoins, le lexique des termes juridiques dans une esquisse de définition, présente le casier judiciaire comme étant le : *« relevé national et automatisé des condamnations pénales et de certaines autres décisions. Les informations ainsi centralisées font l'objet de 3 bulletins (B1, B2, B3), qui peuvent être délivrés à des destinataires précis, mais dont le contenu varie selon la qualité de ceux-ci*[12] *»*. Cette approche de définition a la faiblesse de ne pas être neutre. Il s'agit plutôt d'un descriptif du casier judiciaire dans le contexte spécifique de la France, qu'il serait difficile de transposer dans d'autres pays.

Une esquisse de définition plus objective et exhaustive est celle que suggère Jean APPLETON[13] (1893), Avocat à la Cour d'appel de Lyon. Il donne au casier judiciaire deux connotations. La première a un sens matériel et est considérée comme étant *« un meuble à compartiments établi dans chaque greffe de Tribunal correctionnel et dans lequel sont conservées par ordre alphabétique, les notices relatant les condamnations subies, en matière répressive par chaque individu né dans l'arrondissement »*. La seconde connotation a un sens plus abstrait selon cet auteur, l'expression casier judiciaire désigne *« l'institution elle-même en vertu de laquelle le meuble est établi, les notices envoyées et des extraits de ces notices, délivrés, soit aux Magistrats, soit aux administrations publiques, soit même aux particuliers »*. Cette double approche de définition, qui renferme par ailleurs une dimension fonctionnelle du casier judiciaire, nous semble plus plausible.

Indifféremment du prisme notionnel controversé, le casier judiciaire pourrait mieux s'appréhender mieux sous un autre angle, celui de son histoire[14]. Une incursion dans le passé révèle que c'est au XVIIe siècle que la volonté déjà prononcée d'exposer les auteurs des crimes s'est traduite par un éventail de modes de châtiment : *l'exposition en public avec carcan, les mutilations, l'exposition au piloris, le cheval de bois, la promenade dans les rues, la flétrissure sur le front ou la joue, la marque au fer, la marque de fleurs de Lys et l'amputation du poing.* Il s'agissait dans ce système ancien, de "marquer" à vie les personnes condamnées et que l'on considère comme des

---

[11] Même en anglais, le casier judiciaire est désigné par plusieurs expressions dont les connotations ne sont pas forcément conciliables, *criminal record, certificate of non conviction, criminal back ground….*

[12] Serge GUINCHARD, Thierry DEBARD, *Lexique des Termes juridiques,* 25e édition, 2017-2018, p.169.

[13] Jean APPLETON, *LA REFORME DES CASIERS JUDICIAIRES,* Paris, Librairie du recueil général des lois et des arrêts, édition Larose et Forcel, 1893, p 4-7.

[14] DECRUSY, ISAMBERT et JOURDAN, *RECUEIL GÉNÉRAL DES LOIS FRANÇAISES, DEPUIS L'AN 420 JUSQU'A LA RÉVOLUTION DE 1789,* chez Berlin le Prieur éditeur-libraire, volume 19, P 371 et ss.

délinquants et, en même temps, mettre en place une mesure de sécurité sociale permettant d'identifier les récidivistes.

Le XVIIIe siècle substitue au faisceau de mesures punitives ci-dessus, la pratique de la marque dans la paume de la main, faisant ainsi souffler sur l'enfer des châtiments, un vent nouveau fait de tolérance et de discrétion dans les rapports entre la société et les délinquants. Le stigmate infamant est désormais dissimulé dans la paume de la main. L'élan d'humanisation et de confidentialité des condamnations s'intensifie au cours du XVIIIe siècle[15] par des inscriptions individualisées sur l'épaule droite et éventuellement l'épaule gauche du condamné, sonnant ainsi le glas des mutilations et des flétrissures qui, comme le dit BOYER, « sont des peines qui sans s'attaquer à la vie, affectaient le corps et l'honneur, plus pernicieuses, parce qu'elles étaient un obstacle invincible à l'amendement ultérieur du coupable[16] ».

Conscients du caractère irréversible des marques corporelles en cas de réhabilitation ou d'une réinsertion sociale, les révolutionnaires français ont supprimé la marque au fer dans le cadre du Code pénal de 1791. Toutefois, elle a été rétablie pour les forçats dans celui de 1810. Il a fallu attendre 1832 pour qu'elle soit définitivement abolie. Le dernier criminel à être marqué d'une fleur de lys l'a été en 1758. Le Gouvernement du Haut-Canada a aboli la flétrissure par un acte législatif en 1802, sauf pour les homicides involontaires. Au bas Canada, la pratique de bruler la paume de main a été abolie en 1835.

Ces « ancêtres du casier judiciaire[17] » qui ont eu cours dans plusieurs pays, y compris les pays anglo-saxons[18], n'ont pas résisté à l'usure du temps et aux progrès de la justice pénale.

Le XIXe siècle consacre l'avènement du casier judiciaire dans le système pénal en France. La paternité du casier judiciaire est attribuée, en dépit d'une controverse insuffisamment documentée[19], au Magistrat ARNOULD

---

[15] Au XVIIIe siècle, la justice pénale connait de profonds changements à la faveur des courants réformistes pilotés par les illustres tenants que sont Montesquieu, Voltaire et Béccaria. Les institutions judiciaires de la monarchie sont mises à mal avec de nouveaux concepts imposés par les réformistes : la séparation des pouvoirs (exécutif, législatif et judiciaire), la présomption d'innocence, la légalité des crimes et des peines, entre autres.

[16] BOYER R. *LES CRIMES ET CHÂTIMENTS AU CANADA FRANÇAIS DU XVIIe AU XXe SIÈCLE,* Montréal, le Cercle des livres, 1966, P. 177.

[17] J.C BERNHEIM, *« le casier judiciaire, Historique et réflexion »,* conférence prononcée devant les juges du tribunal des droits de la personne, Québec, Pointe du lac, 2003.

[18] Les Britanniques ont également eu recours aux mutilations et aux flétrissures. Par un acte statutaire, le Roi Henri VIII (1509-1547) ordonnait la perte du poing droit pour celui qui était rendu coupable d'avoir levé la main sur qui que ce soit dans la maison du Roi, pour quelque motif que ce soit. La Grande-Bretagne abolit la flétrissure en 1829. En Belgique, la flétrissure a été maintenue dans les textes jusqu'en 1867, mais elle n'a pu être appliquée après 1849.

[19] Le nom de Eugène François VIDOCQ (1775-1857) est avancé (Paul de HERT : la signification du casier judiciaire et de l'extrait de casier judiciaire, édition Larcier 2011, p.215)

BONNEVILLE de MARSANGY[20] (ABM) qui dans l'avant-propos de son Traité *De la Récidive,* fait un plaidoyer pour l'individualisation des peines en ce qu' *« après avoir pesé le délit, le juge pèse l'homme ; et que suivant le poids combiné de ces deux éléments capitaux d'appréciation, il élève ou abaisse la peine ».* À sa suite, les philanthropes des années 1820-1830 dans leur conception du système pénitentiaire soutiennent que l'isolement cellulaire est le pendant de l'individualisation de la peine, dans la mesure où l'isolement paraît susceptible d'éviter la récidive et de permettre l'amendement du détenu[21]. Il s'agit de prendre en compte la personnalité du prisonnier et de ne pas s'en tenir à la seule infraction commise.

Arnould BONNEVILLE est à l'origine de la Circulaire du 6 novembre 1850 du Garde des Sceaux français ROUHER portant création du casier judiciaire[22]. Le certificat de bonne conduite, vie et mœurs, en expérimentation,

---

comme inventeur du casier judiciaire. Cette attribution est moins documentée que la vie tumultueuse reconnue à l'intéressé : bandit, fugitif, bagnard, mouchard, détective, policier, écrivain. Parlant de lui, il s'est dit qu'il a réussi l'exploit de concentrer mille vies en une ; source : lefigaro.fr/histoire/archive/2018/12/18 :26010, VIDOCQ, 5 choses à savoir sur le fameux bagnard devenu policier.

[20] Arnould Bonneville de Marsangy, né à Mons en 1802 et mort en 1894 à Paris, est un magistrat français, précédemment Avocat. Il est l'un des précurseurs des sciences criminelles modernes et des pratiques telles que le casier judiciaire (idée proposée en 1848 et instituée en 1850), la libération conditionnelle, la généralisation de l'amende à la place de l'emprisonnement ou l'indemnisation des victimes d'une erreur judiciaire. Il lègue à la postérité plusieurs publications restées célèbres, notamment : *De la Récidive, ou des Moyens les plus efficaces pour constater, rechercher et réprimer les rechutes dans toute infraction à la loi pénale*, Paris, Cotillon, 1844, *Des libérations préparatoires*, 1846. *Traité des diverses institutions complémentaires du régime pénitentiaire*, 1847. *Des pénalités pécuniaires au double point de vue de la répression des méfaits et du soulagement des classes indigentes*, 1847. *De la Localisation au greffe de l'arrondissement natal des renseignements judiciaires* [...], Versailles, 1849, *De l'amélioration de la loi criminelle en vue d'une justice plus prompte, plus efficace, plus généreuse et plus moralisante*, 1855, *Étude sur la moralité comparée de la femme, et de l'homme, au point de vue de l'amélioration des lois pénales et des progrès de la civilisation*, 1862.

[21] Sur cette question, voir les développements consacrés par Jacques-Guy Petit : *ces peines obscures, la prison pénale en France (1789-1870),* Paris, Fayard, 1990.

[22] L'histoire révèle que le dossier de Bonneville au ministère de la Justice contient une lettre du Garde des Sceaux Rouher en date du 12 juin 1850, dont ci-après un extrait *« j'ai reçu la nouvelle lettre que vous m'avez adressée pour insister sur la mise à exécution immédiate de votre système de localisation des renseignements judiciaires. J'ai donné ordre pour que cette affaire soit traitée d'urgence comme intimement liée à la bonne application de la nouvelle loi électorale ».* Quelques mois après, une Circulaire du ministère de la Justice datée du **6 novembre 1850** créait officiellement le casier judiciaire. Une deuxième Circulaire complétant la précédente intervient le 30 décembre 1850, consacrant la localisation des fichiers dans les tribunaux de première instance. La mise en œuvre des notices de casier judiciaire logé dans les tribunaux du lieu de naissance révèle quelques insuffisances pratiques, notamment en ce qui concerne les étrangers et les individus dont l'origine est inconnue. Cette difficulté inspire à ABM de perfectionner son dispositif avec la création d'un système unique centralisé à Paris pour cette catégorie de personnes étendue aux natifs des colonies. C'est ainsi qu'en **1856**, sous l'impulsion de ABM, le Casier judiciaire central est mis en place à la Chancellerie.

connaitra par la suite une trajectoire sinueuse et sera voué à une existence éphémère[23].

Les Codes Napoléon hérités de la révolution interviendront respectivement en 1808 pour le Code d'instruction criminelle (CIC)[24] et en 1810 pour le Code pénal[25]. Le casier judiciaire connaîtra formellement une consécration législative en vertu des articles 590 et suivants du CIC. Ces dispositions légales traitent du Casier judiciaire en ses divers aspects, notamment : typologie des casiers judiciaires (bulletin n°1, bulletin n°2 et bulletin n°3), le casier judiciaire central institué au ministère de la Justice, le Casier spécial institué au greffe de la juridiction d'appel de chaque territoire et les rapports des autorités en charge du casier judiciaire avec les autorités administratives ainsi que les autorités militaires[26]. Des textes postérieurs au CIC apporteront quelques aménagements législatifs au casier judiciaire[27].

Pendant plusieurs années, le CIC est appliqué dans les colonies françaises. Les législateurs desdites colonies vont s'en inspirer après les indépendances pour la rédaction des Codes de Procédure pénale nationaux[28], dont la plupart

---

[23] Le certificat de bonne conduite de vie et de mœurs entre en application en Belgique, suite à une Circulaire du 1er juillet 2002 du Premier ministre belge Antoine Duquesne. Cette Circulaire imposait des enquêtes de voisinage pilotées par les services locaux de police. Il s'en est suivi une multitude de plaintes de la part des personnes soumises auxdites enquêtes qui en dénonçaient les caractères intrusifs et humiliants. Prenant fait et cause pour cette vague de protestations, la Ligue belge des Droits de l'homme, à la suite de plusieurs associations militant pour le respect des droits fondamentaux, initia une action en justice. Par Arrêt n° 166.311 du 22 décembre 2006, le Conseil d'État[23] déclara illégal le Certificat de bonne conduite. Le sort de ce certificat de bonne conduite, qui aura eu une vie éphémère de quatre (4) ans, fut ainsi scellé. Il fut ensuite définitivement remplacé par le casier judiciaire.

[24] Le Code d'Instruction criminelle est rendu applicable au Cameroun par l'Ordonnance du 14 février 1838 abrogé par la loi n° 2005/007 du 27 juillet 2005 portant Code de Procédure pénale au Cameroun.

[25] Ces Codes impriment à la justice pénale un vent nouveau marqué par : l'institution du ministère public en charge de l'action publique ; la séparation des fonctions de poursuite, d'instruction et de jugement ; la non-rétroactivité de la loi, l'égalité de tous devant la loi. Les Codes napoléons viendront clore la chevauchée de la révolution judiciaire commencée en 1789.

[26] Voir à cet effet les articles respectifs ci-après du CIC : 592, 593 et 594.

[27] Deux autres textes intervenus subséquemment apporteront quelques aménagements législatifs, à savoir : la loi du 7 février 1953 modifiant l'article 592 du Code d'instruction criminelle et rendant applicable aux territoires d'outre-mer, au Cameroun et au Togo, les articles 590 à 599 inclus de 619 à 634 du même Code ; le décret du 2 septembre 1954 pour l'application des articles 590 à 597 du Code d'instruction criminelle relatif au casier judiciaire dans les territoires d'outre-mer au Cameroun et au Togo. Il s'agit en réalité d'un décret d'application qui apporte des clarifications sur quelques aspects du fonctionnement du casier judiciaire : le duplicata du bulletin n°1, la transmission par voie diplomatique des duplicatas des bulletins n°1 par le canal du ministère de la Justice, sous réserve des dispositions des conventions internationales.

[28] La souveraineté des États acquise fondait pour l'avenir une autonomie législative desdits États. Il demeure que sur le fond, quelle appréciation peut-on faire de la qualité des premiers textes des lendemains d'indépendance ? Même en déplaçant le curseur du temps, les Codes de

sont en vigueur. En dépit de cette autonomie législative, il apparaît que plusieurs dispositions des législations nationales ne sont que des mimétismes des dispositions susvisées du CIC. À ce jour, le dispositif normatif sur le casier judiciaire repose sur les sources classiques du droit que sont les instruments internationaux, les textes de loi nationaux, la Jurisprudence et la doctrine. Sur ce dernier point, il est avéré que les recherches et publications sur le casier judiciaire ne foisonnent pas.

Dans un environnement international qui accorde aux droits de l'homme une place de plus en plus accrue, des récriminations qu'on ne saurait éluder, ont été dirigées contre le casier judiciaire devant des instances judiciaires internationales. Des initiatives antagonistes et réfractaires, remettant en cause les fondements mêmes du casier judiciaire, ont été observées. La Commission européenne des Droits de l'homme a été saisie à plusieurs reprises, à l'effet de dire le droit, suite aux plaintes de la Ligue des Droits de l'homme qui s'offusquait de ce que le casier judiciaire est contraire aux dispositions de la Convention européenne des Droits de l'Homme en ses articles 2 et 8, respectivement sur la présomption d'innocence et sur la protection à la vie privée. Au terme des échanges épistolaires et des débats houleux pendant le procès, ces plaintes se sont soldées chacune par un "non-lieu à poursuivre". Non seulement, la Commission estime conforme la Convention du fait de constituer des casiers judiciaires sur des personnes condamnées, mais également, elle dit et juge qu' *« il doit être souligné que le fait de conserver des dossiers comprenant des documents, des photographies, des empreintes digitales, en lien avec des affaires criminelles du passé est nécessaire dans une société démocratique moderne pour la prévention du crime et donc les intérêts de la sécurité publique*[29] *»*. Cette décision abondamment motivée en fait et en droit, signe pour le casier judiciaire des lettres de noblesse, lui conférant crédibilité et consécration de portée internationale.

Procédure pénale qui ont été élaborés sur les cendres du Code d'instruction criminelle (il y a une ou deux décennies) sont-ils meilleurs ? Chacun peut se faire une idée, difficile de faire l'unanimité sur la question.

[29] Comm eur. D.H. resQ. N° 1307/61, X c. *Allemagne, décision du 4 octobre 1962,* publiée in Yearbook of European Convention on Human Rights 192, la Haye Martinus NIJhoff Publishers, 1963, Vol 5, pp. 230-237. La Commission, dans une autre décision du 14 décembre 1965, juge qu'il est nécessaire de tenir compte de la pratique suivie dans différents Pays qui sont membres du Conseil de l'Europe, « l'on peut constater que, dans un certain nombre de ces Pays, les informations relatives aux condamnations antérieures sont communiquées régulièrement pendant le procès, avant que le tribunal ait abouti à une décision en ce qui concerne la culpabilité de l'accusé » et qu'elle n'est pas disposée à considérer qu'une telle procédure porte atteinte à une disposition quelconque de l'article 6 de la Convention, même dans les cas au sujet desquels un jury doit décider de la culpabilité d'un accusé » ; Comm eur. D. H. n° 2518/65,X, c. Danemark, décision du 14 décembre 1965, publiée in Yearbook of the European Convention on Human Right 1965, La Haye, Martinus Nijhoff Publishers 1966, PP 371-375 . Traduction libre.

Au Cameroun, le système bijuridique n'a pas été sans influence sur le casier judiciaire dont le régime variait selon que l'on se trouvait dans l'ex-Cameroun occidental d'expression anglaise[30] ou dans l'ex-Cameroun oriental d'expression française[31]. Depuis l'avènement du Code de Procédure pénale[32] consacrant une unification du système pénal, le casier judiciaire obéit aux mêmes règles de droit sur toute l'étendue du territoire camerounais. Rendu aujourd'hui bientôt à deux décennies d'application du Code de procédure pénale qui consacre une législation répressive unifiée au Cameroun, quelle évaluation faire du fonctionnement du casier judiciaire à ce jour ? La consubstantialité entre le casier judiciaire et la justice pénale induit un questionnement, celui de savoir si en l'absence d'une condamnation pénale à la base, il n'y aurait point de casier judiciaire. Quid de la justice civile ? Les décisions non répressives sont-elles éligibles ou exclues du casier judiciaire[33] ?

Dans un contexte de mondialisation caractérisé par un relâchement des frontières géopolitiques, le cloisonnement des systèmes juridiques semble s'estomper à la faveur de la globalisation judiciaire qui suggère une fiction de fusion des États en une seule entité et une interaction intégrative des systèmes judiciaires nationaux. Ceci induit une nouvelle approche épistémologique et l'émergence d'un faisceau de concepts nouveaux, assez controversés, dont le "droit sans le territoire[34]", le "droit en réseau[35]", le "dialogue de juges[36]", objets de nombreux articles dans les revues et publications scientifiques. Ces concepts, du reste non exhaustifs, prônent ensemble, dans une approche innovante, en complémentarité avec le concept classique de territorialité du

[30] Dans l'ex-Cameroun occidental, régi en matière pénale par le Criminal Procedure Ordinance (C.P.O) (Cap 62, of the law of Nigéria 1958), le casier judiciaire était du ressort de la Police judiciaire. À la suite d'une condamnation pénale par le Tribunal, l'unité de police locale procédait au prélèvement des empreintes digitales de la personne condamnée, dressait ensuite un relevé des condamnations qu'elle transmettait à la Police provinciale (aujourd'hui régionale) en charge de la tenue des fichiers de condamnations qui en assurait la conservation et en délivrait des extraits à titre de bulletin de casier judiciaire.

[31] Dans l'ex-Cameroun oriental, le casier judiciaire suivant les prescriptions du Code d'Instruction criminelle en ses articles 590 et suivants, était du ressort du tribunal de première instance du lieu de naissance, comme c'est encore le cas aujourd'hui.

[32] Loi 2005/007 du 27 juillet 2005 portant Code de Procédure pénale., entrée en application en 2007.

[33] La question des décisions non répressives et le casier judiciaire feront l'objet des développements ultérieurs. Titre II, Chapitre 2.

[34] Boris BARRAUD, « Droit sans territoire-globalisation et postmodernité juridique », in Michel Troper et alii, Le Territoire, Jurisdoctoria, 2013, p 47 et s.

[35] F ; Ost, M. Van de Kerchove M, *De la Pyramide au réseau ? pour une théorie dialectique du droit,* publication des facultés universitaires Saint Louis Bruxelles, 2002, 596 p.

[36] GUIMDO DONGMO Bernard Raymond, *Le dialogue des juges, une analyse des rapports fonctionnels entre juges,* Logiques juridiques, L'Harmattan, 2022, pp.21-32 ;

droit, le dépassement du territoire dans la pensée du droit[37]. Les paradigmes de transnationalité prônés par ces nouveaux concepts présentent une proximité avec le droit comparé entendu comme « étude comparative de deux ou plusieurs droits émanant de souverainetés différentes[38] » ou simplement « étude comparative des systèmes juridiques de différents États[39] ».

Certes, le recours au droit comparé tant dans l'Antiquité romaine qu'au siècle de Lumière est très mitigé. Au XIXe siècle, on assiste à un éveil du droit comparé. C'est le premier congrès international du droit comparé tenu à Paris en 1900[40] qui lui confère une légitimité universitaire. Aujourd'hui reconnu comme unité d'enseignement dans les universités, le droit comparé selon Bruno de LOYNES a une triple vocation, à savoir : l'amélioration du droit, l'harmonisation du droit et la construction du droit. À sa suite, plusieurs autres déclinaisons de la vocation du droit comparé se sont développées, notamment : améliorer la connaissance, faire apprendre sur les droits étrangers, contribuer à l' « amélioration du droit national [41]». Cet avis est partagé par GLENN Patrick[42]. D'autres auteurs apportent des nuances sur la vocation du droit comparé en ces termes : « comparer pour critiquer, promouvoir et reformer[43]». Ces auteurs ont en partage les vertus constructives du droit comparé sur le droit national. Dès lors et en adhésion à ce qui précède, il serait valorisant et enrichissant de conduire une réflexion sur le casier judiciaire sous le prisme du droit comparé ; mettre aux prises dans une arène réflexive, plusieurs systèmes normatifs nationaux. Toutefois, la diversité des courants de droit comparé commande lorsqu'on y recourt de spécifier l'option de droit comparé : quel droit comparé[44] ?

---

37 J-B AUBY, *La globalisation, le droit et l'État,* 3e ed, LGDJ, coll. « droit et société », 2008, p.123.

38 Gérard CORNU, Association Henri Capitant, *VOCABULAIRE JURIDIQUE,* 1re Édition 1987, Quadrige/ Puf, p 334.

39 Serge GUINCHARD, Thierry DEBARD, *Lexique des Termes juridiques,* op.cit, p.427.

40 Le Droit comparé en tant que branche juridique ne nait que dans la seconde moitié du XIX siècle. Les Français créent la ***Société de législation comparée*** en 1869 qui inspire les autres pays européens. De nombreuses revues sont créées à la même époque. Le ***premier congrès international de droit comparé*** se tient à Paris du 31 juillet au 4 août 1900 organisé par Edouard Lambert et Raymond Saleilles. Après la Seconde Guerre mondiale, la recherche en droit comparé progresse notamment sous l'impulsion de nouveaux Instituts. Les chercheurs d'Europe continentale s'intéressent désormais également au Common Law. https://fr.wikipedia.org/wiki/Droit_compar%C3%A9;

41 René DAVID, Traité élémentaire du droit civil comparé, Paris, 1950, 113.

42 GLENN Patrick « Vers un droit comparé intégré ? », 1999, 3, *RIDC*, pp. 841-851, "Le droit comparé est un instrument de développement du droit national : le législateur, le juge s'en inspirent dans la rédaction d'une loi nouvelle, d'un jugement pour l'élaboration d'un droit nouveau".

43 Sylvain SOLEIL « pourquoi comparait-on le droit au XIXe siècle ? Clio@thémis, Revue électronique du droit, 13, 2017, p.2.

44 H. Patrick GLENN, *« Quel droit comparé ? »* in *The Oxford Handbook of comparative Law, Oxford University Press, 2006, pp 424 et 425.* L'auteur distingue, entre d'une part, le droit

À l'exclusion du courant positiviste d'un droit comparé dit classique préservant l'autonomie des systèmes juridiques, l'approche retenue pour la présente étude est celle plus contemporaine qui confère au droit comparé une connotation d'étude comparative mettant en présence non seulement deux systèmes, mais plusieurs systèmes juridiques. Les échantillons législatifs mis en confrontation au titre du droit comparé dans le cadre de la présente réflexion sont le droit camerounais avec un focus sur le droit français et des évocations de quelques législations occidentales (belge, suisse, canadienne) et africaines (sénégalaise, ivoirienne et togolaise). Ce panel de choix des systèmes législatifs offre de précieux et édifiants outils de comparaison[45]. Au sortir des regards croisés qui seront effectués, le casier judiciaire passé au crible de plusieurs ordres législatifs, confirmerait-il l'idée de concept complexe et subtil, plus qu'il ne paraît, susceptible *in fine*, de capitaliser plus de sympathie et de tempérer les récriminations qui lui sont dirigées ?

Le droit comparé semble prêter au casier judiciaire des vertus qui interpellent à la fois les pouvoirs publics, les administrations, les investisseurs et le secteur privé en général. Au-delà de son rôle classique dans l'appréciation juridictionnelle de la récidive et de marqueur des antécédents judiciaires, le droit comparé suggère pour le casier judiciaire des fonctionnalités multiples qu'il conviendrait d'explorer : outil de vigilance sociale, déterminant de lutte contre l'insécurité, outil de management des personnels dans les entités administratives ou privées, support d'élaboration des tendances criminelles[46], levier de coopération judiciaire et pour emprunter les expressions de certains auteurs, *«... levier favorisant le développement d'une coopération internationale en matière de justice[47] »* et au plan interne, *«... outil de décryptage des orientations des politiques pénales[48] ».*

Dans une dimension résolument utilitaire, hélas en mésusage dans le contexte camerounais, le casier judiciaire apparaît comme un précieux instrument d'alerte, dans divers domaines manifestement gangrénés, notamment celui des Marchés publics en proie à des pratiques malsaines des prédateurs aux antécédents judiciaires souvent troubles et dont on aurait pu se prémunir sans convoquer les sciences occultes. Dans un autre champ, celui de

---

comparé qui a prévalu pendant les deux derniers siècles, caractérisé par le positivisme et la logique dite classique visant la description des systèmes juridiques appréhendés comme entités statiques. D'autre part, le droit comparé axé sur la comparaison normative des systèmes juridiques.

[45] Voir en annexe 1, aperçu de cinq législations nationales comparées sur le casier judiciaire (Cameroun, Togo, cote d'Ivoire, Sénégal et France)

[46] Décret n° 2012/389 du 18 septembre 2012 portant organisation du ministère de la Justice., article 37 sur les missions dévolues à la Sous-Direction du Casier judiciaire central.

[47] Marie Sophie DEVRESSE, «Traces et Justice pénale », in *LE CASIER JUIDICIAIRE, Approches critiques et perspectives comparées*, Édition Larcier 2011, p.437

[48] Julien PERET, *LE CASIER JUIDICIAIRE, Approches critiques et perspectives comparées*, Édition Larcier 2011, p.17

l'amélioration du climat des affaires en mal d'éthique et de morale dans un univers plombé par le doute et les incertitudes sur le profil parfois énigmatique du partenaire, fut-il personne physique ou personne morale.

La justice pénale contemporaine se meut dans un environnement sociojuridique dynamique marqué par diverses mutations. Le concept de délinquant, passible de condamnation pénale, vaut à l'avenir, aussi bien pour les personnes physiques que pour les personnes morales dont la responsabilité pénale est désormais consacrée par le droit positif de plusieurs pays, dont le Cameroun. Émerge alors une néo-problématique, celle de la faisabilité d'un casier judiciaire des personnes morales[49] que constituent les entreprises et les sociétés, souvent en porte à faux avec loi. La question de la mise en place d'une mémoire des antécédents judiciaires des personnes morales au même titre que pour les personnes physiques reste aussi incandescente, vive que controversée. Quel est l'état du droit comparé sur la question ? Quid du droit communautaire ?

À l'échelle communautaire et notamment dans le contexte africain, la Communauté économique et monétaire de l'Afrique Centrale (CEMAC) dont le Cameroun est membre offre-t-elle un champ privilégié de mise en œuvre intégrée des documents nationaux en rapport avec les antécédents judiciaires ? L'exploitation de l'Accord de coopération judiciaire entre les États membres de la CEMAC, signé le 20 janvier 2004, permet-elle d'avoir une lisibilité ?

Une incursion dans le droit comparé révèle que dans le cadre européen, les États ont mis en place une plateforme communautaire d'échange d'informations sur les antécédents judiciaires. Depuis le 6 avril 2009, le Conseil européen a adopté[50] la proposition de la Commission visant à mettre en place une plateforme d'interconnexion des systèmes des casiers judiciaires nationaux. À ce jour, ce dispositif dénommé ECRIS (*European Criminal Information System)* est opérationnel entre les 27 États membres. Quels en sont les mécanismes ? Y a-t-il matière à enseignement ou à exemplarité pour d'autres entités communautaires dont le Cameroun est partie ? Ou tout au moins des leçons à tirer au plan bilatéral dans le cadre des rapports du Cameroun avec des Pays amis ?

Sur un autre palier, une interpellation majeure du casier judiciaire est celle de l'informatisation, sujet éminemment actuel au sein des administrations.

---

[49] En dépit de la consécration de la responsabilité pénale des personnes morales par le Code pénal camerounais (article 74-1), les procédures répressives contre les personnes morales restent éphémères dans les juridictions. Le casier judiciaire des personnes morales, quant à lui, n'existe pas pour le moment au Cameroun.

[50] Décision du Conseil n° 2009/316/JAI relative à la création du système européen d'information sur les casiers judiciaires (ÉCRIS) en application de l'article 11 de la décision-cadre 2009/31JAI, Journal officiel de l'Union européenne, série L, n° 93 7 avril 2009, p 33.

S'agissant de l'informatisation du système judiciaire au Cameroun[51], le processus est lancé en 2006 sous l'impulsion du Commonwealth, sous la dénomination de JUSTIC@M. Les réalisations tant dans les services centraux que dans les tribunaux sont louables, mais restent perfectibles. S'agissant spécifiquement de l'informatisation du casier judiciaire, des avancées sont observées dans quelques juridictions, mais le chantier demeure vaste sur le double volet tant de la numérisation et de la sécurisation des données judiciaires que du transport numérique instantané des données judiciaires via internet. La digitalisation planétaire de la communication s'opère au moyen des applications technologiques que constitue la "e-registration": les demandes en ligne dont le concept nouveau est celui de la dématérialisation des procédures, sont-elles, en dépit des réserves ci-dessus, envisageables (sans risque) pour le casier judiciaire ? Quelle en serait la valeur ajoutée ?

Au bénéfice des abondantes considérations introductives ci-dessus, il serait convenable de dresser d'abord un état des lieux du casier judiciaire au Cameroun en visitant ses aspects normatif, organisationnel, fonctionnel et en y jetant un regard critique. Ensuite, de procéder à une analyse du casier judiciaire au Cameroun sous un prisme comparatif des législations d'ailleurs avec des regards croisés sur quelques repères, d'en dégager le substrat susceptible de servir de terreau pour des réformes constructives du dispositif du casier judiciaire au Cameroun. Aussi conviendra-t-il d'échafauder la structure de notre réflexion sur deux (2) socles d'analyse ci-après :

- Le casier judiciaire au Cameroun, un modèle en construction : (Titre premier)
- Le casier judiciaire au Cameroun, un modèle perfectible au regard du droit comparé : (Titre deuxième)

[51] Courant 2000, un audit de la Banque Mondiale sur le système judiciaire camerounais recommande de procéder à l'informatisation des procédures, afin d'améliorer l'accès à la justice ; 2003 un appel d'offres international est lancé pour l'élaboration du schéma directeur informatique. Un rapport d'études est remis par le Gouvernement à la Banque Mondiale et au Commonwealth qui recommande la construction d'un bâtiment devant abriter les services et systèmes informatiques ainsi que le recrutement des informaticiens. De 2006 à 2008, des applications informatiques sont développées avec le concours du cabinet IT Consulting en collaboration étroite avec des Magistrats. Ce système prend la dénomination de JUSTIC@M.

TITRE I :

LE CASIER JUDICIAIRE AU CAMEROUN, UN MODÈLE EN CONSTRUCTION

Le casier judiciaire, entendu comme mémoire judiciaire, est un maillon de la justice pénale dont elle est l'émanation. Le casier judiciaire n'a pas été à l'abri des influences de la colonisation ni des diverses mutations de la justice pénale au Cameroun. Le bijuridisme, hérité des puissances coloniales établies au Cameroun, dont le droit romano germanique et la Common Law sont l'émanation, ont irradié plusieurs secteurs du droit dont le droit pénal. Au lendemain des indépendances, alors que le Code d'instruction criminelle était appliqué au Cameroun oriental, le *Criminal procedure ordinance* l'était au Cameroun occidental. Le casier judiciaire, dans l'antre du droit pénal, a été pendant cette période, régi par cette codification binaire.

Le casier judiciaire connait dans son évolution structurelle et fonctionnelle deux phases transitoires. D'abord, conformément aux dispositions de l'article 594 du CIC[52], un casier judiciaire spécial est mis en place au Parquet général près la Cour d'appel du Centre à Yaoundé. Il est compétent pour délivrer des extraits de casier judiciaire aux étrangers, aux Camerounais nés à l'étranger ou dans les régions du Nord-Ouest et du Sud-Ouest, et aux personnes dont l'acte de naissance n'est pas retrouvé ou dont l'identité est douteuse[53]. Ensuite, interviendra le Décret n° 2005/122 du 15 avril 2005 portant organisation du ministère de la Justice qui en son article 31, confie à la Sous-Direction de la coopération judiciaire *« la centralisation et la tenue des fiches de casier judiciaire concernant les Camerounais nés à l'étranger, les étrangers résidents au Cameroun et les personnes sans acte de naissance ou à l'identité douteuse »*.

Le cadre juridique de la justice pénale se stabilise avec le Code de procédure pénale, objet de la loi n° 2005/007 du 27 juillet 2005. Cette loi consacre une législation pénale unifiée encore en vigueur à ce jour marquée par la création au sein de la Direction des Affaires pénales et des Grâces, d'une Sous-Direction du casier judiciaire central autonome qui se voit rétrocéder les missions du casier judiciaire assumées pendant quelques années par la Sous-Direction de la coopération judiciaire.

Le casier judiciaire au Cameroun à ce jour repose sur un dispositif normatif composite constitué de diverses sources du droit (Chapitre I), qui obéit à un cadre institutionnel qu'il convient de revisiter (Chapitre II). À la suite de cet

---

[52] Article 594 du CIC : « Un casier spécial, composé des bulletins n°2, concernant les individus nés hors des territoires d'outre-mer et territoire sous tutelle, mais y résident, est établi au greffe de la Juridiction d'Appel de chaque territoire ou groupe de territoires. Ces bulletins contiennent le relevé intégral des mentions portées sur les bulletins n°1 ».

[53] NSOGA Emile Zéphirin, Magistrat, alors Directeur des Affaires pénales et des Grâces, exposé présenté à la réunion annuelle des Chefs des cours d'appel 2011, p4.

aspect statique, il conviendra d'explorer et de questionner le fonctionnement du casier judiciaire (Chapitre III). Au- delà du droit pénal, on pourrait s'interroger sur la place du casier judiciaire dans la sphère administrative et dans l'espace sociale en général. Des éléments de réponse pourraient être glanés en explorant le champ utilitaire du casier judiciaire (Chapitre IV). Enfin, que se dégage-t-il d'un regard critique sur le casier judiciaire au Cameroun ? Quelles en sont les forces et faiblesses ? (Chapitre V)

CHAPITRE I :

LE CADRE JURIDIQUE

Le cadre légal du casier judiciaire au Cameroun repose sur les principales sources de droit, à l'exception de la doctrine qui, pour le moment, n'est pas élaborée. Sur ce point, le Cameroun n'a pas de complexe à se faire. Il est avéré (vérifiable) que le casier judiciaire n'est pas une matière où les recherches et publications foisonnent[54]. C'est à croire que la muse des érudits du droit serait manifestement en berne sur cette matière.

A contrario, le dispositif normatif au Cameroun sur le casier judiciaire est assez fourni. Il est constitué des instruments internationaux (S1), d'un cadre normatif interne, notamment la Loi, les Circulaires (S2). De même, en dépit d'un contentieux maigre en matière de casier judiciaire, quelques décisions de justice font office de jurisprudence (S3).

S1- Les instruments internationaux

Le Cameroun est partie à plusieurs Conventions et Accords de coopération judiciaire dont le corpus comporte des dispositions spécifiques sur le casier judiciaire. L'on distinguera les Accords bilatéraux des Accords multilatéraux.

§1-Les Accords bilatéraux

Les Accords bilatéraux mettent en présence deux États qui prennent des engagements réciproques. À cet effet, le Cameroun a signé respectivement avec le Mali et la France des Accords qu'il convient d'explorer.

A- La Convention de coopération judiciaire entre le Cameroun et le Mali du 16 juin 1964

Signée entre le Cameroun et le Mali, cette convention consacre trois articles, 17, 18 et 19 au casier judiciaire. Aux termes de ces dispositions, les États parties s'engagent dans une réciprocité de transmission des avis de condamnation et des casiers judiciaires par transmission directe entre autorités compétentes des deux États.

---

[54] Quelques travaux célèbres sont attribués en Belgique à V. SERON, en France à S. GRUNVAL et au Canada à D. DUFRESNE et D. Robert. Certaines analyses de la présente publication sont illustrées par leur réflexion.

Cette convention encore d'application entre les deux États, souvent perdue de vue, n'est pas habituellement invoquée en matière de casier judiciaire. Dès lors, son application ne suscite pas un véritable engouement.

B- L'Accord de coopération judiciaire France-Cameroun du 21 février 1974

Signé entre la France et le Cameroun, cet Accord consacre au casier judiciaire ses articles 14, 15 et 16 qui portent sur les échanges des avis de condamnation et casier judiciaire dans des termes similaires à ceux de la Convention Cameroun-Mali.

En dépit de l'âge avancé de cet Accord, l'on observe une vitalité de son application dans les rapports entre les deux États et notamment dans le champ du casier judiciaire où les échanges des fiches de casier judiciaire sont assez intenses. À ce titre, des avis de condamnation des Camerounais de la diaspora sont régulièrement adressés aux autorités camerounaises par la France. À l'inverse, les fiches de condamnation des Français qui résident au Cameroun, transmises aux autorités françaises, sont relativement maigres.

§2- Les Accords multilatéraux

Les Accords multilatéraux, à la différence des Accords bilatéraux, regroupent plusieurs États qui prennent des engagements mutuels. Dans ce cadre, deux instruments méritent d'être mis en exergue à savoir la convention de Tananarive et l'Accord de coopération entre les États CEMAC.

A- La Convention de Tananarive du 12 septembre 1961[55]

A priori, cette convention, qui regroupe plus de dix États africains et qui procède d'une volonté de cohésion, est louable.

L'article 21 du titre V intitulé du "Casier judiciaire" dispose *: « les hautes parties contractantes se donneront réciproquement avis des condamnations inscrites au casier judiciaire, prononcées par leurs juridictions respectives, à l'encontre des nationaux des autres parties et des personnes nées sur le territoire des autres États ».*

Les États parties s'engagent dans un échange mutuel des avis de condamnation de leurs nationaux respectifs dans leur Pays d'accueil. L'on observe pour le déplorer, que dans le champ du casier judiciaire, il n'est pas souvent fait recours à cette Convention qui lie pourtant encore les États parties. La Convention de Tananarive remonte aux années d'indépendance.

[55] La Convention générale de coopération en matière de justice dite « Convention de Tananarive » datée du 12 septembre 1961, regroupe les États ci-après, dans leur appellation d'alors : Cameroun, République Centrafricaine, Congo, Côte d'Ivoire, Dahomey, Gabon, Haute-Volta, Madagascar, Mauritanie, Niger, Sénégal et Tchad.

Elle mérite de ce fait d'être actualisée afin de l'arrimer au contexte contemporain et lui insuffler une vitalité d'application.

B- L'Accord de coopération judiciaire du 28 janvier 2004 entre les États de la CEMAC

Cet instrument constitué d'un article unique sur le casier judiciaire est moins élaboré dans ses dispositions. L'article 27 consacré au casier judiciaire dispose : « la partie requise communique, dans la mesure du possible, les extraits de casier judiciaire et tous les renseignements relatifs à la personne poursuivie qui lui sont demandés par les autorités judiciaires d'un État partie requérant ».

D'office, il y a lieu de relever que la rédaction des dispositions ci-dessus manifestement fébrile pourrait être améliorée en y extirpant les expressions équivoques et impropres à la légistique telles que « dans la mesure du possible », susceptibles d'annihiler l'engouement des acteurs du processus du casier judiciaire ou simplement, d'ensommeiller ceux-ci.

Par ailleurs, il se dégage du libellé ci-dessus, que la mise à disposition du casier judiciaire à l'État requérant, est subordonnée à une demande formelle adressée à l'État requis. Ce qui laisse penser que la transmission des documents n'est pas systématisée.

Cet Accord, dont on peut douter de sa véritable appropriation dans la sous-région, mérite d'être rappelé au sein des États parties. Les sessions de renforcement des capacités du droit CEMAC devraient pouvoir y veiller dans les modules de formation

S2- Le cadre normatif interne

Le cadre normatif interne sur le casier judiciaire est adossé tant sur les textes de loi que sur les Circulaires de la Chancellerie.

§1- Des textes de loi

Il conviendra de distinguer entre les dispositions structurelles qui touchent à l'organisation du ministère de la Justice en matière de casier judiciaire (dispositions organiques), des dispositions relatives au fonctionnement du casier judiciaire (dispositions substantielles).

A- Les dispositions organiques

Le Décret n° 2012/389 du 18 septembre 2012 portant organisation du ministère de la Justice est édifiant sur les missions du ministère de la Justice s'agissant de la mise en œuvre du suivi de l'action pénale à travers une Unité de travail spécialisée, à savoir la Direction des Affaires pénales et des Grâces, structurée en trois sous-directions que constituent la Sous-Direction de l'Action pénale, la Sous-Direction de la Coopération judiciaire internationale et la Sous-Direction du casier judiciaire central.

S'agissant du casier judiciaire central, son fonctionnement est confié à une Sous-Direction spécialisée dénommée à juste titre, Sous-Direction du casier judiciaire central et dont les missions sont formellement encadrées par les dispositions de l'article 37 du décret susvisé qui dispose que ladite Sous-Direction est chargée, entre autres : « *de la supervision des activités des greffes des juridictions et du ministère public en matière de confection des fiches et des bulletins du casier judiciaire ; de la centralisation et du classement des fiches du casier judiciaire reçues des juridictions nationales et étrangères... de la confection et de la délivrance des bulletins du casier judiciaire incombant au ministère de la Justice* ». Telles sont les missions assignées en vertu des textes à la Sous-Direction du casier judiciaire central. Un rapport d'activités est adressé chaque année à la hiérarchie pour rendre compte du fonctionnement de ladite Sous-Direction.

Au demeurant, il y a lieu de relever que c'est sur le fondement des dispositions ci-dessus que des missions de contrôle sont souvent déployées au sein des greffes des cours d'appel, par la Direction des Affaires pénales et des Grâces, sur instruction du Garde des Sceaux. À l'occasion desdites missions et au regard des constats effectués sur le terrain, des conseils sont prodigués aux personnels des greffes contrôlés.

B- Les dispositions substantielles

Le Code de Procédure pénale (CPP), objet de la loi n° 2005/007 du 27 juillet 2005, consacre l'harmonisation de la procédure pénale au Cameroun en abrogeant les textes épars qui lui étaient antérieurs[56] ainsi que le décret colonial du 2 septembre 1954 sur le casier judiciaire. Le Titre IV du CPP en ses deux chapitres régule le casier judiciaire sur divers aspects en ses articles 573 et suivants. La réhabilitation et ses effets sur le casier judiciaire font l'objet des dispositions des articles 676 et suivants du CPP. Le casier judiciaire pour mineur fait l'objet d'une disposition spéciale à l'article 741 du même Code.

L'article 573, alinéa 3 du CPP dispose que le casier judiciaire institué au ministère de la Justice, appelé fichier central, centralise notamment : « a) les fiches de casier judiciaire des personnes de nationalité camerounaise ou étrangère nées à l'étranger ; b) les fiches de casier judiciaire des personnes de

[56] Le Code d'Instruction criminelle issu de l'ordonnance française du 14 février 1938 et ses modificatifs subséquents du « Criminal Procédure d'ordonnance, extrait des « laws of Nigeria » de 1958. Les dispositions du CIC sur le casier judiciaire sont plus élaborées et plus explicites. Dès lors, bien qu'abrogé, le CIC garde une dimension didactique indéniable.

nationalité étrangère nées au Cameroun, dont la naissance n'a pas été déclarée à l'état civil, et qui résident au Cameroun ». Si la compréhension des dispositions ci-dessus n'appelle pas d'observation majeure, il en va autrement des dispositions de la suite du même article, à l'alinéa « *c) les fiches de casier judiciaire des personnes de nationalité camerounaise ou étrangère dont le lieu de naissance est inconnu ou dont l'identité est douteuse ».* On peut comprendre, non sans réserve, que des fiches de casier judiciaire ne spécifiant pas le lieu de naissance soient acheminées au casier judiciaire central en ce que le Fichier a vocation à recevoir toutes les fiches des condamnations des juridictions nationales et étrangères indifféremment des lieux de naissance. A contrario, la confection d'une fiche de casier judiciaire d'une personne à l'identité douteuse échappe au bon sens dès lors que les poursuites et la condamnation subséquente, lorsque c'est le cas, ensemble les pièces d'exécution reposent par principe basique de la pratique judiciaire, sur le préalable d'une identité formellement établie. Qu'a bien voulu dire le législateur pénal dans cette disposition ?

À notre sens, la certitude de l'identité d'une personne condamnée est un préalable de la confection d'une fiche dont le formulaire par ailleurs met en exergue les éléments d'identification. Dès lors, une fiche ne saurait être établie alors même que l'identité est douteuse.

Par ailleurs, dans la déclinaison des fiches de casier judiciaire dont le Fichier du ministère de la Justice assure la centralisation, il a été omis « *la centralisation et du classement des fiches du casier judiciaire reçues des juridictions nationales et étrangères »,* tel que prescrit par l'article 37 du Décret n° 2012/389 du 18 septembre 2012 portant organisation du ministère de la Justice susvisé.

En dépit des dispositions ci-dessus, une controverse est souvent entretenue sur le champ de compétence du casier judiciaire Central : quels sont les bulletins de casier judiciaire qui y sont délivrés ? Quels en sont les critères ? Quel est le profil des usagers recevables à solliciter un extrait de casier judiciaire au casier judiciaire central ? Les dispositions susvisées de l'article 37 du Décret organique indiquent que le casier judiciaire central assure « l*a confection et la délivrance des bulletins du casier judiciaire incombant au ministère de la Justice ».* Cette rédaction manifestement laconique et sibylline n'apporte aucune clarification.

Il en découle de l'analyse ci-dessus que le corpus législatif sur le casier judiciaire présente des insuffisances, notamment des libellés, qui prêtent à équivoque appelant des clarifications et/ou des omissions de codification et en l'occurrence la nomenclature exhaustive des bulletins de casier judiciaire qui relèvent de la compétence du Fichier central du ministère de la Justice.

§2- Les Circulaires

Les Circulaires de la Chancellerie sur le casier judiciaire n'abondent pas en dépit des besoins observés sur le terrain. Nos développements ultérieurs suggèrent quelques axes de réforme par voie de Circulaire. S'agissant des Circulaires répertoriées dans l'existant, l'on distingue celle qui prescrit le contrôle des services de casier judiciaire de celle de portée générale sur les règles de fonctionnement du casier judiciaire.

A- Sur le contrôle des services de casier judiciaire

Il se dégage de l'exploitation des archives que les Circulaires de la Chancellerie ne foisonnent pas sur le casier judiciaire. La toute première Circulaire est celle datée du 3 mai 1965 qui vise en objet les délais anormaux dans la délivrance des extraits de casier judiciaire. Cette Circulaire prescrit qu' *« il soit ponctuellement répondu aux demandes adressées aux services de casier judiciaire »*. En outre, cette Circulaire recommande que *« la tenue des casiers judiciaires doit faire l'objet d'une vérification particulièrement attentive lors des inspections de tribunaux et donner lieu à la rédaction d'un sous-rapport spécial »*. Cette Circulaire faisait suite aux dénonciations par certaines administrations des lenteurs dans la délivrance du casier judiciaire.

B- Sur le rappel des règles de fonctionnement du casier judiciaire

La Circulaire du 16 juillet 2016 appelle l'attention de ceux en charge du casier judiciaire sur trois dispositions du CPP, notamment :

- l'article 573 sur la responsabilité du Greffier en Chef dans la confection des fiches de casier judiciaire dès le prononcé d'une condamnation répressive ;
- l'article 574 sur l'inscription des voies de recours sur les fiches de casier judiciaire ;
- l'article 577 sur les mentions substantielles des fiches de casier judiciaire.

Ces dispositions dont la teneur échappe souvent aux personnels judiciaires sont rappelées pendant les missions de la Direction des Affaires pénales et des Grâces dans les cours d'appel. Sans doute faut-il le préciser, la direction des Affaires pénales et des Grâces/ Sous-Direction du casier judiciaire central a vocation à veiller sur le fonctionnement des fichiers d'arrondissement[57].

---

[57] Il s'agit des fichiers de casier judiciaire logés dans les Tribunaux de Première instance sur toute l'étendue du territoire national, dans les dix (10) Ressorts des cours d'appel.

C- Sur les poursuites pénales contre les personnes morales

Le Code pénal, objet de la loi n° 2016/007 du 12 juin 2016, consacre en son article 74-1 la responsabilité pénale des personnes morales, désormais sujet pénal au même titre que les personnes physiques. Dès lors, les condamnations pénales peuvent à ce jour, être légalement prononcées contre les personnes morales. L'activité juridictionnelle pénale intègre désormais cette nouvelle donnée dans les ressorts des diverses cours d'appel.

Une lettre circulaire du ministre d'État, ministre de la Justice, Garde des Sceaux du 24 novembre 2022[58] fait obligation aux Procureurs généraux de communiquer à la Chancellerie, chaque trimestre, l'état statistique des poursuites contre les personnes morales dans leurs ressorts respectifs. L'exploitation des statistiques à la Chancellerie permettrait d'avoir un aperçu à ce jour de l'état d'application de cette disposition du Code pénal qui s'inscrit au rang des innovations dudit Code. Cette exploitation permettrait également d'avoir un aperçu de la délinquance des personnes morales au Cameroun, leur ampleur, leur répartition géographique.

Un regard sur la durée des données statistiques permettrait d'avoir une lisibilité sur l'évolution de cette catégorie de criminalité, de faire une projection sur l'avenir et d'envisager, si nécessaire, des mesures palliatives.

S3- La jurisprudence nationale et internationale

Le contentieux relatif au casier judiciaire au Cameroun n'est pas abondant. Ceci pourrait expliquer que la jurisprudence dans ce domaine ne soit pas étoffée. Les décisions faisant office de jurisprudence en la matière ont été rendues soit par la Cour Suprême, soit par le Conseil constitutionnel en matière de contentieux préélectoral. La jurisprudence nationale est enrichie par une abondante jurisprudence d'ailleurs.

A- La jurisprudence camerounaise

Les Décisions de la Cour Suprême et du Conseil constitutionnel alimentent la jurisprudence interne en matière de casier judiciaire. Dans lesdites décisions, ces deux hautes juridictions se sont prononcées sur quelques questions de droit, notamment :

- **Les mentions du casier judiciaire et la qualification des faits** : C.S. arrêt n° 119/P du 9 janvier 1975, B.A.C.S, n° 32, p. 4614.
- **Les vices de forme susceptibles d'affecter la régularité et la validité du casier judiciaire :** Dans sa Décision n° 07/SRCER/G/SG/CC du 19

[58] Circulaire n° 010960/9125/SC387/DAPG/MJ du 24 novembre 2022, poursuites et condamnations pénales des personnes morales.

décembre 2019, le Conseil constitutionnel soutient : *« attendu que le requérant allègue que Dame D. a fourni à la suite de son dossier de candidature, un bulletin n° 3 de casier judiciaire comportant l'entête du Tribunal de Première Instance de Garoua tandis que le cachet apposé au niveau du parquet est celui de Maroua ;*

Qu'il produit à la suite de ses allégations une thermocopie dudit extrait ;
Qu'il apparaît ainsi que dame D a produit un document irrégulier dans son dossier de candidature...
Qu'il suit que le recours du requérant est justifié ;
Qu'il y a lieu de déclarer dame D non éligible pour défaut de production du bulletin n°3 de casier judiciaire ».

Les mentions sur le bulletin de casier judiciaire doivent présenter un minimum de cohérence. Un extrait de casier judiciaire comportant des mentions contradictoires, en l'espèce des indications juridictionnelles incompatibles et notamment les villes de Garoua et Maroua qui relèvent des cours d'appel différentes. Aucun document à caractère juridictionnel ne saurait revêtir à la fois les mentions des deux villes. Un document qui viserait les deux villes serait forcément entaché d'irrégularité.

- **Les autorités habilitées à délivrer le bulletin de casier judiciaire n°3 :** Le Conseil constitutionnel dans sa Décision du n°04/ES du 28 mars 2013, dit et juge que les services de la sûreté nationale ne sont pas habilités à délivrer les bulletins de casier judiciaire :

  « Considérant en effet qu'il ressort des dispositions combinées des articles 580 et 581 du Code de Procédure pénale que les bulletins n°3 du casier judiciaire sont délivrés par les Greffiers en Chef des Tribunaux de Première Instance et signés par les Procureurs de la République près lesdits Tribunaux ;
  Qu'il en résulte que les bulletins n°3 de casier judiciaire délivrés en l'espèce par les services de la Sûreté nationale ne sont pas conformes aux textes suscités ;
  Que c'est à bon droit que le Conseil Électoral a rejeté la liste concernée... ». Le juge constitutionnel procède par un rappel du service habilité à délivrer les casiers judiciaires, notamment les greffes des Tribunaux. La délivrance d'un extrait de casier judiciaire par les services de la police ne repose sur aucun fondement légal. Aucune valeur juridique ne peut être attachée à un casier judiciaire délivré par les services de la Police.

Quand bien même, le casier judiciaire serait délivré par le greffe, il n'est pas forcément régulier. Encore faut-il que ce soit le greffe compétent[59] qui est celui du lieu de naissance et éventuellement (dans certaines circonstances) le Casier judiciaire du ministère de la Justice.

B- La jurisprudence étrangère

Assez riche et variée, la jurisprudence étrangère qui touche au casier judiciaire est constituée des décisions de la Cour européenne des Droits de l'Homme (Cour eur. D.H.), du Conseil d'État (C.E.) et de la chambre criminelle de la Cour de cassation française (Cass.crim.) sur des questions diverses de droit.

- **Cour eur. D.H.** *Xc. Allemagne,* Arrêt du 4 octobre 1962, publié in Yearbook of European Convention on Human right 192, La Haye Martinus NIJhoff Publisher, 1963 vol 5, pp. 230-237 : Les mentions des données personnelles dans le casier judiciaire ne constituent pas une violation des droits de l'homme ;
- **C.E (8e ch)** *Noël C. la Communauté française,* Arrêt n° 153702 du 12 janvier 2006 : la seule mention d'une condamnation dans un extrait de casier judiciaire n'est pas suffisante pour exclure un candidat à un emploi. Il doit en outre être vérifié « s'il existe un rapport entre l'infraction constatée par la juridiction répressive et la fonction que le candidat entend exercer ». Dans le même sens, **CE.** *Bronlet c. La Commune de Waimes,* Arrêt n° 198825 du 10 décembre 2009 ;
- **Cass.crim,** 28 janvier 2004, Bull n°20 : la dispense de la mention de condamnation sur le casier judiciaire, n'opère aucun effet sur les déchéances et incapacités éventuelles ;
- **Cass. Crim,** 9 octobre 1978, Bull 261 : En cas de pluralité de condamnations, l'une criminelle et l'autre correctionnelle, la dernière juridiction qui a statué, en l'espèce le tribunal correctionnel, est compétente pour se prononcer sur une demande d'exclusion de mention de ces condamnations sur le Bulletin n°2.

---

[59] Il est à noter qu'en matière de bulletin de casier judiciaire, le greffe compétent est le greffe du TPI du lieu de naissance, à l'exclusion du greffe du TGI. Toutefois, celui-ci est astreint comme tous les autres tribunaux répressifs d'instance à l'obligation de confection des fiches de casier judiciaire sans pour autant être habilité à délivrer les extraits de casier judiciaire. Il en va de même de la juridiction de condamnation qui ne saurait sous le seul prétexte du lieu de la condamnation délivrer un extrait de casier judiciaire, à moins que le critère de lieu de naissance ne soit cumulé à celui du lieu de naissance.

CHAPITRE II :

LE CADRE INSTITUTIONNEL

L'organisation du casier judiciaire au Cameroun repose sur deux composantes structurées : d'une part, les entités organiques que sont les structures en charge du casier judiciaire, et d'autre part, les intervenants impliqués dans la chaîne de travail.

Les structures ne valent que par rapport aux hommes qui ont la charge de les animer. L'articulation entre les structures et les intervenants laisse apparaître des préoccupations d'ordre managérial dans l'optique d'une quête de performance que recommande le sacrosaint principe gouvernemental de la Gestion axée sur les Résultats (GAR). Aussi, il conviendra, dans ce chapitre, d'examiner à tour de rôle, les structures en charge du casier judiciaire (S1), les intervenants dans le processus du casier judiciaire (S2) et les interpellations managériales dans la gestion des ressources humaines (S3).

S1- Les structures et services

La cartographie des services de casier judiciaire définie par les dispositions de l'article 573 du CPP repose sur un dispositif de fichiers en deux paliers, à savoir : les fichiers à l'échelle des arrondissements logés dans les greffes des TPI et un Fichier central unique au ministère de la Justice à Yaoundé.

§1- Les Fichiers d'arrondissement au sein des Tribunaux de Première Instance

Il existe au greffe de chaque Tribunal de Première Instance (TPI), un Fichier d'arrondissement concernant les personnes nées dans le ressort dudit Tribunal. Conformément à l'article 13 de la loi portant organisation judiciaire[60], il est créé un TPI par arrondissement. Toutefois, suivant les nécessités de service, le ressort dudit tribunal peut être étendu à plusieurs arrondissements par décret du Président de la République[61].

---

[60] Loi n° 2006/015 du 29 décembre 2006 portant organisation judiciaire, modifiée et complétée par celle n° 2011/027 du 14 décembre 2011.

[61] À ce jour au Cameroun, il existe 29 Tribunaux de Première Instance, 46 Tribunaux de Première et Grande Instance, 12 Tribunaux de Grande Instance (Source, Direction des Affaires générales, MINJUSTICE-Cameroun, au titre de l'année 2022).

Au regard de l'organisation administrative des juridictions, objet d'un décret[62], le greffe des tribunaux de première instance (hormis ceux des TPI de Yaoundé, Douala et Nkongsamba)[63] comprend quatre (4) sections, à savoir : la section civile et commerciale, la section pénale (correctionnelle), la section sociale, la section de droit traditionnel. Le service de casier judiciaire est incorporé dans la section correctionnelle. Hormis le casier judiciaire, cette section traite des affaires pénales dans tous ses aspects, notamment la tenue des audiences, l'enregistrement des décisions rendues, la délivrance des expéditions, l'enregistrement des voies de recours et l'établissement des pièces d'exécution.

Il se dégage des dispositions ci-dessus que le casier judiciaire est incorporé à la section pénale dont elle est l'émanation et ne constitue pas une entité autonome. Cette incorporation expliquerait-elle que le casier judiciaire au sein des greffes soit rarement doté d'un espace autonome, et se voit souvent attribuer un coin quelconque de la section correctionnelle, à défaut d'un cadre où le casier judiciaire cohabite avec d'autres activités de la section correctionnelle.

§2- Le Fichier central au ministère de la Justice

Le Fichier central est logé à la Direction des Affaires pénales et des Grâces, sous-direction du casier judiciaire central. Conformément aux dispositions de l'article 573 du Code de Procédure pénale, ce Fichier centralise : « *les fiches du casier judiciaire des personnes de nationalité camerounaise ou étrangère nées à l'étranger ;*

les fiches du casier judiciaire des personnes de nationalité étrangères nées au Cameroun, dont la naissance n'a pas été déclarée à l'état civil camerounais et qui résident au Cameroun... »

Le fichier central, émanation du CPP, objet de la loi n° 2005/007 du 27 juillet 2005 portant Code de procédure pénale, est mis en place sur les cendres du casier judiciaire spécial initialement logé à la Cour d'appel du Centre. La Sous-Direction du casier judiciaire central prend corps dans l'organigramme du ministère de la Justice, objet du Décret n° 2012/389 du 18 septembre 2012 .Elle est rendue opérationnelle à l'occasion du Conseil Supérieur de la Magistrature du 18 décembre 2014 avec la nomination des premiers

---

[62] Décret n° 80-299 du 26 juillet 1980 portant organisation administrative des juridictions, modifié et complété par le décret n° 81-264 du 8 juillet 1981.

[63] Le Décret n° 82/296 du 9 juillet 1982 portant classification des Tribunaux de première instance (TPI), confère aux TPI de Douala et Yaoundé le rang de TPI hors classe et le TPI de Nkongsamba, le rang de TPI de première classe. Ce Décret procède à une classification des TPI en 4 catégories, à savoir : les TPI hors classe, les TPI de 1re Classe (Abong-Mbang, Bafoussam, Bamenda, Bertoua, Buéa, Ebolowa, Edéa, Garoua, Kumba, Maroua, Monatélé et Nkongsamba) ; les TPI de 2e Classe (Bafia, Bafang, Dschang, Foumban, Kumbo, Kribi, Limbe, Mbalmayo, Ngaoundéré et Sangmélima ; et les TPI de 3e classe, les tribunaux non cités.

personnels judiciaires dans ladite Sous-Direction qui prennent le service quelques semaines après leur nomination.

Au sein de la Direction des Affaires pénales et des Grâces, la Sous-Direction du casier judiciaire central travaille en synergie avec deux autres Sous-Directions, à savoir la Sous-direction de l'action pénale et la Sous-Direction de la coopération judiciaire internationale. Autant le casier judiciaire est indissociable de l'action pénale qui lui est consubstantielle, autant le casier judiciaire comporte une dimension internationale qui justifie sa proximité avec la coopération judiciaire.

S2- Les Intervenants dans le processus du casier judiciaire

A priori, il serait redondant de parler des intervenants dans le processus du casier judiciaire, dès lors qu'ils sont connus et côtoyés au quotidien par les usagers, demandeurs de casier judiciaire. Cependant, l'on est en droit de s'interroger sur le rôle que joue le ministre de la Justice dans le dispositif du casier judiciaire. Ce dispositif, comment est-il articulé ? Tous les maillons indispensables sont-ils impliqués dans le processus ? Le management de l'ensemble est-il si harmonieux qu'il paraît ?

§1- Le ministre de la Justice, Garde des Sceaux

En vertu de sa qualité de Chef de Département du ministère de la Justice, le ministre de la Justice, Garde des Sceaux, est à la tête du dispositif administratif du casier judiciaire. Le casier judiciaire central du ministère de la Justice, dont le Directeur des Affaires pénales et des Grâces veille au fonctionnement, est placé sous l'autorité du Garde des Sceaux et les documents délivrés sont signés en son nom, tel qu'il est dit à l'article 580 (2) (b) du CPP : « le bulletin délivré par le service central du casier judiciaire est signé du ministre en charge de la Justice ou de son représentant ».

En vertu des prérogatives qui sont les siennes, le Garde des Sceaux est seul habilité, pour une durée laissée à sa seule discrétion, à adjoindre aux missions classiques du Fichier central du casier judiciaire des champs nouveaux d'établissement des extraits de casier judiciaire, justifiés par un contexte de divers ordres.

Suite à l'incendie survenu au TPI de Foumbot le 3 mai 2021, sur instruction du Garde des Sceaux, les natifs de cet arrondissement ont pu se fait établir les extraits de casier judiciaire au Fichier central du ministère de Justice du 25 juin 2021 au 31 janvier 2022. Ledit tribunal a été rétabli dans la délivrance des bulletins de casier judiciaire le 1er février 2022 à la faveur de la reprise des activités du TPI de Foumbot dans de nouveaux locaux.

Il y a lieu de relever, pour le rappeler, qu'en vertu des dispositions conjointes des articles 574 du CPP et 37 du Décret n° 2012/389 du 18 septembre 2012, le Fichier central est destinataire des Fiches de casier judiciaire des juridictions nationales et internationales dont il assure la centralisation. En cela, le Fichier central dispose des outils pour délivrer des extraits de casier judiciaire à tout camerounais, indifféremment de son lieu de naissance. En l'état, il demeure que les TPI restent compétents pour délivrer des extraits de casier judiciaire au natif de l'arrondissement concerné.

§2- les personnels judiciaires : Magistrats et Greffiers

La cartographie du casier judiciaire permet à divers paliers du processus, de lister les intervenants. Dans les fichiers d'arrondissement logés dans les TPI, le casier judiciaire est placé sous la responsabilité du Procureur de la République et du Greffier en chef qui sont tous deux signataires des fiches de casier judiciaire et des extraits de casier judiciaire qui en résultent. Le Greffier en chef travaille sous l'autorité du Président du Tribunal. Une équipe constituée de greffiers et de secrétaires (éventuellement) s'affaire au quotidien à la tâche sous la supervision du Greffier en Chef.

Dans la pratique, en fonction de l'ampleur de l'activité juridictionnelle, le personnel en charge du casier judiciaire y est dédié spécialement à titre permanent ou à titre provisoire. Les effectifs qui y sont consacrés sont tributaires à la fois du volume du travail et de la disponibilité des personnels au sein de la juridiction. Toutefois, en fonction de la pression des demandes d'extrait de casier judiciaire, des personnels au sein de la même juridiction peuvent être occasionnellement détachés en appui au casier judiciaire.

S'agissant des intervenants au Fichier central logé à la Direction des Affaires pénales et des Grâces (DAPG) au ministère de la Justice, ceux-ci sont constitués essentiellement des personnels judiciaires (Magistrats et Greffiers) en service à ladite Direction. Les demandes d'extrait de casier judiciaire sont déposées et traitées à la DAPG. Les documents délivrés au nom du Garde des Sceaux sont signés par ordre, dans la chaîne des responsabilités de la Direction susvisée.

À ce jour, le casier judiciaire central dont la Sous-Direction porte le nom est piloté par un Sous-Directeur placé sous l'autorité du Directeur des Affaires pénales et des Grâces. Cette Sous-Direction est animée par un effectif de 11 personnels judiciaires, dont trois (3) Magistrats et huit (8) greffiers tous grades confondus. Certes, le fonctionnement optimal de cette importante unité de travail d'envergure nationale requiert davantage de personnels.

§3- Les cursus en déficit : Informaticiens, statisticiens, archivistes

Les fonctionnaires en activité dans les services de casier judiciaire au quotidien se livrent à des tâches qui relèvent de leur formation, notamment : le relevé des condamnations judiciaires, des voies de recours et des décisions judiciaires subséquentes ; la transmission des données dans les fichiers d'arrondissement et au fichier central ; l'exploitation des données judiciaires pour la confection des extraits de casier judiciaire.

Parallèlement à ces tâches se développent diverses autres activités dont les rudiments échappent à la formation des personnels judiciaires, qui néanmoins, s'en accommodent avec plus ou moins de réussite. Il s'agit notamment du rangement et de l'exploitation et de la conservation des fiches de casier judiciaire, de la numérisation des données, de la protection des données numérisées, du traitement informatique des demandes d'extrait de casier judiciaire, des statistiques pour les besoins de rapport d'activités. Toutes ces tâches qui ne relèvent ni de la pratique du greffe ni de la pratique judiciaire sont du ressort et de la compétence d'autres corps de métier. Le fonctionnement optimal des services de casier judiciaire devrait pouvoir se faire avec le déploiement dans les divers fichiers, des personnels justifiant des cursus ci-après dont le déficit est perceptible :

- **Informaticiens :** l'informatisation du casier judiciaire se décline en plusieurs aspects, notamment la numérisation et la sécurisation des données, le traitement des demandes d'extrait de casier judiciaire, la recherche des renseignements dans la banque des données et la production des bulletins de casier judiciaire. Ces exercices, reposant sur des applications informatiques qui ne sont pas infaillibles, nécessitent l'appui des professionnels de l'informatique.

Au rang des griefs formulés contre le casier judiciaire figure celui des lenteurs qui résultent des modes encore archaïques de communication entre les fichiers de casier judiciaire. Face à ces récriminations somme toute justifiées, l'interconnexion des pools de travail en interne et des fichiers de casier judiciaire en externe apparaît comme une solution clé incontournable. Pour ce faire, des experts en informatique et (éventuellement) en télécommunication doivent être mis à contribution.

- **Statisticiens :** les états chiffrés du casier judiciaire font partie intégrante des statistiques judiciaires et constituent les éléments basiques des rapports d'activités. L'élaboration des tendances criminelles qui incombent cumulativement à la Sous-Direction du casier judiciaire et à la Sous-Direction de l'action pénale repose sur des données statistiques donnant lieu à des représentations graphiques dont seuls les professionnels de la statistique en ont la maîtrise.

- **Archivistes :** le classement physique des fiches de casier judiciaire dans les box requiert des compétences d'archiviste dont ne sont pas dotés les personnels judiciaires. Il en va de même de l'extraction et du rétablissement des fiches au fichier. Les greffiers et secrétaires en charge de cette tâche s'y perdent souvent. Il convient de rappeler qu'en vertu des dispositions de l'article 578 (3) du CPP, les fiches retirées du casier judiciaire au titre des décisions de relaxe ou d'acquittement devenues irrévocables, des condamnations effacées par l'amnistie ou la réhabilitation, *« sont classées aux archives du casier judiciaire. Aucune information ne peut y être puisée sans autorisation écrite du ministère public ».* Combien de fichiers disposent des structures qui tiennent lieu d'archives ? Combien de professionnels des archives sont-ils en activité dans les fichiers de casier judiciaire ? Avec force amateurisme, les personnels au quotidien se font violence pour bredouiller dans des tâches pour lesquelles ils ne se souviennent pas avoir reçu une formation.

Sans être péremptoire, l'accomplissement des tâches par les professionnels du domaine offre plus d'assurance quant à la qualité et la célérité dans le travail. Aussi conviendrait-il d'envisager d'associer aux personnels judiciaires en charge du casier judiciaire des professionnels des corps de métiers susvisés.

S3- Les exigences et préoccupations managériales

Le casier judiciaire n'est pas exonéré de l'exigence de performance qui incombe à tous les secteurs de l'administration au Cameroun. Pour s'y arrimer, la gestion des ressources humaines dans ses différents aspects constitue une clé de réussite.

Malheureusement, le casier judiciaire n'est pas à l'abri des fléaux qui minent certaines administrations à savoir la routine, la lassitude, la démotivation, l'ennui, le vice. Ces fléaux non exhaustifs ont en commun leur caractère pernicieux, nocif et contre-productif pour l'administration concernée. Cependant, dans le cadre de la gestion du personnel, deux (2) leviers décisifs pourraient permettre de minimiser les contreperformances des personnels, à savoir ; le profil des personnels éligibles à exercer au casier judiciaire et la longévité au poste de ces derniers.

§1- Quel profil pour les personnels à déployer au casier judiciaire ?

Des dysfonctionnements sont souvent observés dans les services de casier judiciaire, confortant, dans une certaine mesure, les récriminations parfois dirigées contre certains personnels : lenteurs, monnayage, discrimination, faute d'inadvertance, erreur d'appréciation... La récurrence de ces récriminations conduit à questionner le profil des personnes nommées au casier judiciaire.

La délicatesse et la sensibilité des documents de travail au casier judiciaire ainsi que les enjeux que représentent les extraits de casier judiciaire délivrés requièrent de la part des fonctionnaires qui en ont la charge, une lucidité et une vigilance accrues qui laissent très peu de place aux erreurs et aux amalgames. En outre, ceux-ci devraient présenter des qualités particulières : discrétion, réserve, honnêteté, probité, loyauté, intégrité... Ces exigences pourraient, sous réserve de certains vices cachés et têtus, tenir lieu de critères de choix des fonctionnaires nommés ou désignés au casier judiciaire.

§2- Quid de la longévité au poste ?

S'agissant de la longévité au poste, la question est réelle et très controversée dans toutes les administrations. Les tenants de la longévité y trouvent une source de maturité et surtout d'expérience ou de savoir-faire. Le courant contraire, qui vaut pour les services du casier judiciaire, fait valoir en retour que la longévité au poste pourrait faire le lit (au propre comme au figuré) des comportements contre-productifs, notamment : la routine, la démotivation, l'inattention (baisse de vigilance), des compromissions, des familiarités, intelligences et collusions pernicieuses.

Toutes ces tares sont manifestement incompatibles avec les exigences du casier judiciaire susvisées. L'option d'une approche hybride reste envisageable. Celle-ci consisterait à renouveler partiellement les personnels, moyennant des départs et des arrivées ciblées. Cette approche a l'avantage de laisser en poste quelques individualités dont les qualités sont avérées et qui, en cela, sont appelées à assurer la formation des personnels nouvellement déployés.

Certes, les problèmes de longévité au poste ou de profil d'emploi au poste sont par principe du ressort des responsables en charge des ressources humaines lors des *castings* de nomination ou de déploiement des personnels. Néanmoins, au sein des Unités de travail, en marge des nominations ou des mouvements de personnels de grande ampleur, il peut être procédé en interne, à des permutations ou réajustements des personnels pour des nécessités de service.

CHAPITRE III :

LE FONCTIONNEMENT DU CASIER JUDICIAIRE AU CAMEROUN. APPROCHE AMBIVALENTE

Le fonctionnement du casier judiciaire est formellement régulé par le Code de Procédure pénale en ses articles 573 et suivants, qui laissent très peu de place à l'interprétation. Ce qui dénote d'une législation élaborée dont l'appropriation n'est pas réservée aux seuls érudits des sciences juridiques. Ce corpus de texte, qui restitue le fonctionnement légal du casier judiciaire, donne lieu à une compréhension objective et univoque qui peut se prêter à des enseignements auprès des apprenants (S2). Il se dégage des diverses dispositions légales les modalités de confection et de rectification du casier judiciaire (S3).

Le casier judiciaire opère dans un environnement social où les populations s'exercent à la prestidigitation et des pratiques incantatoires pour ce qui est des questions d'ordre juridique, dont le casier judiciaire. Parallèlement à l'approche légale, s'est développée dans l'imaginaire de certains "esprits savants", des constructions mentales ingénieuses ayant donné lieu à des distorsions de compréhension à la fois erronée et ubuesque du casier judiciaire qui échappent aux principes de droit et au bon sens, mais dont les disciples naïfs sont assez répandus. L'on ne peut, dans le cadre de cette étude, faire l'impasse sur ce regard sociologique très actuel du casier judiciaire qui, par rapport à la loi, ne représente que l'envers du décor (S1).

S1- Le Fonctionnement du casier judiciaire selon l'imaginaire populaire : les idées reçues.

Le casier judiciaire dans la société camerounaise suscite beaucoup d'attention et charrie des commentaires divers, parfois incontrôlés ne reposant sur aucun fondement légal. Lesdits commentaires sont souvent entretenus par des charlatans du droit, dont les vertus de brillants orateurs sont souvent avérées et qui sont malheureusement très écoutés dans leur entourage. Ces adeptes des constructions des chimères intellectuelles vont véhiculer des préjugés pernicieux qui habitent malheureusement le subconscient des usagers naïfs et dont on peut donner quelques illustrations de croyances inexactes. Auxdites croyances se greffe un environnement malsain.

§1- Le déni de la présomption d'innocence : la présomption de culpabilité

La présomption d'innocence, inscrite dans la Déclaration des droits de l'homme et des citoyens, est consacrée par la Constitution du Cameroun en ces termes : *« Tout prévenu est présumé innocent jusqu'à ce que sa culpabilité soit établie au cours d'un procès conduit dans le strict respect des droits de la défense »*. La présomption d'innocence, selon le Lexique des termes juridiques, s'entend comme le *« principe selon lequel, en matière pénale, toute personne poursuivie est considérée comme innocente des faits qui lui sont reprochés, tant qu'elle n'a pas été déclarée coupable par la juridiction compétente*[64] *»*. En vertu de ce principe, tant qu'une décision de condamnation devenue définitive n'est pas intervenue, le mis en cause bénéficie de la présomption d'innocence, en dépit des poursuites judiciaires formellement engagées.

Dans l'imaginaire populaire, les poursuites judiciaires, indifféremment des suites, ont valeur de condamnation, lorsque la procédure est associée à une détention provisoire. La mise en liberté, relaxe ou acquittement éventuel à venir, est sans effet sur l'étiquette du « condamné » dont est précipitamment affublé le concerné. Les explications mises au point, voire en conférence de presse, n'y changeront rien. Certains qui ont le malheur d'être aperçus avec des menottes à travers des photos qui inondent les réseaux sociaux en font, hélas, les frais. Ce procès sommaire de la société, piloté par des individus ou des intelligences dans l'ombre, parfois proches du concerné, « fabrique » un condamné jeté au ban de la société avec la fiction d'un "casier judiciaire pré-sentenciel". Malheureusement, nombreux sont ceux qui se laisseront prendre au piège de cette grossière affabulation.

§2- La présomption de perpétuité de toute condamnation pénale

Selon une autre idée assez répandue dans notre société, dès lors qu'un individu fait l'objet d'une condamnation pénale, il en sera marqué pour toute sa vie, en dépit des voies de recours de droit dûment exercées et des suites judiciaires données auxdites voies de recours. Quand bien même la décision venait à être reformée et le concerné relaxé ou acquitté en appel, il y en aura qui, non sans ingéniosité, développeront un argumentaire d'impossibilité juridique ou alors rangeront cette information dans la corbeille de l'intox. L'objectif est de répandre l'information selon laquelle la condamnation ne connaîtra aucune infirmation, même partielle.

La conscience du bénéfice de la clémence du juge d'appel par le concerné, captif de la société malgré lui, est sans effet sur l'opprobre social qu'il subit

---

[64] Serge GUINCHARD, Thierry DEBARD, *Lexique des termes juridiques,* 19e édition 2012, op.cit, p. 669.

depuis le premier juge. Certains en sont à se réjouir de la condamnation initiale, souhaitant que celle-ci demeure à perpétuité.

Ces préjugés hautement préjudiciables sur la durée au sein de la communauté sont parfois transgénérationnels avec des répercussions sur les proches et la descendance. Ces constructions imaginaires grotesques font répandre l'idée monstrueuse d'un casier judiciaire à vie avec des effets irradiants sur la généalogie. D'où la nécessité et l'urgence de rétablir la vérité dans l'espoir que les concernés et leur entourage en sursis, seront rétablis dans leur image sociale et leurs droits.

§3- L'obtention des extraits de casier judiciaire en procédure d'urgence : Le "référé" du casier judiciaire

L'on observe que la quasi-totalité des demandeurs des extraits de casier judiciaire est impatiente et en général sous pression. Ceux-ci invoquent habituellement une urgence (expiration imminente des délais, voyage, pièce prestement attendue par une autorité impatiente…). Il s'ensuit parfois des éclats de voix au motif que le personnel du casier judiciaire est incompétent et lent à rendre service.

Il échappe aux usagers que le traitement d'une demande d'extrait de casier judiciaire obéit à un processus codifié de travail à la chaîne à plusieurs paliers de vérifications suivant un système de relais dans les divers maillons de la chaîne. S'il est évident qu'il s'agit d'un travail complexe, il n'est pas envisageable de faire une estimation de la durée de confection d'un bulletin de casier judiciaire avec une quantification préfixe du temps. Encore que les demandes qui ne présentent pas les mêmes contraintes de vérifications peuvent varier d'une demande à une autre. C'est dire que le traitement des demandes de casier judiciaire requiert du calme, de la minutie, de la méthode et de la vigilance ; toutes choses incompatibles avec empressement, précipitation ou course contre la montre. Les procédures d'urgence sont régies par le Code de Procédure civile en ses articles 182 et suivants. Le casier judiciaire n'y est aucunement mentionné. C'est à croire que certains individus veulent réécrire le Code de Procédure civile (CPC) : il n'existe pas de référé en matière de casier judiciaire.

Toutefois, il convient de le relever, les horaires de dépôt des demandes et de retrait des bulletins de casier judiciaire sont réglementés par un communiqué du Directeur des Affaires pénales et des Grâces, affiché au hall de la Direction, à l'attention du public[65]. Cette communication, indifféremment des mécanismes de travail, semble être méconnue par les usagers.

---

[65] Un communiqué (en français et en anglais), à l'adresse des usagers du Fichier central du Casier judiciaire, signé du Directeur des Affaires pénales et des Grâces le 22 septembre 2020 actualisé le 3 janvier 2023, à la faveur du changement du prix du timbre, indique : le coût des demandes des extraits de casier judiciaire 3000F (à raison de 1500 F de frais de timbre pour

§4- Le recours aux raccourcis pour l'obtention d'un bulletin de casier judiciaire : les logiques des circuits frauduleux parallèles

Sous l'impulsion du MINFOPRA, les administrations, parmi lesquelles le ministère de la Justice, ont élaboré et mis à la disposition des usagers des recueils d'information pratique sur le fonctionnement desdites administrations, appelés "Guide de l'Usager". Ce document, en ce qui concerne le MINJUSTICE, renseigne clairement sur la démarche à suivre pour obtenir un casier judiciaire. En outre, le MINJUSTICE dispose d'un site internet régulièrement mis à jour qui renseigne sur ses diverses missions[66]. Au surplus, le ministère de la Justice et les juridictions disposent des box d'accueil disposés au couloir d'entrée des services pour renseigner et orienter les usagers en permanence. Par ailleurs, des affiches sont apposées dans les couloirs et halls du ministère de la Justice.

En dépit de ce dispositif d'information diversifié qui fonctionne, ils sont encore nombreux les usagers qui s'adressent aux officines clandestines de fabrique des bulletins de casier judiciaire. Ces unités de travail de l'ombre et assez sollicitées, sont tenues par des individus, sans scrupule, disposant des outils dédiés : machines, imprimés, cachets et spécialistes en imitation des signatures y compris pour celles qui pourraient paraître les plus compliquées. Des rabatteurs déambulent à longueur de journée aux alentours des services publics et tribunaux pour racoler les usagers naïfs avec extorsion d'argent. Il s'ensuit un échange de contact téléphonique, question pour le rabatteur d'éloigner l'usager avant d'entrer en "laboratoire". Le téléphone de l'usager sonne une fois le processus terminé. La remise du document contrefait est effectuée dans la rue ou sur un capot de voiture, contre une rémunération disproportionnée. Les plus généreux en ce sens seraient les expatriés[67] qui, de ce fait, constituent une catégorie de clientèle très convoitée au prix, parfois des disputes très passionnées entre réseaux concurrents.

Sur impulsion du Directeur des Affaires pénales et des Grâces, des interpellations sont régulièrement effectuées avec le concours du Procureur de

---

les demandes et 1500 de frais de timbre pour l'extrait de casier judiciaire délivré. Ce communiqué indique en plus les heures de dépôt des demandes de lundi à vendredi de 7h 30 à 11 heures et les heures de retrait des extraits de casier judiciaire de 13h à 15h 30.

[66] Site MINJUSTICE : www.minjustice.gov.cm

[67] On observe pour le déplorer que plusieurs expatriés, dont d'éminents Directeurs généraux des multinationales et Sociétés installées au Cameroun, recourent à ces raccourcis pour se faire établir des bulletins de casier N°3. Les expatriés concernés, dont les copies de passeport et de carte de séjour circulent à longueur de journée, sont eux-mêmes, très rarement aperçus au fichier central dont les portes restent largement ouvertes, quand bien même ils sont résidents dans la ville de Yaoundé. Certains, une minorité, passent par leurs collaborateurs ou des compatriotes pour saisir les services compétents. Il arrive souvent que certains de ces expatriés attendent à bord de leurs véhicules dans les voisinages du Fichier central.

la République près le TPI de Yaoundé Centre Administratif avec saisie du matériel. Au lendemain des arrestations, l'on observe une accalmie provisoire. Les concernés, ayant échappé aux interpellations, restent momentanément en embuscade et reprennent progressivement du service, parfois en changeant de site. La mobilité volontairement entretenue par les intéressés avec changement de puces téléphoniques constitue un handicap pour les initiatives de filatures policières.

§5 -La quasi-systématisation de l'obtention des extraits de casier judiciaire par des personnes interposées

S'il est un domaine dans l'activité judiciaire où la représentation fonctionne à merveille, c'est bien celui du casier judiciaire. Il est curieux de constater que les personnes concernées soient les moins visibles dans les services de casier judiciaire. Quand bien même celles-ci sont résidentes dans la ville et disponibles pour se présenter, elles préfèrent se faire représenter.

Certes, la représentation du reste consacrée par le droit Camerounais n'est habituellement invoquée qu'à titre exceptionnel, notamment lorsque le concerné pour diverses raisons graduelles, empêchement, contraintes, indisponibilité, force majeure ne peut être physiquement présent. Dans chaque cas de figure, le mandataire produit un justificatif de la procuration que lui a délivré le mandant. À l'observation, les usagers du casier judiciaire, en lieu et place de ce formalisme, opposent leur titre professionnel, rang social, leur parentalité avec le concerné, leur appartenance au corps judiciaire. En plus, ces derniers en rajoutent avec des exigences d'urgence.

Dans la mêlée de ces nombreux individus qui gravitent autour du casier judiciaire, il est difficile de distinguer entre ceux qui de bonne foi (présumée) rendent un service isolé, à un proche, et ceux qui sont dans une logique d'affairisme. Certains se trahissent par la récurrence de leurs sollicitations et leurs fréquentations ennuyeuses. Il arrive que les concernés, interpelés avec de nombreux dossiers qui constituent par ailleurs un démenti de leur bonne foi alléguée, soient en panne d'explications.

Les effets pernicieux de cette pratique de suivi des procédures par des relais suspects pour la plupart sont indéniables et déteignent sur l'image de l'institution. À l'occasion des réunions en interne, ce sujet est régulièrement débattu et le personnel se voit toujours adresser une exhortation à plus de vigilance et de fermeté et surtout au strict respect des textes.

Il convient de rappeler avec force que, conformément aux dispositions des articles 580 et 581 du CPP, les extraits de casier judiciaire n°3 ne sont demandés et délivrés qu'aux « titulaires du casier judiciaire ».

Au regard de ce qui précède, il est notoire qu'il existe autour du casier judiciaire un univers de contre sens, qu'il n'est pas vain de mettre à nu et d'en visiter et bannir le contenu. Une œuvre d'assainissement qui en dit long sur l'approche de la pédagogie par le contre-exemple. *« Nul n'est censé ignorer la loi »* devrait-on rappeler à tous les esprits inventifs non moins imposteurs du droit qui ont édifié autour du casier judiciaire des croyances qui défient toutes les règles de droit et qui ne sont que chimères et utopies.

S2- Fonctionnement du casier judiciaire en vertu de la loi : la légalité rétablie

En vertu de la Constitution, la procédure pénale dont émane le casier judiciaire relève du domaine de la loi. Il en va de même de la *« détermination des crimes et délits et l'institution des peines de toute nature*[68] *»* qui se situe en amont de la justice pénale. Le processus du casier judiciaire est organisé et codifié par les dispositions du CPP en ses articles 573 et suivants desquels se dégagent cinq (5) repères clés à savoir : l'élaboration et la transmission des fiches de casier judiciaire, la constitution et la tenue du fichier de casier judiciaire, l'ouverture et la tenue des registres du casier judiciaire, l'enregistrement et le traitement de la demande d'extrait de casier judiciaire, la confection des extraits de casier judiciaire et les critères des mentions des condamnations.

§1- Élaboration et transmission des fiches de casier judiciaire

Le casier judiciaire est une matière régie par le droit pénal, à travers les outils que constituent le Code pénal et le Code de Procédure pénale (CPP).

L'article 574 du CPP est ainsi libellé *«lorsqu'une juridiction répressive camerounaise a prononcé une condamnation ou une mesure de sûreté, le greffier en chef de cette juridiction transcrit le dispositif de la décision sur une fiche appelée fiche de casier judiciaire »*, établie en cinq exemplaires ventilés comme il suit : 2 exemplaires transmis au fichier central, 2 exemplaires au greffe du TPI du lieu de naissance, le 5e exemplaire est classé au dossier de procédure dans la juridiction de condamnation.

Lorsqu'une voie de recours est enregistrée avant transmission de la fiche, la mention est apposée sur la même fiche. A contrario, pour les voies de recours postérieures à la transmission, le greffier en Chef adresse copie de l'acte de recours aux différents fichiers (article 575 du CPP). Il est établi autant de fiches de condamnation ou de mesure de sûreté prononcées séparément à l'encontre d'une personne par une juridiction camerounaise ou étrangère (article 576 du CPP).

Il est souvent apparu qu'au moment des dépouillements des fiches parvenues au fichier central, que l'on relève des disparités dans la présentation

[68] Voir article 26 de la Constitution du Cameroun.

des fiches de casier judiciaire. Il convient de rappeler que la configuration et les mentions d'une fiche de casier judiciaire sont encadrées par la loi et notamment l'article 577 du CPP. Cet article dispose que :

« La fiche de casier judiciaire comporte : les renseignements d'identité, la photographie, les empreintes digitales et les signalements morphologiques et anthropométriques ; les condamnations et mesures de sûreté prononcées par les juridictions répressives nationales ou étrangères… »

Les dispositions légales susvisées appellent deux (2) remarques importantes qu'il convient de faire :

Primo : Toutes les juridictions répressives camerounaises, sans exclusive, sont assujetties à l'établissement des fiches de casier judiciaire suivant les répartitions indiquées par le législateur pénal à l'article 574 susvisé qui n'indique aucune dérogation.

Secundo : la présentation et les mentions contenues dans une fiche de casier judiciaire sont spécifiées par les dispositions du CPP. Dès lors, les fiches de casier judiciaire devraient avoir la même présentation, indifféremment de la dénomination de la juridiction ayant rendu le jugement. La Direction des Affaires pénales et des Grâces tient à la disposition des juridictions répressives des modèles types de fiche de casier judiciaire élaborés conformément aux dispositions du CPP.

§2- Constitution et tenue du fichier du casier judiciaire

En l'état, les fiches de casier judiciaire sont présentées en support physique (papier) d'origines diverses constituant un volume proportionnel au volume de l'activité judiciaire. Les fiches reçues sont dépouillées et classées par ordre alphabétique dans un dispositif de rangement par ordre alphabétique qui tient lieu de fichier[69]. À l'issue des recherches, les fiches exploitées doivent être rétablies à la place alphabétique initiale. Cet exercice représente le stade basique et élémentaire de la tenue d'un fichier.

Les diligences quotidiennes qui participent tout aussi de la tenue du fichier relèvent de différentes opérations de mise à jour des fiches de casier judiciaire sur la foi des renseignements transmis par les greffes compétents, à savoir : voies de recours, décisions d'appel, arrêt de réhabilitation…

Le traitement serein des demandes d'extrait de casier judiciaire, la crédibilité des bulletins de casier judiciaire confectionnés, la purge du casier

---

[69] Dans certaines juridictions, à l'initiative du greffier en chef, des fiches cartonnées sont établies pour chaque fiche de casier judiciaire dont elle récapitule les mentions. Lesdites fiches sont ensuite rangées par ordre alphabétique, dans un box cloisonné. Ce modèle de fichier du casier judiciaire constitué à l'image du fichier du parquet n'est aucunement contre-indiqué. Encore que la loi n'a pas particulièrement réglé cette question.

judiciaire sont étroitement tributaires du préalable de la bonne tenue du fichier de casier judiciaire. À l'inverse, une mauvaise tenue du fichier est susceptible de mitiger la qualité des résultats desdites opérations.

Au regard de l'importance de la bonne tenue du fichier et son impact sur les opérations majeures du casier judiciaire, des missions de la Direction des Affaires pénales et des Grâces sont régulièrement déployées dans les ressorts des cours d'appel à l'effet de relever les dysfonctionnements éventuels et apporter aux personnels en charge du casier judiciaire, un encadrement pédagogique approprié.

§3- Ouverture et tenue des registres de casier judiciaire

Le fonctionnement du casier judiciaire repose sur plusieurs types de registres, notamment :

- **Le registre de casier judiciaire (modèle unique fourni par la Chancellerie)**

Coté et paraphé par le Président du Tribunal, ce registre sert à répertorier les fiches de casier judiciaire avant leur classement au fichier concerné. Ce registre renseigne à travers ses différentes rubriques, sur les noms et prénoms, date et lieu de naissance du condamné, nom du père, nom de la mère, Région, Département et arrondissement d'origine, nationalité, infraction, date et numéro de la décision, juridiction ayant rendu la décision, peine prononcée.

- **Le registre des bulletins N° 3 de casier judiciaire**

Côté et paraphé par le Président du Tribunal, ce registre sert à enregistrer les demandes de casier judiciaire, à affecter un numéro au bulletin de casier judiciaire délivré. Il mentionne par ailleurs l'identité et la décharge de celui qui procède au retrait de l'extrait de casier judiciaire établi.

- **Le registre des bulletins N°2 de casier judiciaire**

Côté et paraphé par le Président du Tribunal, il mentionne les références de la correspondance de l'administration demanderesse, le numéro de la pièce délivrée ainsi que les références de la correspondance de transmission de la pièce sollicitée.

- **Le registre des bulletins N°1 de casier judiciaire**

Côté et paraphé par le Président du Tribunal, il comporte les mêmes mentions que le registre des bulletins de casier de judiciaire N°2.

Tels sont les registres classiques qu'on retrouve aussi bien au fichier central qu'au fichier d'arrondissement. Les registres du Fichier central sont cotés et paraphés par le Directeur des Affaires pénales et des Grâces. Il est loisible, à l'initiative des responsables qui en trouvent la nécessité, dans l'optique de l'amélioration du travail, d'ouvrir des registres supplémentaires[70].

§4- Enregistrement et traitement des demandes d'extrait de casier judiciaire

Au fichier central, le traitement des demandes d'extrait de casier judiciaire N° 3 fait l'objet d'un Communiqué (actualisé) du Directeur des Affaires pénales et des Grâces à l'attention des usagers, dans les deux langues (le Français et l'Anglais), affiché au hall de la Direction. Il en ressort que les frais de demande d'un extrait de casier judiciaire sont de 3000 FCFA, à raison de 1500 FCFA pour les frais de timbre sur la demande et 1500F pour le timbre à apposer sur l'extrait de casier judiciaire délivré. Les demandes sont reçues tous les jours ouvrables de lundi à vendredi de 7h30 à 11h. Les retraits des bulletins de casier judiciaire s'effectuent de 13h à 15h30. Certes, il arrive très souvent que le Fichier central traite les demandes de casier judiciaire au-delà de ces indications horaires.

Sur le plan pratique en interne, entre le dépôt de la demande et le retrait de l'extrait de casier judiciaire sollicité, plusieurs diligences sont effectuées, notamment : l'enregistrement de la demande dans le registre des B3, les recherches au fichier, assorties si nécessaire d'un appel téléphonique au greffe de la juridiction ayant rendu la décision. *« Lorsque le casier judiciaire est vierge ou que les condamnations et mesures de sûreté inscrites sur les fiches ne sont pas devenues irrévocables, le bulletin délivré porte la mention « néant » » article 581 (2))* du CPP.

S'agissant des Bulletins de casier judiciaire n°1 et n°2, ceux-ci sont délivrés aux autorités administratives et judiciaires sur leur demande. Les B1 et B2 sont établis suivant les mêmes démarches que pour le B3, à la suite d'une demande de l'administration concernée par correspondance administrative, et sont acheminés à leurs destinataires par les mêmes voies.

Préalablement au traitement des demandes de bulletins de casier judiciaire, le Fichier est mis à jour moyennant le dépouillement, le classement et le rangement des fiches dans les box dédiés à cet effet. Les actes subséquents relatifs aux voies de recours et à la reformation éventuelle des jugements (relaxe, acquittement, annulation) y sont également rangés.

---

[70] Notre attention a été positivement attirée sur l'initiative très louable d'un greffier en chef qui a eu l'imagination de créer au sein de la juridiction un registre de suivi des fiches de casier judiciaire permettant d'avoir une lisibilité instantanée sur le parcours des fiches, dont le séjour, au Parquet aux fins de signature par un Magistrat du parquet, est parfois l'objet des désaccords Siège/Parquet. Pour mémoire, une fiche de casier judiciaire est dûment assortie de la signature du Procureur de la République ou son Substitut et celle du Greffier en Chef avant transmission au fichier central et au fichier du lieu de naissance du concerné.

Dans les fichiers d'arrondissement, sous réserve de quelques différences, le processus est quasiment le même pour les demandes de casier judiciaire. Les demandes de casier judiciaire sont adressées au greffier en chef du TPI de céans. La suite des diligences consiste à vérifier le passé pénal du concerné au Fichier et en délivrer un extrait. Le bulletin de casier judiciaire qui en résulte porte deux signatures à savoir, celle du Greffier en chef et celle du Procureur de la République ou d'un substitut[71].

Il y a lieu de noter que les fichiers d'arrondissement constituent le cadre de gestation du processus du casier judiciaire qui obéit à une chaîne de travail tel que décrit ci-haut.

S3- Les modalités de confection et de rectification du casier judiciaire

Il est essentiel de procéder par une mise au point préalable. Les condamnations pénales font l'objet de transcription sur les fiches dénommées fiches de casier judiciaire. Les renseignements tirés de ces fiches sont appelés « extraits de casier judiciaire » délivrés sous forme de bulletin aux parties demanderesses conformément aux prescriptions de l'article 580 du CPP. Les bulletins de casier judiciaire repartis en trois (3) modèles (§1) obéissent à des critères d'établissement (§2) qui donnent parfois lieu à des contestations (§3).

§1- La typologie des bulletins de casier judiciaire

Au terme de l'article 581 du CPP, il existe trois types de bulletin de caser judiciaire aux contenus et destinataires différents :

- **Le bulletin de casier judiciaire N°1**

Le bulletin de casier judiciaire N°1, encore appelé le B1, est le relevé intégral des fiches du casier judiciaire concernant une personne donnée. Il contient toutes les condamnations, mesures de sûreté, et arrêté d'expulsion prononcées contre cette personne. Il n'est délivré qu'aux autorités administratives et judiciaires, sur leur demande.

- **Le bulletin de casier judiciaire N°2**

Le bulletin N°2, appelé le B2, comporte les mêmes mentions que le bulletin N°1 à l'exclusion des décisions effacées par l'amnistie et la réhabilitation. Au même titre que le B1, il n'est délivré qu'aux autorités administratives et judiciaires, sur leur demande.

---

[71] Il est à noter que les extraits de casier judiciaire délivrés au fichier central ne sont revêtus que d'une seule signature au nom du ministre de la Justice, Garde des Sceaux, celle de la Direction des Affaires pénales et des Grâces à la différence de ceux délivrés dans les TPI assortis de deux signatures comme sus indiqué.

- **Le Bulletin de casier judiciaire n°3**

Le bulletin N°3, encore appelé le B3, ne mentionne que les condamnations à des peines privatives de liberté non effacées par l'amnistie ou la réhabilitation. Il mentionne en outre toutes les condamnations relatives à la circulation routière. Délivré aux individus et notamment leur titulaire, le B3 représente plus de 80% des bulletins de casier judiciaire délivrés à toutes les catégories confondues.

§2- Les critères des mentions des condamnations

Les bulletins de casier judiciaire délivrés ont vocation à renseigner sur le passé pénal d'un individu. À ce titre, ils comportent soit la mention de la condamnation prononcée contre le concerné, soit la mention « Néant ». Cette mention est apposée lorsque, conformément à l'article 582 (1), *« le casier judiciaire est vierge ou que les condamnations et mesures de sûreté inscrites sur les fiches ne sont pas devenues irrévocables ».* A contrario, le casier judiciaire ne vise les condamnations, lorsqu'il en existe, que lorsque celles-ci sont devenues définitives[72].

Il découle des dispositions ci-dessus du CPP, deux remarques, à savoir d'une part que l'exigence du caractère définitif de la décision comme critère préalable de mention sur le bulletin de casier judiciaire signifie qu'un bulletin de casier judiciaire peut porter la mention « Néant » alors que l'intéressé a fait l'objet d'une condamnation dès lors que ladite décision est frappée d'une voie de recours. D'autre part, l'information sur le caractère définitif d'un jugement est déterminante dans la production des bulletins de casier judiciaire et appelle de ce fait à la fois une mise à jour des fichiers de casier judiciaire, de même qu'une fluidité dans la remontée des informations.

Au-delà du caractère définitif de la décision, le sort de celle-ci à l'issue de l'appel ou du pourvoi, décision de confirmation, d'infirmation totale ou partielle, devrait pouvoir faire l'objet d'une transcription dans les fiches de casier judiciaire. Le CPP le recommande en son article 579 en ces termes : *« En cas de modification de la condamnation ou de la mesure de sûreté à la suite d'un recours, mention est portée sur la fiche correspondante du casier judiciaire » ;* c'est dire, quel rôle joue la célérité dans la transmission de l'information dans le fonctionnement du casier judiciaire.

§3- Le contentieux du casier judiciaire

Les bulletins de casier judiciaire sont susceptibles de faire l'objet de deux types de contestations : contestation des mentions du casier judiciaire et

[72] Une décision est définitive lorsqu'elle ne peut plus faire l'objet de voie de recours. Elle acquiert de ce fait force de chose jugée et devient dès lors irrévocable.

contestation ou suspicion sur l'authenticité du bulletin de casier judiciaire couramment exigé dans la constitution des dossiers pour les concours administratifs.

A- Contestation des mentions sur l'extrait de casier judiciaire

Dès lors que les mentions contenues dans le bulletin de casier judiciaire sont contestées, son titulaire est fondé à saisir, par une requête en rectification, le Président de la juridiction qui a rendu la décision. Le ministère public peut se substituer au titulaire de l'extrait de casier judiciaire et agir en lieu et place de celui-ci, conformément aux dispositions de l'article 582 du CPP[73].

Le Président statue en chambre de Conseil, après avoir entendu le requérant, le ministère public et toute personne dont le témoignage paraît utile à la manifestation de la vérité. En cas de rejet de la requête, le requérant est condamné aux dépens. Si la requête est admise, les frais sont supportés par le Trésor public, la mention de la décision ordonnant la rectification est portée sur la fiche du casier judiciaire.

La démarche processuelle ci-dessus est applicable en cas de contestation sur la réhabilitation de droit ou l'application d'une loi d'amnistie (article 583 du CPP).

La réhabilitation et l'amnistie constituent des procédures autonomes différentes de par leur notion et leur régime. Cependant, elles ont en partage les effets d'effacement de la condamnation qui découle du retrait de la fiche concernée ou des fiches concernées du casier judiciaire. En dépit de cette proximité juridique circonscrite aux effets, la réhabilitation et l'amnistie à notre sens ne relèvent pas du contentieux du casier judiciaire *stricto sensu.*

B- Contestation ou suspicion sur l'authenticité de l'extrait de casier judiciaire.

Le fichier du casier judiciaire central et certains fichiers d'arrondissement sont de plus en plus destinataires des demandes de confirmation de régularité des bulletins de casier judiciaire à l'initiative des administrations, organismes,

---

[73] La procédure comme prescrite par l'article 582 du CPP appelle deux observations : 1- le législateur pénal n'apporte aucune clarification sur les voies de recours contre la décision du Président saisi, mais ne l'interdit pas formellement. Il nous semble dès lors qu'en dépit du silence de la loi, que l'appel soit recevable en la matière. 2- lorsque la mention contestée sur le bulletin de casier judiciaire relève d'une coquille ou d'une erreur matérielle (sur les éléments d'identité) qui ne touche pas aux termes du jugement de condamnation, l'autorité ayant délivré le bulletin de casier judiciaire pourrait, à la demande du concerné (après confrontation des pièces produites et leurs originaux), apporter les corrections idoines, sans qu'il soit besoin de recourir à la saisine du Président ayant rendu la décision.

employeurs, avocats et autres[74]... Les mobiles réels de cette vérification ne sont jamais révélés. Il pourrait s'agir entre autres d'une vérification adossée sur une simple suspicion de document présumé contrefait. Même les conjectures les plus pointues ne sauraient être exhaustives sur le chapelet de mobiles possibles cachés derrière ces demandes d'authentification.

En tout état de cause, indifféremment des mobiles, la Direction des Affaires pénales et des Grâces y donne suite après les vérifications utiles en deux temps. Les documents contrefaits présentent presque toujours une anomalie identifiable par le personnel, à savoir : le type de formulaire, le caractère et la police de saisie, le modèle de cachet, la ou les signatures et le code du numéro. À ce stade, il est aisé de faire la distinction entre un document régulier et un document contrefait. Le cas échéant, les registres sont passés au peigne fin. Tous les documents régulièrement et dûment établis sont traçables dans les registres de la Sous-Direction du casier judiciaire central.

Les pièces contrefaites sont retenues pour les besoins d'enquête permettant, après investigation, de remonter la filière avec le concours du titulaire du document contrefait. Ce dernier habituellement introduit une nouvelle demande d'extrait de casier judiciaire[75]. Les extraits de casier judiciaire jugés réguliers (c'est souvent le cas) sont restitués en mains propres aux concernés ou retournés par courrier à leur expéditeur avec les informations sollicitées. C'est dire que toutes les demandes de vérification de régularité d'extrait de casier judiciaire n'induisent pas toujours un cas de faux.

---

[74] Il est arrivé quelques rares fois que la demande d'authentification soit formulée par le concerné lui-même, notamment lorsque celui-ci, empêché, a initialement eu recours à des relais et des intermédiaires. Il se retrouve en retour avec un document manifestement suspect. C'est alors qu'il entreprend de se déplacer pour les vérifications et se voit communiquer des informations troublantes.

[75] Il convient de relever pour le déplorer, qu'après constat de faux b3, une fois qu'un B3 régulier est délivré au concerné, celui-ci ne juge plus nécessaire de coopérer à l'enquête préliminaire ouverte pour traquer l'auteur ou les auteurs du B3 contrefait avec qui il a pourtant été en contact.

CHAPITRE IV :

LE CHAMP UTILITAIRE DU CASIER JUDICIAIRE AU CAMEROUN

À l'évidence, s'interroger sur la place du casier judiciaire dans la justice pénale dont il est l'émanation relève d'un truisme. La consubstantialité entre la justice répressive et le casier judiciaire ne devrait pas appeler d'observation particulière. En revanche, l'on peut légitimement s'interroger sur la valeur du casier judiciaire en dehors du champ pénal. Le casier judiciaire, dès lors qu'il est déconnecté de la justice pénale, ne revêt-il aucune valeur ?

Une analyse des divers secteurs d'activités et rapport entre les administrations laisse observer que le casier judiciaire joue un rôle diffus non négligeable dans plusieurs domaines. Au-delà des frontières camerounaises, le casier judiciaire est-il audible ? Dans la perspective d'une évaluation de la portée du casier, trois paliers d'appréciation peuvent être explorés, à savoir : la dimension multifonctionnelle du casier judiciaire (S1), les rapports des services du casier judiciaire avec les administrations (S2), le casier judiciaire dans le champ de la coopération judiciaire (S3).

S1- La dimension multifonctionnelle du casier judiciaire

Dans l'imaginaire populaire, le rôle du casier judiciaire est circonscrit à la constitution des dossiers des concours ou de candidature aux élections. Il est peu fait cas de la fonction première du casier judiciaire dans la mise en œuvre de la justice pénale. À la vérité, le casier judiciaire, plus qu'on l'imagine, irradie plusieurs domaines où son utilité, souvent mal perçue, est pourtant avérée : administration, économie, politique, diplomatie. Aussi, au titre du présent chapitre, seront tour à tour examinées les fonctions du casier judiciaire sur le plan judiciaire (P1), sur le plan administratif (P2), sur le plan politique (P3), sur le plan social (P4), sur le plan économique (P5) ainsi que des enjeux consulaires et diplomatiques (S6).

§1- Les fonctions du casier judiciaire au plan judiciaire

À titre principal, le casier judiciaire est un instrument de preuve de la récidive : le juge pénal, une fois les débats clos, dès lors que la culpabilité de celui qui est mis en cause est établie, mais avant la condamnation, demande le bulletin du casier judiciaire n°2, à l'effet d'être édifié sur le passé judiciaire du mis en cause et notamment savoir si ce dernier est délinquant primaire ou récidiviste[76] ; il est question de moduler la peine selon ledit passé judiciaire.

S'il est avéré que le mis en cause est un délinquant primaire, celui-ci est éligible aux circonstances atténuantes. A contrario, s'il est établi, sur la foi du B2, qu'il est récidiviste, celui-ci encourt des peines aggravées, conformément à l'article 88 du Code pénal.

À ce sujet, ABM soutient que pour assurer au mieux la répression, il est nécessaire de connaître parfaitement les antécédents pénaux des délinquants. L'efficacité de la peine en dépend, car toute peine doit être *« proportionnée non seulement à la gravité intrinsèque du méfait, mais surtout, au degré relatif de perversité et d'incorrigibilité du coupable »*. Pour cela, il importe de connaitre *« quelles circonstances peuvent être éminemment plus aggravantes que le caractère dépravé du délinquant, que sa mauvaise renommée, que ses habitudes d'infraction aux lois, en un mot, pour parler en langage du palais, que ses mauvais antécédents judiciaires*[77] *»*.

Par ailleurs, le casier judiciaire a vocation à orienter sur les tendances criminelles d'une communauté dans le temps et dans l'espace : l'exploitation des fiches de casier judiciaire permet dans une circonscription donnée, pour une période donnée, d'avoir un aperçu sur les types d'infractions, leur ampleur, leur fréquence ainsi que le profil de leurs auteurs (âge, genre et nationalité). Les tableaux, graphiques et courbes ainsi dégagées offrent des tendances criminelles à l'attention des pouvoirs publics. Il n'est pas vain de pouvoir identifier et circonscrire les spécificités criminelles d'une communauté dans un espace donné.

La connaissance préalable des tendances criminelles est un déterminant incontournable de l'orientation de la politique pénale sur divers paliers, à savoir l'orientation législative, préventive ou répressive. C'est dire qu'une politique pénale est tributaire de l'écosystème judiciaire dont elle est la clé de voûte. De même qu'aucune politique pénale ne peut être pertinente si elle n'est pas en ancrage avec l'environnement judiciaire concerné. Le casier judiciaire y joue un rôle capital.

§2- Les fonctions du casier judiciaire au plan administratif

Au plan administratif, le casier judiciaire dans ses divers modèles trouve un espace de prédilection en ce qu'il intervient dans plusieurs domaines, notamment celui des concours administratifs. En effet, le Décret n°

---

[76] Voir dispositions de l'article 88 du Code pénal camerounais sur la notion de récidive. Distinction (de délais) faite entre la récidive des crimes et délits (commissions d'une nouvelle infraction dans un délai qui expire 5 ans après l'exécution de la précédente condamnation) et récidive de contravention (12 mois après expiration de l'exécution de la précédente contravention.

[77] A. Bonneville, op.cit., Versailles 1847 P.5

2000/696/PM du 13 septembre 2000, fixant le régime général des concours administratifs, fait obligation à tout candidat à un concours direct de produire un dossier comprenant, entre autres, un extrait de casier judiciaire datant de moins de trois mois. Sous peine d'irrecevabilité, le dossier contenant les pièces exigées doit être déposé dans les délais requis.

Le casier judiciaire intervient également dans le processus d'attribution des décorations. La loi n° 2019/ 007 du 25 avril 2019 portant régime des ordres nationaux au Cameroun dispose en son article 61 relatif aux modalités d'attribution des décorations dans les divers ordres nationaux : *« ne sont pas proposables à une décoration, les candidats ayant encouru une condamnation pour crime ou délit volontaire ».* Aussi, les postulants aux décorations sont-ils appelés à joindre à leur demande, un extrait de casier judiciaire datant de moins de trois mois.

§3- Les fonctions du casier judiciaire au plan politique

Indifféremment du système électoral, le casier judiciaire est au cœur du processus électoral et y joue un rôle déterminant, notamment dans la phase préélectorale consacrée à la validation des candidatures. Les contestations générées par cette validation de candidature donnent lieu au contentieux préélectoral.

Pour ABM, le casier judiciaire joue un rôle déterminant dans l'expression du suffrage universel. La localisation des renseignements judiciaires au niveau de chaque arrondissement va permettre de veiller à la "pureté des listes électorales et du jury". Il est question d'éviter que des personnes frappées d'indignité civique se trouvent à voter et à juger. L'établissement du casier judiciaire devenait une nécessité absolue. À ce titre, ABM relevait qu'*« il résulte donc forcément (...) de la consécration du suffrage universel (...) la nécessité d'organiser un mode simple et infaillible de découvrir les antécédents judiciaires de tous les citoyens que leur âge appelle à l'exercice des droits politiques* [78] ». La vérification des antécédents judiciaires de tout candidat à un scrutin est une préoccupation partagée par le législateur camerounais. Le Code électoral au Cameroun fait de l'extrait de casier judiciaire une exigence dans la constitution des dossiers de candidature au suffrage universel. Ainsi, sont frappées d'incapacité électorale et dès lors ne pouvant prétendre à une inscription sur la liste électorale :

« Les personnes condamnées pour crime même par défaut ; les personnes condamnées à une peine privative de liberté sans sursis supérieure à trois mois ; les personnes condamnées à une peine privative de liberté assortie de

[78] A. Bonneville, op.cit., Versailles 1847, P.22

sursis simple ou avec probation supérieure à 6 mois ; les personnes qui ont fait l'objet d'un mandat d'arrêt» [79].

§4- Les fonctions du casier judiciaire au plan social

La publicité du casier judiciaire, notamment dans la région de naissance du délinquant, son terroir où il dispose encore de quelques attaches familiales, apparaît comme un puissant instrument de moralisation des délinquants. En effet, «les malfaiteurs se sentiraient retenus par la crainte de cette publicité locale et de leurs méfaits[80] ». Les rapports humains en société constituent malheureusement aussi le foyer des récriminations contre le casier judiciaire avec au centre des querelles, la stigmatisation des personnes au passé pénal trouble. Les défenseurs des droits de l'homme y trouvent un champ de prédilection.

Sur un autre plan, dans les rapports employeurs/employés, le casier judiciaire n'est pas très usité en Afrique et notamment au Cameroun où il opère essentiellement dans la sphère judiciaire et administrative. A contrario, dans les Pays occidentaux, le casier judiciaire est un déterminant décisif dans les rapports d'emploi, notamment dans la phase de recrutement. Le patronat est très regardant sur les antécédents judiciaires avant tout recrutement. Les demandeurs d'emploi au passé judiciaire préoccupant, dès lors que ces antécédents sont connus, ont peu de chance d'être recrutés, à la différence de ceux au casier judiciaire vierge qui accèdent plus facilement aux emplois. Cette approche jugée discriminatoire fait l'objet de critique[81].

Au demeurant, il existe des courants antidiscriminatoires dans le système anglo-saxon, notamment en Grande-Bretagne où le *« criminal records »* (casier judiciaire) n'est pas une cause péremptoire de rejet d'une demande d'emploi. L'employeur qui fonde le rejet de la demande sur des antécédents judiciaires doit rapporter la preuve du lien entre la nature de l'emploi sollicité et les faits ou objets de la condamnation[82]. Certes, il s'est développé des pratiques visant à contourner les difficultés des employeurs à accéder au casier judiciaire des personnes qui postulent à un emploi. C'est le cas du certificat de conduite institué en France, en Irlande et au Danemark. Les détenteurs de ce document sont présumés aptes à exercer l'emploi sollicité. Ceci dispense l'employeur d'avoir à fouiner dans le casier judiciaire des concernés.

Dans le même sillage, l'article 18.2 de la Charte québécoise des droits et des libertés de la personne dispose : « nul ne peut congédier, refuser

---

[79] Loi n° 2012/001 du 19 avril 2012 portant Code électoral, modifiée et complétée par la loi 2019/005 du 25 avril 2019, article 47.

[80] A. Bonneville, *De la localisation au greffe de l'arrondissement*... Versailles, 1847, P.31.

[81] Voir supra, les développements sur la jurisprudence étrangère.

[82] N. LOUKS, O. LYNER et T. SULLIVAN, « The employment of People with Criminal Records in the European Union », *European Journal on Criminal Policy and research,* 1998, Vol 6, p. 195-210.

d'embaucher ou autrement pénaliser dans le cadre de son emploi, une personne du seul fait qu'elle ait été déclarée coupable d'une infraction pénale ou criminelle, si cette infraction n'a aucun lien avec l'emploi ou si cette personne en a obtenu le pardon ». Plusieurs Arrêts de la Cour Suprême du Canada vont dans ce sens[83].

§5- Les fonctions du casier judiciaire au plan commercial et économique

Dans le champ économique, le casier judiciaire, faut-il le rappeler, figure parmi les pièces requises pour l'immatriculation au Registre de Commerce et du Crédit mobilier (RCCM), tant pour les personnes physiques que pour les personnes morales, conformément aux dispositions de l'Acte Uniforme OHADA sur le Droit commercial général, en ses articles 26 et 28. Certes, le libellé de cette disposition vise, une alternative au casier judiciaire sous le vocable « tout autre document en tenant lieu ». Cette formulation malencontreuse à notre sens, qui laisse penser que le casier judiciaire est substituable par un " document supplétif " passe mal. Au surplus, cette alternative du reste très contestable, ouvre une brèche qui pourrait constituer une porte d'entrée de pratiques ignobles. À la vérité et à notre avis, aucun document ne peut se substituer au casier judiciaire, le législateur camerounais ne l'a pas prévu.

S'agissant des formalités de création des entreprises, le casier judiciaire figure parmi les pièces exigées ; question de se rassurer que le jeune entrepreneur n'a pas d'antécédent judiciaire qui pourrait présenter un risque, non seulement pour la viabilité et la survie de l'entreprise, mais également pour les capitaux mobilisés par les partenaires économiques. À ce titre, l'absence d'antécédent judiciaire dans les rapports contractuels entre acteurs économiques pourrait faire office de caution morale. Au-delà de la simple assurance, une consécration légale de l'exigence du casier judiciaire dans les rapports commerciaux pourrait avoir des effets incitatifs pour les investisseurs, et dès lors être bénéfique pour notre économie.

S2- Les rapports du casier judiciaire avec les Administrations et autres entités de l'État

Dans la catégorisation du casier judiciaire, le CPP indique que le B1 et B2 ne peuvent être délivrés qu'aux autorités administratives et judiciaires sur leurs demandes[84]. Ce qui exclut du processus de demande et de retrait de ces catégories de casier judiciaire, les personnes physiques. Celles-ci par contre sont

---

[83] Théririen (Re) (2001) RCS. 3.2001, CSC 35 , p. 145 ; Québec (Commission des droits de la personne et des droits de la jeunesse) c. Maksteel Québec inc. (2003) 3 R.C.S. p. 228 ; Montréal (ville) c. Québec (Commission des droits de la personne et de la jeunesse), 2008 CSC 48.

[84] Article 581 du CPP

éligibles à solliciter et à obtenir les B3. En dépit de cet accès légal reconnu aux individus pour les bulletins de casier judiciaire n°3, il ne demeure pas moins que les B3 tout comme les B1 et B2 sont des documents dont l'usage échet au premier chef, aux administrations. Alors que les administrations reçoivent les B1 et B2 directement sur leurs demandes, celles des administrations qui ont recours au B3 les obtiennent par le canal des concernés eux-mêmes. Dès lors, il y a lieu de distinguer, s'agissant des administrations, celles qui sont habituellement demanderesse de B1et/ou B2 (§1) de celles qui ont recours au B3 dans le traitement des procédures dont elles ont la charge (§2)

§1- Les Administrations demanderesses de B1 et/ou B2

Le libellé de l'article 581 du CPP procédant par une formulation de portée générale n'a pas spécifié les administrations dont les autorités sont autorisées à solliciter et à obtenir des B1 ou B2. De même qu'il ne formule aucune exclusion. Cependant, dans la pratique, les demandes des bulletins de casier judiciaire ne foisonnent pas au regard de la maigreur des demandes. Quelques administrations émergent dans la récurrence des demandes.

A- Les Autorités administratives

Toutes les Administrations ont vocation à demander des B2, la loi ne faisant aucune restriction. Cependant, dans les faits, seules quelques-unes sollicitent des B2 et notamment le ministère des Relations extérieures (MINREX). Il s'agit, dans la plupart des cas, des demandes formulées par des Pays amis dont le MINREX se charge d'assurer le relais. Ces demandes concernent soit des compatriotes en séjour dans lesdits Pays, soit des nationaux des Pays concernés en séjour au Cameroun. Les B2 établis sont transmis au MINREX pour acheminement. Dans l'ensemble, le privilège reconnu aux administrations de pouvoir demander et obtenir des bulletins de casier judiciaire N°2 sur leur demande est mis en œuvre de manière très timide. Tout porte à croire qu'elles ne sont pas suffisamment sensibilisées.

B- Les Autorités judiciaires

Dans le traitement des procédures répressives, la modulation de la peine prend en compte nécessairement le caractère de délinquant primaire ou de récidiviste[85] du mis en cause. Pour en être édifié, le juge recourt au bulletin de casier judiciaire N° 2 du concerné. Ce document est demandé au TPI du lieu de naissance du mis en cause, qui par coïncidence, peut être celui du lieu de jugement. Dans ce cas de figure, la production du B2 dans le dossier de procédure devrait pouvoir se faire dans les brefs délais.

---

[85] Sur la notion de récidive, voir article 88 du Code pénal camerounais

Par contre, lorsque le TPI du lieu de naissance est ailleurs, la transmission du B3 peut prendre du temps. Il est regrettable que la transmission des documents du casier judiciaire s'effectue encore par voie de courrier physique et occasionnellement par des personnels en déplacement. Ceci est parfois source de lenteur.

§2- Les Administrations et entités exigeant des usagers la production des B3

Conformément aux dispositions du CPP[86] les bulletins de casier judiciaire n°3 sont délivrés aux personnes concernées sur leur demande. Cette exigence est autrement formulée dans le même CPP, à savoir *« le bulletin n°3 n'est délivré qu'au titulaire du casier judiciaire*[87] *»*. Ces deux formulations qui en réalité visent à limiter l'intrusion des tiers dans la procédure d'obtention du casier judiciaire et notamment dans la phase de retrait, donne l'illusion que les titulaires des B3 en sont les destinataires définitifs. Dans la pratique, les usagers sollicitent et obtiennent des B3 pour des besoins de constitution des dossiers qui ont vocation à être acheminés aux administrations et autres entités dont les procédures exigent la production du casier judiciaire.

A- Administrations faisant recours au B3 des usagers

Plusieurs administrations sont dans le besoin d'être édifié sur le passé pénal des personnes impliquées dans les procédures dont elles sont saisies. Elles recourent de ce fait aux bulletins de casier judiciaire des concernés produits par ces derniers. Il arrive dans quelques rares cas que lesdites administrations s'adressent subséquemment aux services de casier judiciaire pour être édifiées sur l'authenticité des pièces produites.

S'agissant des administrations proprement dites qui recourent habituellement au B3 des usagers, l'on peut citer : le MINFOPRA pour la constitution des dossiers de concours d'entrée à la fonction publique ; le MINPMEESA dans le cadre de la création des entreprises au sein des centres dédiés ; les juridictions pour les besoins d'immatriculation au registre de commerce et du crédit immobilier.

B- Autres entités ayant recours au B3

En dehors des administrations, plusieurs organes de l'État recourent au casier judiciaire dans le traitement des procédures qui relèvent de leurs compétences exclusives. Il s'agit entre autres de : ELECAM dans la constitution des dossiers de candidatures aux élections. La validation des candidatures est au cœur des procédures enrôlées aux audiences du

---

[86] Lire à cet effet, les dispositions de l'article 580 du CPP.

[87] Voir dispositions de l'article 581 du CPP.

contentieux préélectoral. La Grande Chancellerie des Ordres nationaux exige des candidats, la production des bulletins de casier judiciaire datant de moins de trois mois. L'absence ou l'existence d'antécédents judiciaires sont déterminantes dans l'attribution des distinctions honorifiques.

S3- Le casier judiciaire dans le champ de la coopération judiciaire

Le casier judiciaire, émanation de la justice pénale, relève de la législation nationale. Cependant, la coopération prend une place de plus en plus importante dans les rapports entre États sur diverses questions d'intérêt bilatéral ou multilatéral. Une question émerge comme celle de savoir quelle place occupe le casier judiciaire dans la coopération des États. Il convient d'examiner cette question en distinguant selon qu'on est en présence d'un Accord de coopération judiciaire ou non.

§1- Casier judiciaire en présence d'un Accord ou d'une Convention avec le Cameroun

Le Cameroun entretient avec plusieurs pays des rapports cordiaux qui se soldent souvent par des Accords de coopération. L'entraide judiciaire y prend une place importante dans divers aspects notamment : l'extradition, le transfèrement, la communication des actes de procédure, les échanges d'information. Le champ du casier judiciaire ainsi déblayé, les dispositions desdits Accords organisent et régulent les mécanismes de mise en œuvre des différentes matières de coopération.

Les Accords de coopération judiciaire, pour la plupart, ont prévu des dispositions sur les échanges des actes judiciaires et extrajudiciaires ainsi que des dispositions spécifiques sur le casier judiciaire. À ce titre, la convention de Tananarive[88] au titre V intitulé du "Casier judiciaire" dispose en son article 21 : *« les hautes parties contractantes se donneront réciproquement avis des condamnations inscrites au casier judiciaire, prononcées par leurs juridictions respectives, à l'encontre des nationaux des autres parties et des personnes nées sur le territoire des autres États ».* Il en va de même des bulletins de casier judiciaire conformément aux dispositions de l'article 23 de ladite Convention. L'Accord de coopération du 21 février 1974 entre la France et le Cameroun consacre ses articles 14, 15 et 16 spécifiquement au casier

---

[88] La Convention générale de coopération en matière de justice dite « Convention de Tananarive » datée du 12 septembre 1961, regroupe les États ci-après, dans leur appellation d'alors : Cameroun, République Centrafricaine, Congo, Côte d'Ivoire, Dahomey, Gabon, Haute-Volta, Madagascar, Mauritanie, Niger, Sénégal et Tchad.

judiciaire, avec un libellé quasi similaire à celui de la convention de Tananarive sus visée.

§2- Casier judiciaire en l'absence d'un Accord ou d'une Convention

Les États non-parties à une Convention avec le Cameroun, mais désireux d'obtenir des autorités camerounaises des extraits de casier judiciaire pour leurs nationaux résidant au Cameroun, adressent par le canal de leur Ambassade, une demande au ministère des Relations extérieures, qui ensuite saisit le ministère de la Justice pour le compte desdits États. Le bulletin de casier judiciaire une fois établi est mis à la disposition de l'État demandeur par les mêmes voies diplomatiques.

À l'inverse, le Cameroun reçoit des États partenaires aux Conventions des Avis de condamnation des nationaux résidant dans ces Pays ainsi que, si nécessaire, des bulletins de casier judiciaire des concernés. En l'absence de Convention, le concours du MINREX et de l'Ambassade est requis[89].

Au-delà des simples échanges des avis de condamnations et bulletins de casier judiciaire, le décryptage nécessaire de leur contenu permet à chaque État de se faire une idée sur la loyauté et la moralité de ses nationaux dans leurs Pays d'accueil respectifs. À cet effet, le casier judiciaire et les avis de condamnation font office de mouchard en ce qu'ils permettent d'avoir un aperçu sur les comportements des compatriotes à leur insu. Certes, cette thèse ne vaut que pour des faits/objets de poursuites judiciaires et subséquemment de condamnations pénales. Certains agissements pourtant punissables, pour diverses raisons, pourraient échapper à la justice pénale et rester de ce fait impunis.

La dérogation ci-dessus, du reste marginal, ne peut remettre en cause l'utilité du casier judiciaire tant au plan national qu'au plan international. Le choix des États de faire du casier judiciaire un sujet de coopération et, de ce fait, régulé par les instruments internationaux, dénote de l'enjeu diplomatique de ce document.

---

[89] Par lettre N° 005418/DIPL/IGQC/ mmjs du 24 mai 2021, le MINREX porte à la connaissance du Garde des Sceaux, se référant à un rapport de l'ambassadeur du Cameroun au Japon, la situation des Camerounais interpellés jugés et condamnés en Thaïlande. L'exploitation de ce rapport révèle trois (3) cas d'emprisonnement de 5 à 10 ans pour escroquerie, falsification des documents officiels, faux et usage de faux, trois (3) cas d'emprisonnement de 15 à 20 ans pour détention et consommation des stupéfiants et huit (8) cas de détention préventive pour les mêmes infractions. Une autre correspondance du MINREX du 19 octobre 2022 répercute au garde des Sceaux, le rapport de l'ambassade du Cameroun en Chine sur le cas d'un camerounais condamné par le Tribunal populaire de seconde instance de Xiamen à une peine d'emprisonnement de 4 ans 10 mois pour crime de dissimulation des gains illégaux et la remise en liberté de l'intéressé le 15 août 2022, suite à une remise de peine.

CHAPITRE V :

LES FORCES ET FAIBLESSES DU CASIER JUDICIAIRE AU CAMEROUN

Le casier judiciaire au Cameroun repose sur un cadre juridique et institutionnel étoffé dont le fonctionnement en est l'émanation. Il est sollicité tant par les administrations que par des particuliers sur toute l'étendue du territoire et même en dehors. Cet engouement autour du casier judiciaire autorise-t-il de déduire que le mécanisme mis en place est irréprochable ?

Une analyse critique de ce dispositif laisse apparaître d'une part, des spécificités louables dont le mérite revient à la tutelle, le ministère de la Justice (S1). D'autre part, des insuffisances sont relevées à l'instar des entraves et écueils fonctionnels de divers ordres qui affectent le fonctionnement du casier judiciaire (S2).

S1- Les spécificités louables du système de casier judiciaire au Cameroun

Un regard sur le fonctionnement du casier judiciaire au Cameroun laisse apparaître sur plusieurs points des aspects fonctionnels à saluer. Il s'agit notamment du rapprochement du casier judiciaire des usagers qui y ont accès à l'échelle des arrondissements (P1), de la mise en place d'un fichier central logé au ministère de la Justice (P2), de l'institution d'un régime spécial de casier judiciaire pour mineurs (P3) et de la flexibilité du dispositif du casier judiciaire (P4).

§1- L'accès au casier judiciaire à l'échelle des arrondissements

Il résulte des développements ci-dessus que les fichiers d'arrondissement en charge de la délivrance des extraits de casier judiciaire sont logés dans les tribunaux de première instance établis dans les arrondissements. Dès lors, il se dégage une corrélation entre l'implantation des services de casier judiciaire et la cartographie judiciaire, s'agissant de la répartition géographique des tribunaux sur l'étendue du territoire. Certains pays ont fait le choix de rattacher le casier judiciaire aux tribunaux de grande instance (TGI) du lieu de résidence (le cas de la France); d'autres dans le Tribunal régional du lieu de naissance (le cas du Sénégal, article 726 du CPP sénégalais).

Le Cameroun a renoncé au choix de l'implantation des fichiers de casier judiciaire dans les TGI à l'échelle des Départements, optant pour le choix des TPI à l'échelle des arrondissements, plus proche des usagers. Au regard de la récurrence des demandes de bulletins de casier judiciaire, cette proximité géographique des services de casier judiciaire devrait être saluée par les usagers qui n'ont pas à couvrir de longues distances pour accéder au casier judiciaire. C'est dire qu'il y va de l'accès au casier judiciaire comme de l'accès à la justice. Il s'agit globalement d'une justice de proximité qui comble irréfutablement les attentes des populations.

§2- La mise en place d'un fichier central logé au ministère de la Justice

Il y a lieu de rappeler qu'avant le CPP, la Cour d'appel du Centre logeait le Casier judiciaire spécial qui faisait office de casier judiciaire central.

Plusieurs Pays ont fait le choix de loger le fichier central au sein de la Cour d'appel. C'est le cas du Togo (Cour d'appel de Lomé, article 543 du CPP togolais) et du Sénégal (Cour d'appel de Dakar, article 729 CPP sénégalais). Au Cameroun, la structure pyramidale du dispositif du casier judiciaire, place au-dessus des fichiers d'arrondissement, un fichier central logé au ministère de la Justice. Cette approche présente un double avantage au regard des missions dévolues au Casier judiciaire central au plan national et international.

D'une part au plan national, le fichier central assure « la supervision des activités des greffes des juridictions » et notamment le fonctionnement des fichiers d'arrondissement[90]. Ceux-ci, par ailleurs sur toute l'étendue du territoire, adressent pour chaque condamnation pénale, des fiches de casier judiciaire au fichier central[91]. Une cour d'appel fut-elle celle du siège des institutions, nous semble mal placée pour assumer une couverture nationale des fiches de casier judiciaire de toutes les juridictions sur l'étendue du territoire.

D'autre part, au plan international, le casier judiciaire central est habilité à recevoir et à transmettre des fiches de casier judiciaire concernant les personnes de nationalité étrangère et de délivrer à ces derniers des bulletins de casier judiciaire. Cette activité de par son envergure, qui implique très souvent des interactions gouvernementales et diplomatiques avec le concours du MINREX, échappe à notre sens à la compétence d'une cour d'appel, quelle qu'elle soit. Le Casier judiciaire central logé au ministère de la Justice, qui par ailleurs délivre les bulletins de casier judiciaire au nom du Garde des Sceaux, nous semble pleinement dans son rôle.

---

[90] Voir Décret n° 2012/389 du 18 septembre 2012 portant organisation du ministère de la Justice en son article 37.

[91] Article 574 du Code de Procédure pénale

§3- L'institution d'un régime spécial du casier judiciaire pour les mineurs

La notion de minorité pénale est clairement adressée dans le Code pénal et le Code de Procédure pénale. Le CP en son article 80, alinéa 1 dispose que *« le mineur de 10 ans n'est pas pénalement responsable »*. En cela, il ne peut faire l'objet ni de poursuite ni de condamnation pénale. Au-dessus de 10 ans, le mineur peut être déclaré pénalement coupable dans les hypothèses et suivant les modalités ci-après :

- Dans la tranche d'âge de 10 à 14 ans, le mineur pénalement responsable ne peut faire l'objet que de mesures spéciales listées à l'article 724 du CPP, notamment : l'attribution de la garde de l'enfant à ses parents, tuteur, gardien ou toute personne de confiance ; la liberté surveillée ; le placement dans un établissement de formation professionnelle ou de soins ; le placement dans une institution spécialisée ou l'engagement préventif.
- Dans la tranche de 14 à 18 ans, le mineur pénalement responsable, bénéfice de l'excuse atténuante de minorité, dès lors, une peine d'emprisonnement peut être prononcée contre ce dernier.

Conformément à l'article 741 du CPP, dans les deux cas de figure, la décision fait l'objet d'une fiche de casier judiciaire et les dispositions du CPP sur le casier judiciaire s'appliquent. Toutefois, le législateur apporte une dérogation en ces termes : *« la mention des condamnations prononcées à l'encontre du mineur n'est inscrite que sur les extraits de casier judiciaire délivrés aux Magistrats et aux administrations publiques »*. Cette disposition appelle quelques observations.

L'on note que le législateur n'apporte aucune indication sur le type de casier judiciaire. Peut-on déduire que cette dérogation s'applique à tous les types de casier judiciaire, à savoir B1, B2 et B3 ?

Il convient de rappeler les dispositions de l'article 581 (1) (C) du CPP qui précisent les types de bulletins de casier judiciaire réservés aux autorités administratives et judiciaires, notamment le B1 et le B2. Il en découle que seuls ces deux types de casier judiciaire, destinés aux autorités suscitées, sont susceptibles de porter les mentions de condamnation du mineur. Par conséquent, le B3 délivré pour le mineur ne devrait pas porter de mention de condamnation quand bien même on serait en présence des fiches de casier judiciaire visant des condamnations.

À notre sens, cette approche dérogatoire louable, participe d'un souci de protection du mineur, en ce que le passé pénal du mineur est soumis à une communication restrictive assortie d'une autorisation légale tacite de rétention de l'information ou de communication sélective selon qu'il s'agit du B3 ou des B1et B2.

§4- La flexibilité du dispositif du casier judiciaire

L'obligation faite à tous les TPI (fichier d'arrondissements) de transmettre au fichier central deux exemplaires de fiches pour chaque condamnation fait du fichier central le réceptacle de l'ensemble des fiches de tous les TPI en faisant ainsi office de Fichier national du casier judiciaire[92]. Cette disposition du fichier central offre à la tutelle une marge de manœuvre opératoire dans des situations d'impasse ou de blocage :

- Le recours au casier judiciaire central pour suppléer à l'indisponibilité fonctionnelle d'un fichier d'arrondissement au sein d'un TPI en difficulté de fonctionnement ou simplement en cessation d'activités ;
- Le recours au casier judiciaire central pour reconstituer un fichier de casier judiciaire consumé par les flammes par la reprographie des fiches de casier judiciaire antérieurement transmise par le greffe de la juridiction concernée.

Il s'agit des mesures de rescousse exceptionnelles dont la mise en œuvre relève de la seule discrétion du Garde des Sceaux pour parer à une situation d'urgence pour lever un blocage, selon le contexte. En l'état, le dispositif organique et structurel en place du casier judiciaire le permet lorsque le besoin se présente et que le ministre de la Justice en donne l'autorisation.

Il demeure que les deux opérations ci-dessus ne sont possibles que lorsque par le passé les juridictions concernées ont été assidues et irréprochables dans la transmission des fiches de condamnation au fichier central. À l'inverse, les juridictions qui trichent avec cette obligation de transmission des fiches courent le risque d'être rattrapées en cas d'éventuelle indisponibilité momentanée ou définitive de leur fichier, pour diverses raisons. Tels sont les éléments de langage pédagogique tenus à l'occasion des missions de la Direction des Affaires pénales et des Grâces dans les cours d'appel.

S2- Les entraves et écueils dans le dispositif du casier judiciaire au Cameroun

Le casier judiciaire au Cameroun, encore en construction, bute sur un faisceau d'écueils de plusieurs ordres, qui du reste, ne sont pas insurmontables. Ces écueils sont relatifs aux supports normatifs, aux infrastructures, aux ressources humaines, à la lourdeur des communications entre fichiers, et au processus d'informatisation du casier judiciaire.

---

[92] De fait, l'expression fichier central, en l'espèce, s'assimile à celle de Fichier national. Cette fonction (assimilée) confère-t-elle au Fichier central une compétence nationale dans la délivrance des bulletins de casier judiciaire ?

§1- Les écueils d'ordre normatif

Sur plusieurs aspects du fonctionnement du casier judiciaire, les dispositions du CPP et celles d'autres textes connexes prêtent à équivoque, ou sont d'application peu évidente, notamment :

- Les délais dans la confection et la transmission des fiches de casier judiciaire. Un sentiment de rédaction inachevée se dégage de plusieurs dispositions du CPP sur le casier judiciaire, notamment la détermination explicite des délais dans la confection et la transmission des fiches de casier judiciaire. Ce silence de la loi fait le lit de nombreux dysfonctionnements observés dans cette activité au sein des juridictions. Faute d'indications législatives sur les délais, les missions de contrôle sur le terrain, embarrassées, exhortent les personnels à veiller à une célérité dont la notion quelque peu ambigüe n'est pas objectivement quantifiable.
- La nature des décisions de condamnation éligibles à la transcription dans les fiches. Le législateur pénal indique que seules les décisions définitives sont susceptibles d'être visées dans les extraits de casier judiciaire délivrés, en même temps il fait obligation aux greffiers en chef, lorsqu'une juridiction répressive a prononcé une condamnation ou une mesure de sûreté, de procéder à la transcription de la décision sur une fiche. Le législateur pénal omet de préciser le caractère définitif ou non des décisions à transcrire sur les fiches. (Article 574 du CPP.)
- La détermination explicite de la frontière des compétences de délivrance des bulletins de casier judiciaire entre les Fichiers d'arrondissement du casier judiciaire au sein de TPI et le Fichier central au ministère de la Justice. Le CPP est explicite sur les catégories des extraits de casier judiciaire, mais l'est moins en ce qui concerne la répartition des compétences entre les juridictions et les services centraux du ministère de la Justice. Vraisemblablement, les compétences se déduisent du principe du lieu de naissance à l'échelle des arrondissements, et de la nature des fiches de casier judiciaire conservées en ce qui concerne le Fichier central. Il demeure qu'en l'état des dispositions de l'article 573 du CPP, la ligne de démarcation entre les bulletins qui relèvent des TPI et ceux qui relèvent du Fichier central, insuffisamment clarifiée, est source de controverse.
- Le décret d'application sur les conditions d'entrée, de séjour et de sortie des étrangers au Cameroun[93], prescrit dans les modalités de délivrance et de renouvellement de la carte de résident et la carte de séjour, la

[93] Décret n°2007/255/PM du 4 septembre 2007 fixant les modalités d'application de la loi n° 971/ 012 du 10 janvier 1997 relative aux conditions d'entrée, de séjour et de sortie des étrangers au Cameroun, voir les dispositions des articles 34 et suivants sur les modalités de délivrance et de renouvellement de la carte de résident et la carte de séjour.

production d'un extrait de casier judiciaire spécial. À cet effet, de nombreuses demandes sont régulièrement adressées au fichier central aux fins d'obtention d'un extrait de casier judiciaire spécial. À la vérité, cette catégorie de casier judiciaire n'existe pas dans le CPP. S'agissant des étrangers, de par la loi, le casier judiciaire central est habilité à délivrer à ces derniers simplement un bulletin de casier judiciaire n° 3.

§2- Les entraves d'ordre fonctionnel

A- Pratiques disparates au sein des greffes des TPI

Les visites dans les juridictions au titre des missions dévolues à la Direction des Affaires pénales et des Grâces permettent d'observer une absence d'harmonie dans les pratiques au sein des TPI sur plusieurs points, à savoir : les demandes d'extrait de casier judiciaire sont, pour certains, manuscrites ; et pour d'autres, sur des formulaires fournis. Les supports d'extrait de casier judiciaire sont encore manuscrits dans certaines juridictions, alors que dans d'autres il s'agit des imprimés saisis sur ordinateur. Les couleurs des papiers diffèrent d'une juridiction à une autre, il en va de même des coûts de casier judiciaire qui ne sont pas harmonisés dans les différents TPI.

S'agissant des fiches de casier judiciaire (le lieu de tous les malentendus), les fiches lorsqu'elles sont signées, ne portent pas de date ; les dispositions de l'article 577 du CPP[94] sont différemment perçues et appliquées dans les juridictions, s'agissant de la photographie et des empreintes digitales du concerné sur les fiches[95]. Du reste, dans la pratique, les greffiers sont mis en difficulté de pouvoir identifier un individu qui, très souvent, est absent[96]. Faute de clarification légale sur les délais, l'élaboration et la transmission des fiches dans les fichiers concernés sont un domaine de non-droit où chaque greffe a ses pratiques qui lui sont propres.

B- Pesanteurs dans la confection et la transmission des fiches

À l'occasion des contrôles dans les juridictions, il est souvent observé que la transcription des condamnations sur les fiches accuse un retard sur l'activité

---

[94] Moyennant une analyse étayée, nous formulons de sérieuses réserves sur la rédaction des dispositions de cet article (voir développement infra.

[95] Il est tout de même curieux que des tâches de photographie et des prélèvements d'empreintes digitales relevant des techniques d'identification (police judiciaire) soient assignées (de par la loi) aux greffiers dans les juridictions. Par ailleurs, nous n'avons pas souvenance d'avoir aperçu sur une fiche de casier judiciaire, « les signalements morphologiques et anthropométriques » encore exigés du greffe par cet article du CPP.

[96] Au moment de la confection de la fiche de casier judiciaire, le justiciable n'est pas supposé être présent au greffe. Certains greffes de TPI procèdent à ladite identification dans la salle d'audience. Or il peut arriver que le justiciable, régulièrement cité, ne comparaisse pas.

réelle de la juridiction. À la décharge des personnels du greffe, le CPP n'impartit aucun délai pour cette activité.

Il est prescrit au greffier en chef de procéder à la transcription de la condamnation sur une fiche « lorsqu'une juridiction répressive camerounaise a prononcé une condamnation ou une mesure de sûreté[97] ». Cette rédaction qui ne referme ni contrainte ni indication est à l'origine des lenteurs observées dans les juridictions.

Les transmissions des fiches de casier judiciaire ne sont pas non plus assujetties à un délai légal. Le silence de la loi sur les délais est source de léthargie dans les greffes des TPI. Faute de prescriptions légales indicatives, les chefs de juridiction doivent faire preuve de tact pour exhorter leurs collaborateurs à la célérité. Quand vient le moment d'acheminer les fiches à leurs destinataires, il faut se soumettre aux contingences de transmission de la poste ou, à défaut, attendre l'opportunité du déplacement d'un collaborateur. Encore faut-il, le moment venu, se souvenir qu'il y a du courrier à acheminer.

S'agissant des communications téléphoniques, celles-ci interviennent lorsqu'il faut vérifier une information auprès du greffe du Tribunal du lieu de naissance. Outre les lenteurs dans les vérifications, les aléas des communications téléphoniques s'invitent souvent dans cette opération qui prend parfois sur plusieurs jours.

C- Le chevauchement de compétences entre les TPI d'arrondissement des villes de Douala et de Yaoundé

Le découpage des grandes métropoles du Cameroun notamment Douala et Yaoundé en arrondissements obéit à une dénomination numérique (arrondissement 1er, 2e, 3e, 4e, 5e). La création des Tribunaux dans certains arrondissements appelle une démarcation géographique des compétences judiciaires. Ce qui n'est pas toujours évident dès lors qu'elles reposent sur des repères qui échappent parfois à une grande frange des usagers et parfois aux personnels judiciaires eux-mêmes, qui parfois s'en mêlent les pédales. Cette confusion rejaillit dans la gestion des fiches de casier judiciaire dont les expéditeurs ne sont pas souvent avisés de la nécessité de spécifier les juridictions des arrondissements destinataires. À la décharge de ces expéditeurs, le lieu de naissance dans l'acte de naissance ne spécifie pas forcément l'arrondissement de naissance.

Parvenu à destination, les fiches de casier judiciaire portant la mention de lieu de naissance, Douala ou Yaoundé, sans précision d'arrondissement, posent le problème du véritable destinataire face à la pluralité des TPI au sein de chacune de ces deux métropoles. Au-delà de ces préoccupations, une

[97] Article 574 du CPP au Cameroun

problématique de fond émerge. Dans ces conditions, comment et dans quelles circonstances se délivrent les extraits de casier judiciaire dans chacun des TPI concernés, à la phase cruciale de vérifications des antécédents judiciaires ?

D- L'informatisation encore balbutiante du casier judiciaire

Sur le champ de l'informatisation, certains greffes en sont encore à délivrer des extraits de casier judiciaire manuscrits sur des formulaires imprimés. La numérisation des données contenues dans les fiches et le traitement informatique des demandes d'extrait de casier judiciaire sont effectifs dans quelques greffes aux personnels éclairés des chefs-lieux de certaines Régions (Centre, Littoral, Ouest et Nord). Il demeure que les juridictions desdites Régions, en dehors des chefs-lieux, ne sont pas au même niveau d'informatisation. Quid des juridictions des six (6) autres Régions ?

Il y a lieu de relever, non pour s'en indigner, mais du moins pour s'en interroger, que les juridictions pionnières dans l'informatisation quasi achevée du casier judiciaire[98], les applications utilisées ne sont pas les mêmes. Chacune de ces juridictions, avec le concours des informaticiens, a mis sur pied chacune, une application interne qui lui est propre.

La mise en place d'une application est le préalable d'un processus d'informatisation. Ceci permet de réaliser une interaction dans les différents maillons de la chaîne de travail. L'informatisation du casier judiciaire est une opération arrimée au processus du casier judiciaire tel que défini par le CPP et comporte les séquences comme suit :

- ***le stockage (encodage) des données*** contenues dans les fiches de casier (identité des personnes, infractions retenues, condamnations prononcées (le caractère définitif ou non desdites condamnations). Dans certains systèmes, cet exercice est assorti d'un code, d'où l'expression souvent utilisée : "encodage" des condamnations.
- ***La recherche des antécédents judiciaires*** d'un individu dans l'ordinateur sur la base de l'identité de l'intéressé. L'application permet sur la base d'une identité de renseigner si le concerné a déjà fait l'objet d'une condamnation. Aucune information n'est affichée lorsque l'identité est inconnue du système, la mémoire des condamnations préenregistrées. La fiabilité du renseignement obtenu suppose que la banque de données soit mise à jour en permanence.
- ***la production des extraits de casier judiciaire (par imprimante)***. La machine doit pouvoir reproduire sur papier imprimé la synthèse des

[98] À l'issue des Missions sur le terrain de la Direction des Affaires pénales et des Grâces du ministère de la Justice, au titre de 2022, trois TPI ont été retenus comme devancières dans l'informatisation du casier judiciaire. Il s'agit du TPI de Yaoundé Centre Administratif, TPI Douala Bonanjo, du TPI de Bafoussam et du TPI de Garoua.

renseignements fournis à savoir : l'identité et les antécédents correspondants, les références de la condamnation, s'il y a lieu. À titre de rappel, seules les condamnations devenues définitives sont mentionnées dans le bulletin de casier judiciaire (article 581 (2) du CPP).

À l'observation, le mécanisme d'informatisation décrit ci-haut reste encore inconnu dans plusieurs TPI. Hormis les TPI susvisés qui font office de pionniers en la matière, des initiatives de lancement de l'informatisation sont en cours çà et là.

§3- Les insuffisances de divers ordres

A- Insuffisance des infrastructures

Dans les fichiers d'arrondissement, le problème d'infrastructure est crucial. Le casier judiciaire dans les juridictions est habituellement en cohabitation d'espace avec d'autres Unités de travail du greffe si ce n'est le secrétariat du greffier en chef. La recherche d'un registre du casier judiciaire parmi tant d'autres registres entremêlés est une gageure. Le fichier en question tient sur un box de rangement dans un coin du bureau qui grouille de monde et où certains personnels n'ont pas de place assise.

Au fichier central, les personnels sont en surnombre dans les bureaux, certains sont logés dans un bureau d'une autre Sous-direction, certes de la même Direction. Le fichier central, par définition, réceptacle de toutes les fiches à l'échelle nationale et internationale tient sur une superficie exiguë, où sont néanmoins aménagés des bureaux de certains personnels. Les machines, qui auraient dû être concentrées dans un même espace, sont dispersées dans trois (3) bureaux, faute d'alternative. Irréfutablement, la dispersion des machines et incidemment des personnels constitue une entrave à la cohésion dans le travail, le suivi étroit de la hiérarchie, en même temps qu'il rend le dispositif administratif vulnérable aux vices et errements de toutes sortes.

B- Déficit qualitatif et quantitatif en ressources humaines

Les besoins en ressources humaines au casier judiciaire revêtent deux aspects au moins, à savoir d'une part, le renforcement quantitatif des ressources humaines pour relever les effectifs dans les différents fichiers. Ce supplément des effectifs pourrait objectivement être adossé sur les statistiques des rapports d'activités afin de permettre un déploiement orienté des nouveaux personnels, arrimé aux besoins réels du TPI concerné. L'ampleur de l'activité juridictionnelle varie d'un TPI à un autre. Dès lors, les besoins en personnels dans ces différentes juridictions ne sauraient être identiques.

D'autre part, au plan qualitatif, au regard de la complexité du travail dans les services de casier judiciaire, il est irréaliste de penser que lesdits services puissent avoir un rendement optimal avec des personnels judiciaires (Magistrats et greffiers) exclusivement, alors même que plusieurs aspects de la chaîne de travail au casier judiciaire ne relèvent pas de la formation de base de ces derniers, notamment : la gestion informatique des bases de données, le traitement des archives, la confection chiffrée et graphique des statistiques. Les spécialistes formés dans ces divers domaines doivent pouvoir être utilement déployés dans les services de casier judiciaire au même titre que les personnels judiciaires cités plus haut.

Il demeure que les besoins en ressources humaines et les besoins en infrastructures sont tributaires l'un de l'autre et inversement. Le déploiement de nouveaux personnels suppose un cadre d'accueil préalablement disponible, sauf hypothèse de permutation de poste.

Les méandres et subtilités de fonctionnement du casier judiciaire requièrent à la base tout aussi une appropriation adéquate des textes et un rodage pratique pour acquérir des réflexes appropriés à la matière. Sur ce point, il apparaît que les dispositions du CPP ne sont pas suffisamment assimilées par les personnels.

Au-delà de la maîtrise des textes, les stages pratiques et voyages d'études seraient les bienvenus pour améliorer les connaissances des personnels sevrés d'enseignements nouveaux et une imprégnation avec les pratiques venues d'ailleurs. Les fruits ne seraient que bénéfiques pour le fonctionnement du casier judiciaire en particulier et le système pénal en général.

C- Dotation insuffisante en équipements

La chaîne de travail au casier judiciaire est constituée d'un ensemble d'activités composites, à savoir : élaboration des documents, constitution d'une banque des données, numérisation des données, sécurisation des données, recherche d'informations dans la banque des données, échanges d'informations sur le passé judiciaire des personnes condamnées, mise à jour des fichiers, archivage des documents et production des extraits de casier judiciaire, entre autres. La réalisation au quotidien de ces diverses tâches nécessite la mobilisation des équipements adéquats dont ne sont pas toujours dotés les services de casier judiciaire : ordinateur, imprimante, photocopieuse, dispositif de conservation et de protection des données, réseau internet, serveurs de communication.

Le constat sur le terrain laisse apparaître que les écarts de niveau d'équipement sont parfois très prononcés. Certaines juridictions disposent des pools de saisies avec plusieurs équipements modernes dédiés. D'autres, par contre, s'accommodent d'équipements obsolètes dont certains sont affectés à plusieurs usages à la fois, ne présentant aucun lien avec le casier judiciaire. Le comble, c'est lorsque ces machines multi-usages en viennent à connaitre plusieurs utilisateurs, on pourrait craindre pour la conservation et la sécurisation des données. À la vérité, au risque d'amalgame préjudiciable, les machines destinées au casier judiciaire ne sauraient et ne devraient servir à aucun autre usage.

CONCLUSION DU TITRE I

Les développements ci-dessus ont permis de remuer et de sonder le casier judiciaire au Cameroun dans ses fondements légaux, sa structure organique, son fonctionnement et sa portée. Dans une perspective constructive, une analyse critique froide a été effectuée non seulement pour en relever les mérites, mais également pour en détecter les goulots.

Le système de casier judiciaire au Cameroun présente une physionomie à double teinte, à savoir : un appareil structuré reposant sur une cartographie pyramidale définie par le CPP, mais dont l'agencement reste flexible au regard du contexte dicté par des paramètres sécuritaires et/ou sociopolitiques. Les leviers décisionnels d'un réajustement fonctionnel arrimé au contexte sont tenus par le ministre de la Justice, Garde des Sceaux. Cet ordre institutionnel légal est côtoyé par des constructions chimériques autour du casier judiciaire entretenues au sein d'une opinion publique naïve par des individus à l'ingéniosité retorse.

À l'analyse, il apparaît que le casier judiciaire au Cameroun est tributaire de la justice répressive tant dans ses fondements textuels, son articulation organique que dans les mécanismes de fonctionnement. Cependant, son champ utilitaire est loin d'être circonscrit à l'espace pénal. L'exploration du potentiel utilitaire du casier judiciaire met en relief ses fonctions qui dépassent le cadre juridictionnel et irradie plusieurs autres domaines, notamment au plan administratif, politique et social. L'analyse critique a permis d'identifier quelques insuffisances susceptibles d'être corrigées.

Au total, l'exercice dans cette première partie aura consisté en une réflexion autocentrée sur divers aspects du casier judiciaire au Cameroun. En cela, il s'agit d'un regard monolithique introspectif qui pourrait, faute de discussion, de contradiction, de spécimen comparatif et de modèle de référence, déboucher sur des conclusions factices et illusoires, voire simplement une autoglorification. A contrario, la prospection des modèles, dans une approche comparative, permettrait non seulement de mettre à l'épreuve le modèle camerounais du casier judiciaire, mais également de conduire une analyse plus objective et de dégager des enseignements à la fois crédibles et pertinents.

« Un jugement trop prompt est souvent sans justice »

Voltaire,

Rome sauvée, ou Catalina (1752), Acte IV, Scène 4.

TITRE II :

LE CASIER JUDICIAIRE AU CAMEROUN, UN MODÈLE PERFECTIBLE AU REGARD DU DROIT COMPARÉ

Au bénéfice de la globalisation, qui suggère un cosmopolitisme réflexif, la pensée juridique contemporaine s'est affranchie des schèmes de la territorialité et se déploie désormais dans un espace transnational fait d'interaction et de "dialogue" entre systèmes juridiques nationaux.

Le Droit comparé connait son sacre à l'occasion du congrès international du droit comparé tenu à Paris du 31 juillet au 4 août 1900, qui lui confère une légitimité universitaire et un rôle de plus en plus accru dans le raisonnement juridique[99]. À l'occasion de ce congrès, SALEILLE soutient que le droit comparé *« est une méthode auxiliaire de la critique législative, qui consiste à apprécier et juger la loi nationale en la comparant aux lois similaires ou aux institutions analogues des Pays ».* Dès lors, le droit comparé peut être vu comme un outil approprié d'analyse critique. Le panel des systèmes législatifs retenus pourrait offrir des prismes d'analyses féconds.

Le droit comparé postule que, pour conduire une réflexion thématique, soient convoqués et mis en confrontation plusieurs systèmes de droit ou jurisprudentiels. Telle est la vocation méthodologique de cet ouvrage souscrite dès les premières lignes de l'introduction. La valeur épistémologique indéniable de cette démarche devrait pouvoir permettre de conduire une réflexion sur des hypothèses comparatives d'analyse et dégager un terreau d'approches pertinentes et constructives.

La présente étude sur ce volet du titre II, repose sur une approche comparative adossée sur quelques systèmes législatifs occidentaux de comparaison, notamment celui de la France, de la Belgique et de la Suisse. En Afrique, les Codes de procédure pénale du Sénégal, de la Côte d'Ivoire et du Togo seront explorés. Ces outils d'analyse permettront d'avoir des regards croisés sur quelques éléments de procédure du casier judiciaire (Chap. 1), d'effectuer des analyses tout aussi croisées sur quelques problématiques inhérentes au casier judiciaire (chap. II), de sonder la portée utilitaire du casier judiciaire au regard du droit comparé (chap. III), d'explorer, sous le même prisme comparatif, le casier judiciaire dans le champ de l'entraide judiciaire (Chap. IV). Cette randonnée réflexive devrait fournir suffisamment de matériaux permettant de poser les jalons des réformes pertinentes en vue d'une amélioration significative du casier judiciaire au Cameroun (Chap. V).

[99] Mark Van HOECKE, « *Raisonnement juridique et droit comparé* » in le droit ou les paradoxes du jeu, Paris, Puf, 1992, P. 10.

CHAPITRE I :

REGARDS CROISÉS SUR QUELQUES ÉLÉMENTS DE PROCÉDURE DU CASIER JUDICIAIRE

Le casier judiciaire, indifféremment du pays, repose sur un processus de travail correspondant à l'exécution de plusieurs tâches à la chaîne. Dans le libellé du Code pénal, lesdites tâches ne font pas toujours l'objet, chacune, d'une codification spécifique. Quand bien des dispositions légales existent sur ces questions, les législations nationales sont loin d'être homogènes d'un Pays à un autre. À ce titre, il serait édifiant de croiser les ordres législatifs concurrents ou d'opposer au silence de la loi d'un pays, une disposition légale d'un autre Pays.

Dans la chaîne de travail du casier judiciaire, des questions récurrentes se posent au quotidien sur la mise en œuvre de quelques tâches sans que le CPP, à défaut d'être silencieux, puisse y apporter des solutions édifiantes. Dans l'option méthodologique retenue du droit comparé, il serait judicieux de questionner d'autres législations nationales sur ces questions. L'on observe sur certaines questions des points de convergence et sur d'autres, des points de divergence ou encore, en cas de silence de la loi camerounaise, des orientations législatives constructives. Dans la chaîne de travail du casier judiciaire, les points de focus qu'il conviendra de soumettre à une analyse comparée seront tour à tour abordés ainsi qu'il suit :

- des mentions sur les fiches de casier judiciaire (S1) ;
- des délais d'élaboration et de transmission des fiches de casier judiciaire (S2) ;
- du domaine du contentieux du casier judiciaire (S3) ;
- du retrait au casier judiciaire, des fiches de condamnation (S4) :

S1- Des mentions (comparées) sur les fiches de casier judiciaire

Les systèmes de casier judiciaire sont adossés sur la transcription préalable des condamnations sur des fiches. C'est le cas de la France et du Cameroun qui ont pris le soin de codifier les mentions qui doivent figurer sur lesdites fiches, notamment, par les dispositions de l'article 577 CPP au Cameroun[100]

[100] Voir annexe 1

et des articles 768 et R.65 du CPP français[101]. Il se dégage de l'exploitation croisée de ces deux articles, deux types de mentions, à savoir, les mentions communes aux deux systèmes et les mentions particulières à chacun des deux systèmes.

§1- Les mentions communes aux systèmes français et camerounais

Il existe une similitude, même au-delà des deux systèmes législatifs sus visés, sur certaines mentions sur les fiches de casier judiciaire. Ces mentions touchent aux informations de trois ordres, à savoir :

- **Les informations relatives à la personne concernée :** il s'agit d'une part, pour les personnes physiques, du nom, prénom, date et lieu de naissance, sexe et nationalité, d'autre part, s'agissant de la personne morale, du nom ou raison sociale, l'enregistrement au registre de commerce et l'adresse du siège social.
- **Les informations relatives à la procédure :** le mode de comparution devant la juridiction de jugement, en l'occurrence, le mode de saisine de la juridiction[102], le placement ou non de l'intéressé sous mandat de détention provisoire.
- **Les informations relatives à la décision :** la date de la décision, la nature de la peine et la juridiction l'ayant prononcée, les voies de recours et notamment, le caractère irrévocable de la décision.

§2- Les mentions particulières de chacun des deux systèmes

En marge des mentions communes ci-dessus qui n'appellent, en principe, aucune observation, il existe des mentions autour desquelles l'on note une absence d'adhésion des autres législateurs et qui semblent relever du particularisme. C'est le cas du Cameroun dont le CPP en son article 577 indique comme éléments contenus dans les fiches de casier judiciaire : *« la photographie, les empreintes, les signalements morphologiques et anthropométriques ».*

La pertinence de ces mentions peut être questionnée et discutée avec toutes sortes d'arguments, il demeure qu'il s'agit des diligences malencontreusement mises à la charge des greffiers dont la mission première et classique est de tenir la plume. Tous ces éléments qui participent de l'identification d'un

[101] Voir annexe 2

[102] Les modes classiques de saisine de la juridiction en matière pénale sont : le procès-verbal d'interrogatoire en cas de flagrant délit, la citation directe et l'ordonnance de renvoi du juge d'instruction.

individu ne relèvent pas de la compétence du greffier et à ce titre, peuvent être autrement assumés[103].

Sur un autre plan, il y a lieu de relever une particularité des mentions des fiches de casier judiciaire en France. C'est l'inscription sur les fiches, des sanctions disciplinaires prononcées, soit par les autorités judiciaires, soit par les autorités administratives. L'on se demande si dans le contexte français, un individu peut se voir opposer une exclusion à un concours, l'inéligibilité à une élection pour cause de sanction disciplinaire contenue dans son extrait de casier judiciaire ? Ces mentions, tout aussi inopportunes à notre avis, remettent en cause le régime du casier judiciaire qui est une émanation de la justice pénale. Au-delà d'une impression d'un mélange de genres, certains esprits savants peuvent y voir une atteinte à la séparation des pouvoirs et notamment, l'ingérence de l'exécutif sur le judiciaire.

S2- Des approches comparées sur les délais d'élaboration et de transmission des fiches de casier judiciaire

Un consensus se dégage des différents systèmes nationaux de casier judiciaire, à savoir celui de la célérité dans la transmission des fiches de condamnations. Malheureusement, ce consensus s'estompe quant aux outils de mise en œuvre de cette célérité. La fixation et l'observance d'un délai légal semblent ne pas faire l'objet d'une convergence des approches.

§1- Approche du silence du législateur sur les délais

Les services du casier judiciaire dans leur fonctionnement sont confrontés à un double problème : celui, d'une part, de la configuration déconcentrée des différents maillons d'action que constituent les divers Tribunaux qui sont "émetteurs" ou "récepteurs" des décisions de condamnation, selon le critère de juridiction de jugement ou de juridiction du lieu de naissance. Il peut arriver, et c'est rare, qu'une juridiction pour un individu cumule les deux critères. Mais habituellement, les deux critères renvoient à deux juridictions distinctes relevant de deux cours d'appel différentes, géographiquement éloignées.

D'autre part, il est attendu de ces juridictions un minimum de célérité dans l'exécution des diligences qui leur incombe dans la chaîne de travail en ces deux volets, à savoir :

- le volet après condamnation : confection et transmission des fiches aux destinataires légaux ;

[103] Voir notre analyse sur la problématique de l'identification au casier judiciaire, infra.

- le volet traitement des demandes d'extrait de casier judiciaire : enregistrement de la demande, recherches au Fichier concerné, confection du bulletin sollicité en conformité avec la fiche de casier judiciaire moyennant une bonne tenue des registres dédiés.

Il se pose la question de savoir si ce processus en ces deux volets est enfermé dans un délai, si oui lequel ? Il serait hasardeux et spécieux d'envisager un délai dans la globalité. Il s'agit non seulement de plusieurs activités juxtaposées qui n'ont de lien que leur interaction, mais également, ne relèvent pas du même service ou de la même entité de travail. Pour régler le problème de délai, il conviendrait de désagréger le processus et de procéder par distributivité de délais pour chaque séquence. Quel est l'état du droit sur cette question ?

Il y a lieu de relever pour le déplorer que le CPP au Cameroun ne donne aucun repère de délai au greffier en chef. Celui-ci n'est légalement tenu par aucun délai après la décision du tribunal, tant pour l'élaboration des fiches que pour leur transmission aux fichiers concernés. Il en va de même du CPP sénégalais et du CPP ivoirien[104] qui, dans le sillage du CPP camerounais, ne donnent aucune indication de délais sur ces questions. Le silence regrettable du législateur au seuil du processus déteint irréfutablement sur la suite et génère tout le passif d'ensommeillement qu'on déplore au bout de la chaîne : lourdeurs et lenteurs du processus du casier judiciaire qui en réalité, constituent une facette d'une problématique globale, celle des lenteurs judiciaires. Un sursaut législatif serait le bienvenu sur cette question. Cependant, il apparaît que par réflexe proactif, les chefs de juridictions peuvent localement, en liaison avec les greffiers en chef, se donner des règles de délais en interne en attendant un encadrement législatif sur la question pour laquelle le droit comparé est assez explicite.

À l'observation, plusieurs Pays occidentaux se sont donné des moyens de célérité en réglant en amont les questions des délais sur trois paliers correspondant à trois types de délais : délai judiciaire, délai administratif et délai pratique de traitement d'une fiche de casier judiciaire.

§2- Approche de la prescription et de la rationalité légales des délais

A- Délais d'élaboration des fiches

Sous quel délai la décision du tribunal doit-elle faire l'objet d'une transcription sur une fiche de casier judiciaire ? Est-ce immédiatement, une fois la décision rendue ? Conformément à l'article R.66 du CPP français : *« la*

---

[104] Le Code de Procédure pénale ivoirien fait l'objet de la loi n° 2018-975 du 27 décembre 2018 modifiée par celle n°22/ 192 du 11 mars 2022.

fiche est dressée par le greffier en chef de la juridiction qui a statué dans les quinze (15) jours qui suivent celui où la décision est devenue définitive, si elle est rendue contradictoirement... en cas de décision par défaut, le délai de quinze jours court du jour de la signification ».

Cette disposition légale règle deux problèmes, à savoir : celui du délai en ce qu'il concède 15 jours au greffier en chef et en même temps, celui de la nature des décisions éligibles à la transcription dans les fiches de casier judiciaire. Il en découle que seules les décisions devenues définitives sont susceptibles d'être mentionnées au casier judiciaire. C'est le cas en Côte d'Ivoire, conformément à l'article 754 du CPP ivoirien qui prescrit que la fiche de casier judiciaire ne soit établie que « lorsque la condamnation est définitive ». Il est logique que seules les décisions ayant force de chose jugée soient transcrites dans les fiches de casier judiciaire dont ils sont l'émanation. C'est dire que le greffier en chef devrait y veiller et s'abstenir de toute précipitation.

Il y a lieu de relever que dans le contexte camerounais, faute de clarification législative, ne tombe aucunement dans l'illégalité, ceux des Greffiers en chef qui s'emploient à élaborer et à transmettre des fiches de casier judiciaire pour des décisions non définitives. Cette démarche, du reste critiquable, suppose que le greffe reste en veille pour remonter les informations sur les voies de recours éventuelles et l'expiration des voies de recours consacrant le caractère définitif de la décision. Tenir tous les intervenants de la chaîne en état de veille permanente, relève d'une gageure hautement stressante. L'élaboration des fiches de casier judiciaire sous condition de décision devenue définitive nous semble l'option la plus appropriée.

B- Délais de transmission des fiches

Dès que la fiche de casier judiciaire est élaborée, dans quel délai doit-elle être acheminée et enregistrée dans les divers fichiers ? Une fois de plus, le CPP au Cameroun n'apporte aucune réponse à cette question. Faute de prescription légale, les pratiques dans les greffes des juridictions camerounaises sont disparates.

Par contre, en Suisse, l'Ordonnance fédérale dite VOSTRA[105] sur le casier judiciaire dispose en son article 11 que *« Les jugements, les décisions ultérieures et les décisions d'exécution doivent être enregistrés et transmis au plus tard deux semaines après la date à laquelle ils ont acquis pleine force exécutoire ».*

[105] Ordonnance du Conseil Fédéral Suisse sur le casier judiciaire (ordonnance VOSTRA) du 29 septembre 2006, entrée en vigueur le 1er janvier 2007, règle plusieurs aspects du casier judiciaire informatisé en Suisse.

Cette indication de délai louable, en adhésion à la position du législateur français, interdit au personnel du greffe de se mettre en congé après avoir élaboré les fiches de casier judiciaire. Le personnel du greffe, une fois la décision devenue définitive, dispose de 15 jours pour les diligences de transcription de la décision et de transmission de la fiche. Il y a lieu de déplorer néanmoins que cette exigence ne soit assortie d'aucune sanction, y compris en France. La taille de la juridiction pouvant constituer une "excuse atténuante" ou un facteur aggravant de responsabilité[106]. Ainsi, l'on pourrait être plus tolérant pour les juridictions à forte activité judiciaire.

C- Délais d'encodage des condamnations.

Une fois les fiches parvenues au fichier destinataire, la question est celle de savoir sous quel délai les informations qui y sont contenues doivent être intégrées dans le fichier faisant office de banque de données. Le législateur camerounais est silencieux sur cette question. Ailleurs, les méthodes, équipements utilisés à cette fin, varient d'un système de casier judiciaire à un autre. Il y va aussi du niveau d'évolution technologique du pays concerné. Selon que le casier judiciaire est informatisé ou pas, les délais pourraient être longs ou courts. Or, il se trouve que plusieurs pays, notamment ceux en voie de développement, en sont encore à traiter les casiers judiciaires sur support papier recevant par ailleurs, transmission des fiches de casier judiciaire par voie postale. En revanche, plusieurs pays, notamment les Pays d'occident et quelques Pays pionniers d'Afrique, en sont au traitement informatique des fiches de casier judiciaire avec le bénéfice de la transmission instantanée des données judiciaires par réseau internet.

En Belgique en 2006, suite à une montée des récriminations contre le casier judiciaire pour cause de lourdeur dans le processus de traitement[107], le rapport « WARSMANN » a mis en cause les lenteurs liées au casier judiciaire. Il s'écoulait en moyenne sept (7) mois entre la date de la condamnation définitive devant le tribunal correctionnel et son inscription au casier judiciaire[108]. Suite à un constat de l'accroissement constant et à une

---

[106] S. GRUNVALD, *La conservation des condamnations pénales :* étude du casier judiciaire, Thèse de Doctorat en Droit, Université de Poitiers, 1993, p 65. L'auteur note que statistiquement, les délais de transmission par les services de greffe sont d'autant plus longs que la juridiction à laquelle ils sont rattachés est importante.

[107] Voy. La question orale de M. Jean-Marie Cheffert à la vice-première ministre et ministre de la Justice sur « le retard accumulé par le casier judiciaire central » (n° « -1136), *Annales parlementaires, Sénat, 18 mai 2006, n°3-65* ; dans le même sens : les questions de M. Melchior Wathelet à la vice-première ministre et ministre de la Justice sur le « l'important retard dans l'encodage des condamnations prononcées par les tribunaux de police au casier judiciaire » n° 11599.

[108] J-L WARSMANN, *Les peines alternatives à la détention, les modalités d'exécution des courtes peines, la préparation des détenus à la sortie de prison,* Rapport de mission parlementaire auprès de Dominique Perben, ministre de la Justice, Garde des Sceaux, 2003.

complexité progressive des décisions répressives, le ministre de la Justice, Garde des Sceaux belge, avait conduit une réflexion au terme de laquelle il était apparu qu'il fallait établir une préséance entre les décisions de justice, notamment un ordre de priorité dans les décisions éligibles au casier judiciaire. Les condamnations prononcées par les Tribunaux de police en ont fait les frais en se voyant reléguer à la queue. Tirant les conséquences de cette résolution, les services de casier judiciaire se sont établi une échelle de priorités dans les décisions à encoder dans l'ordre de priorité décroissant ci-après : les arrêts des Cours d'Assises, arrêts des cours d'appels, les condamnations des Tribunaux correctionnels dont l'encodage doit intervenir dans ***une semaine*** après réception des documents transmis par les greffes. Enfin, les décisions rendues par les Tribunaux de police dont le délai d'enregistrement est en moyenne d'***un mois***[109].

S3- Du champ (comparé) du contentieux du casier judiciaire

Le fonctionnement du casier judiciaire dans l'exécution des tâches au quotidien n'est pas exempt des dysfonctionnements susceptibles d'entrainer des mentions inexactes sur un extrait de casier judiciaire. La voie de recours appropriée sur laquelle le droit comparé semble dégager un consensus est l'action en rectification des mentions présumées erronées sur un bulletin de casier judiciaire. Les développements ci-dessus dans la rubrique sur le casier judiciaire au Cameroun présentent des similarités avec les pratiques qui ont cours en France. Quand bien même, aucun dysfonctionnement n'est constaté, le droit français autorise les personnes condamnées à user d'autres voies de recours qui donnent lieu à divers aménagements sur le casier judiciaire manifestement bienfaisant pour les intéressés. Il s'agit, notamment, de l'action en dispense de mention de condamnation sur le bulletin de casier judiciaire (§1) et l'action en suppression de fiche de condamnation (§2). Un zoom mérite d'être fait sur le retrait des fiches de casier judiciaire[110] (§3), bien qu'il ne s'agisse pas à proprement parlé d'une variante du contentieux du casier judiciaire.

---

[109] Voir question parlementaire de M. Jean Marie CHEFFERT à la Vice-première ministre, ministre de la Justice sur *« Le retard accumulé par le casier judiciaire central »*, annales parlementaires, Sénat, 18 mai 2006, n° 3-165 ; dans le même sens, les questions de M. melchior Wathelet à la vice-première ministre, ministre de la Justice sur *« l'important retard dans l'encodage des condamnations prononcées par les tribunaux de police au casier judiciaire »* (n° 11599) et de M. Claude Marinover, vice-première ministre, ministre de la Justice sur *« Le Casier judiciaire central »* (n° 11612), *compte rendu analytique*, Chambre des représentants, commission de la justice, 9 mai 2006, n° COM 954.

[110] Dans la pratique judiciaire au Cameroun, il est courant d'entendre parler de purge de casier judiciaire pour désigner le retrait des fiches de casier judiciaire, expression consacrée par le libellé des textes de loi.

§1- L'action en dispense des mentions de condamnation sur l'extrait de casier judiciaire.

Il est loisible pour un condamné en droit français, de solliciter du Tribunal que la mention de la condamnation ne soit pas portée dans le casier judiciaire. Pour être éligible à cette dispense, le concerné ne doit pas figurer sur des fiches des auteurs des infractions qualifiées crime et autres infractions. L'article 775-1 du CPP français est ainsi libellé *« le tribunal qui prononce une condamnation peut exclure expressément sa mention au bulletin n°2 soit dans le jugement de condamnation, soit par jugement rendu postérieurement, sur la requête du condamné... »*. Il est indiqué dans cette même disposition, s'agissant des effets de cette mesure, que *« l'exclusion de la mention d'une condamnation au bulletin n°2 emporte relèvement de toutes les interdictions, déchéances ou incapacité de quelque nature qu'elles soient résultant de cette condamnation »*.

Toutefois, les dispositions ci-dessus ne sont pas applicables aux personnes condamnées pour diverses infractions à l'égard des mineurs visées à l'article 706-47, notamment : crime de meurtre, tortures, actes de barbarie, viol, délits d'agression sexuels, proxénétisme, prostitution de mineur, corruption de mineur, traite des êtres humains à l'égard des mineurs...

Il y a lieu de relever que le législateur français a étendu l'application des mesures ci-dessus visées, au Bulletin de casier judiciaire n°3, ce conformément aux dispositions de l'article 777-1 : *« la mention d'une condamnation au bulletin n°3 peut être exclue dans les conditions fixées par l'article 775-1»*. Quid du B1 ? À la suite de cette interrogation, les dispositions ci-dessus appellent de notre part, une observation d'ordre technique et une deuxième d'ordre éthique.

Au plan technique, la mise en œuvre des mesures ci-dessus édictées pourrait susciter un embarras dans les services en charge du casier judiciaire quant à la portée de l'exclusion de la mention de condamnation : l'exclusion des mentions s'étend-elle aux fiches de casier judiciaire ? S'agit-il d'une exclusion à durée déterminée ou à durée indéterminée ? Le silence du législateur français s'agissant du B1 laisse penser qu'il a voulu, à dessein, circonscrire l'exclusion des mentions de condamnation aux seuls B2 et B3, question de préserver le B1 reconnu comme bulletin intégral : toutes les mentions des fiches de casier judiciaire y figurent. Or, le B1 ne peut survivre que moyennant l'existence d'une fiche de casier judiciaire dont il émane. Ceci permet de penser qu'en dépit de l'exclusion de la mention de condamnation sur les B2 et B3, la fiche de casier judiciaire n'est pas affectée et porte le libellé de la condamnation qui ne peut donner lieu qu'au B1 uniquement.

Sur un plan éthique, ils sont nombreux, indifféremment de la race et du continent, ceux qui seraient prêts à payer le prix fort afin d'obtenir une dispense de mention de condamnation sur leur B3. Dès lors, il y a fort à craindre que cette ouverture législative ne constitue un boulevard de rançonnement et de corruption à ciel ouvert. Le meilleur bénéfice de cette mesure ne peut être obtenu que moyennant un sens de probité et d'objectivité éprouvé des personnels judiciaires. Faut-il rester serein ou en douter ?

Il y a lieu de relever que l'exclusion de la mention d'une condamnation au bulletin n°2 du casier judiciaire n'emporte relèvement des interdictions, des déchéances ou incapacité de quelque nature que ce soit;[111] de même que l'interdiction d'exercer la profession de notaire, prononcée par une instance disciplinaire, ne saurait donner lieu à une application de ce texte[112].

§2- L'action en suppression de fiche de condamnation

La suppression de la fiche de condamnation est prévue dans le CPP français en son article 770 au profit des mineurs de dix-huit à vingt et un ans, lorsqu'à la suite d'une décision judiciaire, la rééducation ou le reclassement du mineur paraît acquis. Cependant, cette mesure ne peut être sollicitée qu'à l'expiration d'un délai de trois ans à compter de la condamnation. L'article susvisé dispose que *« cette suppression ne peut intervenir qu'après que les peines privatives de liberté ont été subies et que les amendes ont été payées et si des peines complémentaires ont été prononcées pour une durée déterminée, après l'expiration de cette durée. »*.

La mesure est examinée à la requête du représentant du mineur (parent ou conseil) ou à celle du ministère public. Le juge peut même se saisir d'office. Le tribunal du lieu de poursuite, celui du domicile actuel du mineur ou celui du lieu de naissance est compétent pour connaître de cette requête. L'article suscité dispose en outre que *« Le Tribunal pour enfants statue en dernier ressort. Lorsque la suppression de la fiche a été prononcée, la mention de la décision initiale ne doit plus figurer au casier judiciaire du mineur. La fiche afférente à ladite décision est détruite »*.

Cette mesure dérogatoire, qui dénote d'une attention particulière pour les mineurs, s'inscrit dans le sillage de la protection de cette couche vulnérable de la société.

S4- Du mode comparé du retrait des fiches de condamnation : péremption du casier judiciaire ?

Le retrait des fiches de casier judiciaire est l'une des voies par laquelle le législateur autorise que la fiche de casier judiciaire cesse de renseigner sur le

---

[111] Cass. Crim. 28 janvier 2004, Bull 20.

[112] Cass. Crim. 4 janvier 1990 ; bull n°3 ; JCP 90,II 21543 note Ph.Salvage ; Revue des sciences criminelles 1990, 807, obs. Braunscheiweig.

passé judiciaire d'un individu et, pour ce faire, en autorise le retrait du fichier. Le concerné, sous réserve de l'existence d'une pluralité de fiches, est ainsi rétabli dans ses droits et se voit ainsi délivrer un bulletin de casier judiciaire avec la mention « Néant ». Le cadre légal du retrait des fiches de casier judiciaire, bien que comportant des spécificités propres au droit français, présente par ailleurs des similitudes avec le droit camerounais.

§1- Les modalités de retrait communes à la France et au Cameroun

Les infractions frappées d'imprescriptibilité (crimes de guerre, crimes contre l'humanité) échappent aux règles de retrait des fiches de casier judiciaire aussi bien en France qu'au Cameroun.

Le CPP au Cameroun en son article 578[113] dispose : *« Sont retirées du casier judiciaire, les fiches relatives aux condamnations ou mesures de sûreté annulées par une décision de relaxe ou d'acquittement devenue irrévocable. Il en est de même des condamnations annulées à la suite d'une procédure de révision ; effacées par l'amnistie ou la réhabilitation ».*

Cette disposition légale assez édifiante décline la nature des décisions entrainant les fiches de casier judiciaire concernées, notamment les décisions de relaxe ou d'acquittement devenues définitives, les condamnations annulées par voie de pourvoi en révision, ou des condamnations effacées par l'amnistie ou la réhabilitation. Sur les critères sus énumérés, les législateurs camerounais et français se rejoignent.

Dans la pratique, quelques interrogations subsistent sur la périodicité : le retrait des fiches du casier judiciaire, est-ce une activité périodique ou une activité permanente ? Le CPP ne donne aucune orientation à ce sujet. Il se dégage néanmoins de ce texte que le retrait des fiches du casier judiciaire peut intervenir à tout moment et ne saurait s'inscrire dans un calendrier. Toutefois, il serait convenable de procéder de manière inopinée à une inspection de la tenue du Fichier. Cette opération pourrait permettre de procéder à des régularisations, notamment des omissions de classement ou de retrait des fiches.

De même, l'on est en droit de questionner le profil des intervenants dans le retrait des fiches de casier judiciaire. A priori, la phase de la collecte et de

---

[113] L'expression consacrée au Cameroun, dans la pratique au sein des juridictions, est celle de la "purge du casier judiciaire" pour désigner l'opération de retrait des fiches de casier judiciaire. Cette expression nous paraît critiquable et surtout illégale en ce que l'expression ne repose sur aucune base légale (relire à ce sujet les termes de l'article 578). Par ailleurs, la connotation d'une purge (voir définition dans le Petit Larousse, élimination de plusieurs éléments indésirables), renvoie à un exercice de volume ou de quantité. Or, le retrait d'une fiche (unique) de casier judiciaire ne rejoint en rien la notion de purge.

la transmission des informations relatives aux condamnations requiert une implication de tous les intervenants de la chaîne du casier judiciaire, un dispositif de communication infaillible, une bonne appropriation des textes en vue d'une application sereine. A contrario, à la phase cruciale du retrait de la fiche, l'exercice devient délicat.

Il convient de ne pas perdre de vue qu'à l'occasion de la purge du casier judiciaire, les fiches retirées du casier judiciaire sont classées aux archives avec pour conséquence l'effacement du casier judiciaire. Dès lors, la purge du casier comporte les enjeux importants et en cela, constitue une opération à conduire avec délicatesse sous la haute vigilance étroite des chefs de juridiction. C'est dire combien une légèreté dans le retrait des fiches de casier peut entrainer des dérives et abus, source de préjudices irréparables.

Il émerge de ce qui précède un questionnement sur le profil de la personne habilitée à procéder au retrait des fiches de casier judiciaire. Compte tenu des enjeux sus-évoqués, le retrait d'une fiche de casier judiciaire ne saurait être assimilé à une activité ordinaire laissée à la libre appréciation des personnels du greffe. Il conviendrait de placer les opérations de retrait de fiche sous le contrôle des chefs de juridiction dans les fichiers d'arrondissement et du Directeur des Affaires pénales et des Grâces (DAPG) en ce qui concerne le fichier central. Ce faisant, à notre avis, les fiches susceptibles de faire l'objet de retrait devraient être préalablement soumises à la validation conjointe du Procureur de la République et du Président du Tribunal de la juridiction concernée dans les fichiers d'arrondissement et à celle du DAPG au ministère de la Justice.

Une Circulaire sur cette question permettrait non seulement de susciter plus qu'un éveil, un sursaut de vigilance auprès des responsables judiciaires qui sont en charge du casier judiciaire, mais également d'harmoniser les pratiques dans les juridictions.

§2- Les modalités de retrait spécifiques au Droit français

Le CPP français dans ses articles 769 et R.70 décline un riche répertoire des circonstances dans lesquelles les fiches sont retirées du casier judiciaire. L'on distingue les critères péremptoires des critères relatifs.

A- Critères péremptoires uniques

Dès lors que ces critères sont réunis, le retrait de la fiche ou l'effacement de celle-ci est automatique. Il s'agit des hypothèses ci-après : décès du titulaire de la fiche ; l'âge de 120 ans du titulaire de la fiche, lorsque 40 années se sont écoulées après la condamnation. C'est du moins ce qui ressort des articles 769 du CPP français et R.70 des Décrets annexes.

B- critères relatifs associés

Ces critères sont subordonnés à d'autres formalités, il s'agit de :

- l'expiration d'un délai de 3 ans pour les fiches relatives aux compositions pénales[114] lorsque pendant ce délai, la personne n'a pas subi une condamnation à une peine criminelle ou correctionnelle ;
- l'expiration d'un délai de trois (3) ans pour les fiches prévues à l'article 769, alinéa 7 du CPP français ;
- lorsque la juridiction a expressément ordonné la suppression des fiches en application de l'article 768 du CPP français ;
- la réception de l'avis d'effacement d'une condamnation transmise par la juridiction de condamnation dans un pays étranger ;
- les dispenses de peine, à l'expiration d'un délai de trois ans à compter du jour de la condamnation ;
- les condamnations assorties du bénéfice du sursis, avec ou sans mise à l'épreuve, à l'expiration du délai prévu ;
- les condamnations pour contravention, à l'expiration d'un délai de trois ans à compter du jour où la condamnation est devenue définitive.

Il résulte de ce qui précède, qu'en dépit de leur autonomie, les législations nationales sur la justice pénale et en l'occurrence sur le casier judiciaire, présentent à la fois des points de divergence et des points de convergence. Ces derniers constituent à n'en point douter, des bases de complémentarité desdits systèmes et dans certains cas, des bases de réformes constructives.

Sur un autre plan, le casier judiciaire, dans sa dynamique fonctionnelle, génère des récriminations et des problématiques quasi certaines. Lesquelles ? Comment ces problématiques sont-elles adressées et dénouées sous le prisme du droit comparé ?

---

[114] Composition pénale, mesure de compensation ou de réparation proposée par le Procureur de la République, tant que l'action publique n'a pas été mise en mouvement, à une personne majeure qui reconnait avoir commis un ou plusieurs délits ou une ou plusieurs contraventions dont la liste est prévue par la loi ou le règlement. Après validation par le Président du Tribunal, son exécution éteint l'action publique (voir Lexique des Termes juridiques, 2017-2018, p. 245.

CHAPITRE II :

ANALYSES CROISÉES SUR QUELQUES PROBLÉMATIQUES INHÉRENTES AU CASIER JUDICIAIRE

Les développements des chapitres précédents laissent apparaître que le casier judiciaire est à la fois un sujet familier et complexe. Dans la chaîne de travail du casier judiciaire, de nombreuses zones d'ombres divisent les professionnels du droit, à plus forte raison les profanes, ceci parfois sur des questions apparemment anodines, à l'instar de la problématique de l'identification[115] au casier judiciaire ou celle de la place réservée au casier judiciaire s'agissant des décisions de justice non répressives.

Lorsque les droits de l'homme s'invitent au débat, la controverse s'amplifie et met en évidence des problématiques qu'on ne saurait lister de manière exhaustive. Pour meubler notre propos, nous prendrons quelques échantillons de griefs. Au cœur des récriminations mises à la charge du casier judiciaire se trouve le problème de la stigmatisation des personnes condamnées dont le casier judiciaire est parfois à l'origine. Ce document se voit assimilé, à tort ou à raison, à une seconde peine[116]. À l'analyse, les souffrances psychiques du condamné au sein de sa communauté sont réelles et ne peuvent laisser indifférent. Existe-t-il des tempéraments à défaut des thérapies pour en réduire les effets ? Par ailleurs, la notion de prescription consacrée en droit à la faveur du droit à l'oubli ou du principe du pardon, est-elle applicable au casier judiciaire ?

Sur un autre plan, quel rapport la justice militaire, aussi redoutée que controversée, entretient-elle avec le casier judiciaire ? Les règles de justice pénale et en l'occurrence celles relatives au casier judiciaire sont-elles solubles dans celles, souvent particulières, de la justice militaire ? L'on ne saurait être affirmatif dans les éléments de réponse. L'exploration du droit comparé nous offre des clés d'analyse pour démêler les écheveaux sur cinq (5) problématiques respectives ci-après :

---

[115] Alain BERNARD, *l'identité des personnes physiques en Droit privé ;* Levi-Srauss ©, *l'identité,* Paris, Puf, 1977.

[116] Olivia VENET, *l'autre côté du miroir : les obstacles et les remèdes à la stigmatisation,* article, voir *le Casier judiciaire, approche critique et perspectives comparées,* édition Larcier 2011, p.177 ss.

- L'identification au casier judiciaire (S1) ;
- Les décisions non répressives et le casier judiciaire (S2)
- Le casier judiciaire entre pérennité et caducité (S3);
- la stigmatisation et dé-stigmatisation des personnes condamnées (S4) ;
- la justice militaire en dedans ou en dehors du casier judiciaire (S5).

S1- La Problématique de l'identification au casier judiciaire

L'identité en sciences sociales, selon Wikipédia, est une notion délicate qui se définit selon le sujet individuel ou complexe. La notion d'identité est au croisement de la sociologie et de la psychologie, mais intéresse la biologie, la philosophie et la géographie. En psychanalyse, cette notion se retrouve dans le moi et dans l'identification. En philosophie, elle se retrouve dans l'identité personnelle. Au-delà des définitions, il faudrait distinguer entre, d'une part, l'identité dite "objective" ou « identité sociale » que suggère la sociologie et qui s'entend comme identité pour autrui à des classifications des statuts sociaux ou professionnels. D'autre part, « l'identité subjective », identité pour soi ou personnelle se rapprochant plus ou moins de celle présentée en psychologie. La notion d'identité en sociologie renferme toute la problématique du rapport entre le collectif et l'individuel, le déterminisme social et la singularité individuelle.

Au sortir de cette ambivalence notionnelle, l'identité subjective, se rapportant à la singularité individuelle est l'approche appropriée à notre propos et cette approche est compatible avec une esquisse de définition simplifiée de l'identité en droit comme *« ensemble des composantes grâce auxquelles il est établi qu'une personne est bien celle qui se dit ou que l'on présume telle (noms, prénoms, nationalité, filiation)*[117] *»*. Transposé sur le champ du casier judiciaire, il est mal venu qu'un bulletin de casier judiciaire soit établi sur la base d'une identité erronée ou une confusion d'identité. En cela, l'identité est une question cruciale qui appelle des questionnements qu'il convient d'explorer à savoir : quelle en est la portée en matière de casier judiciaire? Qui en a la charge ? Quels en sont les mécanismes ?

§1-Importance et enjeu de l'identification au casier judiciaire

Le casier judiciaire par définition s'applique à une personne précise, à un individu préalablement identifié. Ceci suppose trois données exactes qui s'articulent, à savoir : l'identité d'un individu, le renseignement sur un passé judiciaire et l'attribution de ce passé judiciaire à la personne identifiée.

---

[117] Serge GUINCHARD, Thierry Débard, *Lexique des termes juridiques,* 25e édition 2017-2018, p. 583.

Qu'adviendrait-il si pour une raison quelconque, il y avait une méprise sur l'identité de la personne ? Ceci peut arriver soit du fait de l'usager (manœuvre frauduleuse ?) soit du fait d'un dysfonctionnement dans les services de casier judiciaire. Dans l'un et l'autre cas, dès lors que les bases d'identification sont erronées, l'extrait de casier judiciaire qui en résulterait comporterait, par ricochet, des mentions tout aussi erronées : soit la mention « Néant » inexacte, soit la mention d'une condamnation imputable à quelqu'un d'autre. La mise en circulation d'un document de cette nature, quelle que soit la destination, causerait du tort à l'institution judiciaire, à l'appareil administratif, voire au rayonnement international du Pays ; d'où un double problème, celui de la responsabilité et celui de la réparation du préjudice subi par la victime.

Dans l'hypothèse sus indiquée, le socle des investigations est celui de la présomption d'innocence. Le risque est grand que les parties se rejettent les responsabilités. Il sera donc fortement question d'apporter des clarifications. La manifestation de la vérité, dans la perspective d'établir objectivement les responsabilités, est un exercice périlleux. Il faudrait ensuite apporter des réponses à la question de savoir qui payera la note des réparations des dommages.

Au total, l'exactitude de l'identification en amont du processus du casier judiciaire constitue le socle de crédibilité du bulletin de casier judiciaire qui en découle. Il devient dès lors essentiel de doter les services de casier judiciaire d'un dispositif d'identification irréprochable. Au demeurant, à qui incombe la charge de cette tâche d'identification ?

§2- À qui incombe la charge de l'identification au casier judiciaire ?

Les développements ci-dessus nous enseignent que la question de l'identification est éminemment complexe, tant les théories et doctrines se croisent et s'entrecroisent. Nous relevons également que l'identification préalable est une formalité substantielle et routinière de tout exercice de droit, mais également, la maîtrise des techniques de l'identification n'est pas aisée.

Les techniques d'identification, il y a quelques années, se résumaient à des prises des photos, des empreintes digitales et éventuellement, les signalements morphologiques et cicatrices. Les nouvelles technologies ont révolutionné les techniques d'identification avec de nouveaux outils, notamment l'anthropométrie, méthode d'identification des criminels fondée essentiellement de nos jours sur l'étude des empreintes digitales et génétiques (ADN)[118] ou technique d'identification des délinquants fondée sur les

[118] Petit Larousse, 2011, p50.

mensurations du corps humain et certains signes particuliers tels que l'oreille ou le nez …[119]

L'article 577 du CPP camerounais dispose que *« la fiche de casier judiciaire comporte : les renseignements d'identité, la photographie, les empreintes digitales et les signalements morphologiques et anthropométriques ».*

Il convient de rappeler que l'élaboration des fiches de casier judiciaire est de la responsabilité du greffier en chef appelé à faire office d'agent identificateur, obligé de bredouiller devant les concepts de signalements morphologiques et anthropométriques dont il ne se souvient point des enseignements d'imprégnation à l'école. À la vérité, il n'existe pas de personnel du greffe formé et outillé pour poser les actes d'identification. Il s'agit des opérations qui relèvent des attributions exclusives de la police judiciaire. Du reste, comment ce problème d'identification au casier judiciaire est-il réglé dans d'autres pays ? Existe-t-il des alternatives de solutions ?

§3- Modèles comparés des procédés d'identification au casier judiciaire

En Suisse, le Vostra (casier judiciaire informatisé) est renseigné par les offices de l'état civil, conformément aux dispositions de l'article 19 de l'ordonnance sur le casier judiciaire, intitulé "obligation de renseigner des offices de l'état civil et des services de contrôle des habitants", ainsi libellé *« les offices de l'état civil et les services de contrôle des habitants sont tenus de fournir gratuitement aux autorités à renseigner les données dans le Vostra, les renseignements nécessaires à l'établissement de l'identité des personnes dont les données doivent être traitées ».* Cette approche est partagée par le législateur sénégalais qui prescrit le recours aux registres d'état civil pour les besoins de vérification d'identité au casier judiciaire[120].

La vérification de l'identité des personnes en liaison avec les services d'état civil constitue une alternative à explorer, surtout lorsque le fichier d'état civil est bien tenu.

Ce mode d'identification adossé aux registres d'état civil est celui qui a cours en Côte d'Ivoire, conformément à l'article 754 du CPP ivoirien qui précise que s'agissant du casier judiciaire, les vérifications d'identité sont effectuées au registre d'état civil. C'est aussi le cas au Sénégal, conformément aux dispositions de l'article 726 du CPP sénégalais : *« le greffier de chaque tribunal reçoit, en ce qui concerne les personnes nées dans la circonscription*

---

[119] Serge GUINCHARD et Thierry DEBARD, Lexique des Termes juridiques, 25e édition 2017-2018, P 76.
[120] Article 726 du Code de Procédure pénale du Sénégal.

du tribunal, et après vérification de leur identité aux registres d'état civil, des fiches constatant... ».

Au Cameroun, une étude dans ce sens ayant donné lieu à des ateliers[121], est en cours sous la coordination du MINDDEVEL (Ministère de la Décentralisation et du Développement Local), avec l'appui de l'Union européenne, la participation du Bureau national de l'État civil (BUNEC) et plusieurs Administrations partenaires. Cet atelier visait à mettre le système d'état civil à la disposition des autres administrations.

S'agissant du système français, l'identification des personnes physiques incombe à l'Institut National de la Statistique et des Études économiques (INSEE) dont le Directeur *« communique au service du casier judiciaire national automatisé les noms patronymiques, les prénoms, les dates et lieux de naissance et le sexe des personnes âgées de plus de 12 ans qui figurent au répertoire national d'identification ainsi que les modifications dont ces données auront éventuellement fait l'objet »*

Cette communication, effectuée sur support magnétique ou par voie électronique sécurisé, a lieu périodiquement, au moins une fois par an ».

C'est dire qu'il existe en France un répertoire national d'identification tenu par l'Institut National de la Statistique et des Études économiques, organe spécialisé qui assure le volet identification du système du casier judiciaire. Les éléments d'identité (noms, prénoms, date et lieu et naissance, sexe, nationalité...) contenus dans le bulletin de casier judiciaire sont issus du répertoire national communiqué par cet Institut.

Il est essentiel de relever que les mentions des fiches de casier judiciaire sont réglementées par l'article R.65 du CPP français (2e partie, Décrets en Conseil d'État) qui précise, s'agissant des personnes physiques, les mentions suivantes : « les noms, prénoms, date, ville et pays de naissance, sexe et nationalité, le cas échéant, alias, changement de nom, nom d'usage et filiation ». Il n'est aucunement fait mention ni des photos, ni des empreintes digitales, ni des signalements morphologiques et anthropométriques jugés superflus par les autorités françaises, tout au moins dans le cadre du casier judiciaire.

---

[121] Les ateliers organisés sous la coordination du MINDDEVEL et l'appui de L'Union européenne, les 19 et 26 janvier 2022, respectivement à Bafoussam et à Kribi et le 3 février 2022 à Yaoundé, portaient sur le thème *« l'interopérabilité entre le système de l'état civil et les autres systèmes d'identité légale au Cameroun ».* Le Sous-Directeur du Casier judiciaire central avait été désigné par le Directeur des Affaires pénales et des Grâces, au nom du Garde des Sceaux, pour y prendre part, au titre de représentant du ministère de la Justice. Aux côtés du MINJUSTICE, bien d'autres Structures ayant recours à l'identification des personnes dans leur fonctionnement y avaient également pris part, notamment, MINFI, MINEPAT, ELECAM, CNPS, DGSN... À l'issue des travaux, il était envisagé une synergie d'action entre ces diverses administrations dans le processus d'identification au Cameroun.

Il découle de ce qui précède que le système camerounais d'identification au casier judiciaire tel que décliné par l'article 577 du CPP est non seulement singulier, mais également encombré des éléments superfétatoires sus indiqués qui ne présentent aucune pertinence dans le cadre du casier judiciaire. Ce système astreint le personnel du greffe à poser des actes d'identification (photos, empreintes, signalements morphologiques et anthropométriques) qui ne relèvent pas de leur compétence. Encore que l'identification dans le cadre du casier judiciaire peut se passer de ces procédés : aucun modèle de droit comparé sus visé n'y recourt. Par ailleurs, le temps injustifié que le personnel du greffe consacre à ces tâches d'identification peut utilement être orienté à la tenue des registres qui leur incombe au premier chef.

Pour simplifier, en tirant les leçons de ce qui se fait ailleurs, le système camerounais est face à une alternative de correctif fonctionnel : soit, en attendant des amendements législatifs, initier une séance de travail avec la Délégation générale à la Sûreté nationale, à l'effet d'obtenir un partenariat de la police judiciaire avec détachement des personnels de la police auprès des fichiers d'arrondissement et du Fichier central, soit par amendement législatif visant à extirper de l'article 577 les mentions superfétatoires (photo, empreintes, signalements morphologiques et anthropométriques) et mettre en place un système d'identification en liaison avec les Centres d'état civil en attendant que le BUNEC finalise sa banque de données .

S2- Quid des décisions non répressives au casier judiciaire ?

§1- Données de la problématique

A priori, la définition du casier judiciaire confine ce document aux matières pénales. De ce point de vue, il serait mal venu d'envisager un casier judiciaire sur des condamnations qui ne sont pas répressives, dans la mesure où le casier judiciaire, dans l'imaginaire populaire, aidé en cela par la loi[122], est associé à l'idée d'une condamnation pénale. Dès lors, le casier judiciaire serait a priori, incompatible avec les décisions non répressives. Or, la même loi indique des jugements non répressifs à transcrire dans les fiches de casier judiciaire et donc susceptibles d'être visés dans les extraits de casier judiciaire. Ainsi, la loi camerounaise décline les catégories des décisions de justice susceptibles d'être transcrites dans les fiches de casier judiciaire au même titre que les condamnations pénales, et vise à cet effet *« les jugements déclaratifs de faillite ou de liquidation judiciaire[123] »*. La même loi oblige le greffier en

[122] La loi camerounaise (article 574 du CPP) prescrit au greffier en chef de confectionner une fiche de casier judiciaire « lorsqu'une juridiction répressive camerounaise a prononcé une condamnation ou une mesure de sûreté ».
[123] Code de Procédure pénale du Cameroun, article 577 (f).

chef de transcrire sur les fiches de casier judiciaire les condamnations, lorsque celles-ci sont prononcées par une juridiction répressive. Quid des décisions qui ont vocation à être transcrites dans les fiches de casier judiciaire telles que visées par l'article 577 du CPP et qui ne relèvent pas des juridictions répressives ?

Au plan pratique, quand bien même le principe du casier judiciaire pour les condamnations non répressives serait admis, s'agira-t-il d'une ouverture de portée générale ou limitée à certaines matières non répressives ? Lesquelles ? Suivant quels critères de choix ? Quel sera l'impact de cette mesure sur le processus d'élaboration de transmission des fiches de casier judiciaire au sein des greffes ?

Au-delà des préoccupations d'ordre pratique ci-dessus, l'extension du casier judiciaire aux condamnations non répressives ne serait pas sans incidence sur la définition même du casier judiciaire habituellement rattaché aux seules condamnations pénales. Par ailleurs, une telle approche d'émanation dérogatoire devrait par principe être adossée sur une disposition légale qui en assure la consécration. C'est le lieu de questionner et de mettre en comparaison plusieurs ordres législatifs nationaux.

§2- Aperçu de droit comparé sur le casier judiciaire non répressif

À la vérification, l'incorporation dans le casier judiciaire des condamnations non répressives fait l'objet d'une codification dans divers systèmes législatifs nationaux. L'exploitation desdites législations laisse apparaître des points de convergences et quelques spécificités.

A priori, l'on pourrait subodorer le souci partagé des législateurs nationaux d'étendre la vigilance sur les antécédents judiciaires sur quelques matières civiles susceptibles d'avoir une incidence néfaste directe ou indirecte dans les relations d'affaires et à terme constituer un péril pour l'économie nationale et entacher l'image du Pays. À ce titre, l'on note une convergence d'intérêt des législateurs sur les antécédents judiciaires relatifs à la viabilité des entreprises. Le législateur français, plus habile dans ce cadre, s'est abstenu de circonscrire la confection des fiches de casier judiciaire aux seules condamnations répressives et a opté pour une formulation par renvoi en ces termes : *« les jugements prononçant la fiche constatant l'une des décisions visées par les articles 768 (alinéa 1 à 6) ».* Cette formulation simple et non restrictive et surtout arrimée aux types de décisions antérieurement, visées par loi, nous semble plus appropriée.

S'agissant des décisions non répressives éligibles au casier judiciaire, le CPP au Cameroun vise les jugements déclaratifs de faillite ou de liquidation.

Le législateur français y ajoute d'autres matières[124] en rapport avec le casier judiciaire notamment :

- les décisions disciplinaires prononcées par l'autorité judiciaire ou par l'autorité administrative, lorsqu'elles entrainent ou édictent une incapacité ;
- les jugements prononçant la déchéance de l'autorité parentale ou le retrait de tout ou partie des droits y attachés » ;
- les arrêtés d'expulsion pris contre les étrangers.

Le législateur pénal sénégalais[125] reprenant les dispositions ci-dessus s'abstient de parler des décisions disciplinaires. Il se contente d'indiquer les décisions prononcées par l'autorité judiciaire ou une autorité administrative. Les législateurs ivoirien[126] et togolais[127] ont chacun repris *in extenso* les termes de rédaction du CPP français.

Il résulte des dispositions légales des codes sus visés que les décisions prononcées sont adressées au greffe de chaque tribunal en ce qui concerne les personnes nées dans la circonscription dudit tribunal, à charge pour ces greffes de les transcrire sur les fiches de casier judiciaire, une fois les décisions devenues définitives.

Une catégorie de décisions souvent perdues de vue, susceptibles de transcription au casier judiciaire conformément aux prescriptions du CPP français, c'est *« les jugements ou arrêts de déclaration d'irresponsabilité pénale pour cause de trouble mental, lorsqu'une hospitalisation d'office a été ordonnée... »* Un casier judiciaire portant des renseignements de cette nature, qui renseignent sur la santé cognitive d'un individu, permettrait de comprendre les écarts de comportement de ce dernier et éventuellement de pouvoir prendre des mesures d'anticipation.

§3- Vocation pluridisciplinaire (pénal, civile...) du casier judiciaire

Le casier judiciaire orienté au premier chef vers les condamnations répressives ne devrait relever que d'une évidence, dès lors que le casier judiciaire est une émanation de la justice pénale. Celle-ci en constituerait-elle le champ et les limites ? Il se dégage des développements ci-dessus, une interaction plausible du casier judiciaire au pénal avec d'autres matières relevant du droit civil ou du droit administratif que du reste, consacre le droit français. Ceci n'est en rien une entorse aux règles de droit. Bien au contraire,

---

[124] Code de Procédure pénale français, article 768.

[125] Code de procédure pénale Sénégalais, article 726, loi 85-25 du 27 février 1985.

[126] Code de procédure pénale, article 724, loi 98-7-45 du 23 décembre 1998.

[127] Code de procédure pénale togolais, article 540, loi 83-02 du 2 mars 1983.

cette interaction pourrait être enrichissante au regard de l'entendue et la variété, voir le volume des renseignements que peut procurer le casier judiciaire dans ces divers domaines. Il appartiendrait à chaque système législatif en fonction des enjeux du contexte et des centres d'intérêt de cibler les renseignements à mettre sous l'emprise du casier judiciaire.

Toutefois, il faudrait craindre qu'une multi ou pluridisciplinarité illimitée du casier judiciaire n'entraine un encombrement pernicieux pour sa survie, voire sa crédibilité, le détournant ou l'éloignant ainsi de sa mission classique et originelle. L'adjonction des matières non répressives au casier judiciaire devrait se faire avec parcimonie et circonspection.

En tout état de cause, le principe de la pluridisciplinarité du casier judiciaire suppose au-delà des amendements législatifs nécessaires, la mise en place d'une plateforme d'échange d'informations entre les administrations concernées. L'entrée en jeu de nouvelles matières pourvoyeuses d'informations devrait pouvoir s'inscrire dans le sillage d'un enrichissement des données de la mémoire judiciaire et non pas nuire à l'appareil classique du casier judiciaire.

En dépit des divergences d'approches législatives, il se dégage des analyses ci-dessus une convergence d'ensemble sur la nécessité de la connaissance des antécédents judiciaires qui est l'essence même du casier judiciaire. Le souci sous-jacent est celui de se prémunir d'un minimum d'assurance en questionnant le passé judiciaire d'un individu. Vraisemblablement, il aurait une meilleure assurance si le passé judiciaire portait sur diverses matières.

S3- Casier judiciaire entre pérennité et caducité : quel équilibre ?

L'histoire du casier judiciaire révèle que dans le droit ancien, les marqueurs corporels au fer permettaient d'identifier dans la société ceux qui avaient enfreint les normes et valeurs de la société. Ces marquages, dont les procédés et outils n'étaient pas anodins, visaient à laisser sur le concerné des stigmates indélébiles qui tenaient sur la durée. Cette approche visait non seulement à rendre publique la condamnation d'un membre de la société, mais également à distinguer celui-là qui, de par son comportement, s'est mis en marge de la société. Il n'était aucunement fait allusion à la durée de ces marquages.

Au milieu du XIXe siècle, le Procureur Bonneville de Marsangy s'emploie à travailler à l'amélioration des sommiers judiciaires pour créer le casier judiciaire, faisant office de mémoire judiciaire à multiples fonctions. Le juge sera édifié sur les antécédents judiciaires du mis en cause pour apprécier l'état de récidive ou non de celui-ci afin de moduler la peine.

La connaissance de l'"état criminel" d'un individu a toujours constitué une préoccupation des sociétés humaines soucieuses de se protéger contre les comportements susceptibles de porter atteinte à sa cohésion. Dès lors, la sécurité de la société passe par la mémorisation des évènements judiciaires et l'identification des fauteurs de troubles. Il s'en suit un chapelet de question : le casier judiciaire pèse-t-il à perpétuité sur la tête du condamné ? Jusqu'à quel délai devrait survivre la mémoire judiciaire ? L'oubli, aujourd'hui érigé en droit, est-il applicable au casier judiciaire ?

§1- Fondements et manifestations du droit à l'oubli[128]

Le droit dans ses diverses branches consacre la notion de prescription telle que la prescription acquisitive en droit privé[129]. Le droit pénal distingue d'une part, la prescription de l'action publique : temps défini par le législateur dont l'écoulement qui court pour compter du jour où l'infraction a été commise, entraine l'extinction de l'action publique et d'autre part, la prescription de la peine, *« principe selon lequel toute peine, lorsqu'elle n'a pas été mise en exécution dans un délai fixé par la loi, ne peut plus être subie*[130] *».* Toutes ces formes de prescription ont, pour dénominateur commun, l'usure du temps qui génère l'oubli.

L'on pourrait extrapoler en invoquant toujours sur le prétexte du temps écoulé, le pardon de la société dont les valeurs et règles ont été transgressées. Le pardon et l'oubli trouvent des manifestations en droit pénal à travers la réhabilitation et l'amnistie. La réhabilitation fait disparaître une condamnation pénale ainsi que ses conséquences, à l'exception d'une prise en compte en cas de nouvelles poursuites pour l'application de la récidive. La réhabilitation peut être légale, c'est-à-dire acquise de plein droit après l'écoulement d'un certain temps, ou judiciaire, c'est-à-dire, accordée par une juridiction. La réhabilitation est régie au Cameroun par les dispositions des articles 676 et suivants du CPP. L'amnistie, *« synonyme de pardon légal, sans effacer les faits matériels et leurs conséquences civiles, l'amnistie prévue par la loi éteint l'action publique et efface la condamnation*[131] *».* La réhabilitation et l'amnistie constituent des motifs d'extinction des effets du casier judiciaire. Il

---

128 Le droit à l'oubli connait une consécration jurisprudentielle avec un Arrêt de la Cour européenne des Droits de l'homme du 26 mars 2006 disponible en ligne sur le site de la Cour (www.echr.coe.int/). Il y est indiqué s'agissant de la législation nationale française « qu'il s'agisse d'un délai d'épreuve ou de prescription, le condamné peut revendiquer **un droit à l'oubli** lorsque le délai prévu par les textes relatifs à la récidive est expiré ». Voir également, Cour européenne D. H. req. N° 44069/98, G.B.c, France, décision du 16 mai 2000, p3.

129 F. Ost, *Le temps du droit,* Paris, Édition Odile, 1999, p 129.

130 Serge GUINCHARD, Thierry DEBARD, *Lexique des Termes juridiques,* 2017-2018, 25e édition p 870.

131 Serge GUINCHARD, Thierry DEBARD, *Lexique des Termes juridiques,* 2017-2018, 25e édition p 72

s'agit d'une position qui fait l'unanimité dans les pays où ces deux notions sont encore d'application.

L'expression « droit à l'oubli » est aujourd'hui controversée[132] et remise en débat dans un contexte défavorable à l'effacement des traces. Dans diverses branches du droit, dont le droit pénal, la traçabilité est devenue une exigence incontournable qui échappe à l'usure du temps. Pour autant, l'oubli du passé pénal, [133] qui n'est pas une vue d'esprit, a fait l'objet d'une attention particulière du législateur français jusqu'à la réforme du Code pénal en 1992. Les textes ont organisé les modalités d'effacement ou de limitation de la mention d'une condamnation pénale.

§2- La précarité d'un équilibre manqué entre mémoire et oubli

L'expression mémoire pénale est une métaphore, en rapprochement au système nerveux, pour traduire la fonction de sauvegarde des condamnations assignée au fichier du casier judiciaire. Ceci se distingue de la mémoire humaine dont la capacité de rétention de l'information (fonction normale) n'est altérée que dans des circonstances particulières, à savoir, accident, pathologie ou sénilité (vieillesse).

Le pardon, qui s'apparente à un sursis ou une mise en berne de la mémoire, remonte, dans les origines, aux saintes Écritures[134]. Le pardon a pour corollaire, l'oubli dont les manifestations en droit pénal sont entre autres, la prescription, la réhabilitation et l'amnistie. Il s'agit des mesures de flexibilité répressive adaptées à un contexte sécuritaire apaisé qui se traduit par une approche d'équilibre entre mémoire et oubli.

En revanche, dans un contexte d'insécurité grandissant marqué par la recrudescence de la criminalité, la montée du terrorisme et de la criminalité transfrontalière, les sociétés contemporaines recourent à un réajustement de la justice répressive, notamment : le renforcement de la vigilance policière, l'intensification des contrôles, les restrictions des libertés, la recrudescence des interpellations, la fermeté et la sévérité dans la répression qu'un illustre professeur de droit désignait par l'expression "énervement de la répression[135]". Ce contexte a conduit à une extension du champ de la mémoire

---

[132] Voir notamment le dossier « effacement des condamnations : peut-on encore parler de droit à l'oubli ? », *Actualité juridique pénale,* Dalloz, octobre 2007, n°10.

[133] S. LEGER- GRESSOT, *L'oubli en droit pénal,* Thèse, Montpellier, Université de Montpellier, 2000 C. COQUIN, « deux aspects de l'évolution du concept d'oubli en droit pénal », Archives de politique criminelle, 1998, n° 20, p.33.

[134] Voir Saintes Écritures, Mathieu, 6,15 ; « Mais si vous ne pardonnez pas aux hommes, votre Père ne vous pardonnera pas non plus vos offenses » dans le même sens, Mathieu, 18,14-15 ; 18,22 ; 18,32-33 voir également Luc, 23,34 ; 17, 3-4 ainsi que Colossien 3, 13 ; Éphésien 4, 32 ; Marc 11,25 et Proverbe 18, 19.

[135] STANISLAS MELONE, *Les ordonnances de 1970 sur la recrudescence du grand banditisme au Cameroun,* in Revue camerounaise de Droit n°6.

judiciaire aussi bien au niveau des intervenants que des mentions éligibles à la mémoire judiciaire, ceci notamment dans les pays occidentaux.

À l'inverse, l'on assiste à un durcissement des critères de bénéfice de l'oubli comme le dit Sylvie GRUNVALD : *« Depuis 1990, cette mémoire judiciaire s'hypertrophie, les conditions d'un oubli sont de plus en plus restrictives. La multiplication des fichiers de police ou de justice en marge du casier judiciaire concourt également à cette tendance lourde qui déplace le point d'équilibre entre la mémoire et l'oubli*[136]*... ».* Cette analyse tempère l'enthousiasme suscité par la consécration législative de l'effacement. L'instinct répressif, suscité par la montée de la criminalité, amène la justice pénale à se réajuster, l'équilibre mémoire et l'oubli, inadaptés au contexte nouveau, sont rompus.

C'est en ce sens que pour GRUNVALD : *« Les mécanismes d'effacement ou d'apurement des extraits du casier judiciaire sont revus et corrigés à la baisse régulièrement depuis ces dernières années. Le fonctionnement du casier judiciaire est troublé par la quête d'une mémoire infaillible*[137] *».*

Ramenées dans le contexte camerounais dont le système de casier judiciaire est encore en construction, les considérations ci-dessus ne manquent pas de cohérence. La politique répressive dans son expression et son adaptabilité devrait être le reflet de l'écosystème pénal du moment. La montée de l'insécurité, associée à une recrudescence de l'activité de la justice pénale, commande des restrictions dans les processus de retrait des fiches de casier judiciaire en dépit de l'engorgement avéré des fichiers de casier judiciaire.

§3- L'avènement de la victime sur la scène pénale : requiem pour le droit à l'oubli ?

À l'issue des confrontations d'arguments et plaidoyers, la dualité mémoire judiciaire et droit de l'oubli semble s'accommoder d'une plateforme d'équilibre. L'affaire, pour autant, n'est pas classée. Désormais, la victime s'invite au débat.

L'avènement de la victime sur la scène pénale[138] opère un changement de données et d'enjeux. Les associations des victimes se sont constituées en lobby pour élever leur voix en faveur des victimes, en s'opposant à l'amnistie en ce qu'elle apparaît comme une incitation des mis en cause à commettre de

---

[136] SYLVIE GRUNVALD, Maître de conférences à l'Université de Nantes, *Le Casier judiciaire : entre mémoire et oubli, quel équilibre aujourd'hui, in, le casier judiciaire, approches critiques, perspectives comparées,* édition Larcier 2011, p. 260.

[137] SYLVIE GRUNVALD, *Le Casier judiciaire : entre mémoire et oubli, quel équilibre aujourd'hui, op.cit.* p. 275.

[138] D. SALAS, « l'inquiétant avènement de la victime » *Sciences humaines* (en ligne), hors-séries n°47, consulté le 10 juillet 2010. URL : http : // sciences humaines.Com/index.php.

nouvelles infractions, notamment en matière d'accident de circulation ou de violences envers les enfants. La campagne électorale en France en 2007 en a été profondément marquée. Prenant fait et cause pour les victimes, le Président de la République avait tenu sa promesse de campagne en renonçant à proposer au parlement une loi d'amnistie[139]. Cette prise de position de la plus haute autorité en France dans la sphère judiciaire dénote de l'intérêt que le politique français attache à la mouvance judiciaire et entend prendre activement part à sa dynamique. Au-delà, cette posture politique sonne comme une directive de politique pénale. Le débat autour du droit à l'oubli est-il définitivement clos ?

Les soubresauts que subit le droit à l'oubli du fait des pressions des associations des victimes, entrainant une implication du politique en faveur des victimes, conduit légitimement à craindre pour les personnes condamnées dont le casier judiciaire pourrait se muer en « peine perpétuelle ». En tout état de cause, dès lors que la réhabilitation et l'amnistie, les deux principaux modes de pardon/oubli légaux, demeurent régies par les dispositions du CPP de divers pays, il n'y a pas lieu, en l'état, de se lamenter.

S4- L'épreuve de la stigmatisation des personnes condamnées : quels palliatifs ?

C'est un truisme que d'affirmer qu'au lendemain d'une condamnation, le concerné en ressort affecté moralement dans son for intérieur. Les rapports sociaux s'en trouvent affectés, quelle que soit la perception de la communauté sur la condamnation. La stigmatisation de la personne condamnée qui en résulte peut néanmoins être atténuée.

§1- Du préjudice des stigmates du casier judiciaire

Il se dégage de l'historicité du casier judiciaire qu'à une époque ancienne, les personnes ayant violé les règles de la société portaient des marques corporelles ostensibles qui permettaient de les identifier en société. Les porteurs de ces marques en étaient affectés au point de réduire leur mobilité au risque d'être hué à leur passage. Ces marqueurs physiques n'en constituaient pas moins des stigmates. Le condamné, même ayant purgé sa peine, est encore habité par le sentiment de culpabilité et d'exclusion. Y compris en l'absence de marquages corporels, il a le sentiment d'en porter un et qu'il ne peut passer inaperçu quel que soit le milieu.

L'avènement du casier judiciaire, plus discret, n'en demeure pas moins stigmatisant pour le concerné. En raison d'un bulletin de casier judiciaire portant une condamnation, le concerné perd ses droits électoraux et se voit

[139] Voir analyse SYLVIE GRUNVALD, *Le Casier judiciaire : entre mémoire et oubli, quel équilibre aujourd'hui, op.cit* p. 273.

interdire l'accès aux concours administratifs et à des recrutements professionnels. La persistance des stigmates, même après une peine purgée, a fait dire par certains analystes qu'il s'agit d'une double peine pour la même infraction, ce qui serait contraire aux règles de droit et à la maxime non *bis in idem*[140] : formule latine qui signifie "pas deux fois pour la même chose". Dès lors, la dimension protectrice de cette maxime est vidée de son sens.

Bien plus, la stigmatisation n'est pas sans affecter l'entourage du concerné. Les proches (conjoint, enfants et parents…) en souffrent autant, sinon parfois plus que le concerné qui parfois finit par s'en accommoder. Il est pénible pour un enfant de se voir rappeler à la cour de récréation que son Papa est un repris de justice. Dans le langage insouciant des enfants, on rappellera au concerné que ton « père est un voleur », comme pour insinuer que le fils du voleur ne peut être qu'un voleur. Les personnes ainsi étiquetées ont le sentiment de porter une souillure ou une marque les obligeant à se mettre en marge de la société. Redoutant le regard des autres, ils se confineront dans une vie de reclus avec toutes les répercussions sur la santé personnelle.

C'est dire combien les dégâts de la stigmatisation, tant au plan individuel que sociétal, peuvent être tentaculaires et dévastateurs. Heureusement, la conscience de l'ampleur de ce préjudice a inspiré des formules pour en tempérer les effets.

§2- Des pratiques comparées des tempéraments aux stigmates

La protection d'une personne mise en cause est une préoccupation majeure des tenants des droits de l'homme qui font de la présomption d'innocence leur arme de prédilection tout au long de la procédure. Sauf que la survenue d'une condamnation, devenue irrévocable, rend inoffensive ladite présomption. Surgissent dès lors les soucis de stigmatisation. Existe-t-il des voies de droit pour y échapper ou tout au moins en atténuer les effets ?

---

[140] Non bis in idem/ maxime Latine signifiant « pas deux fois sur la même chose » aujourd'hui utilisée pour exprimer : 1-qu'un accusé jugé (acquitté ou condamné) par une décision non susceptible de recours ne peut plus être poursuivi pour le même fait. 2- que le juge, lorsqu'un fait matériel peut tomber sous le coup de plusieurs incriminations, ne peut retenir qu'une seule des qualifications possibles de telle sorte que le délinquant ne soit pas puni deux fois pour le même fait. (in Gérard Cornu et Association Henri Capitant Vocabulaire juridique, 8é édition 2008, PUF, p. 613.)

A- Palliatifs d'ordre judiciaire

1. La simple déclaration de culpabilité (sans prononcer de peine)

Il s'agit d'une pratique Belge, d'émanation jurisprudentielle[141]. Cette pratique belge a été légalement instituée en 2000[142] par le libellé ci-après *« si la durée du délai des poursuites dépasse le raisonnable, le juge peut prononcer la condamnation par simple déclaration de culpabilité ou prononcer une peine inférieure à la peine minimale prévue par la loi »*. À l'origine, la seule déclaration de culpabilité ne figurait pas sur le casier judiciaire en ce qu'il ne s'agissait pas d'une condamnation véritable. Suite à de vives critiques, la Commission Legros prenant en compte les arguments des uns et des autres, a arbitré en indiquant que la déclaration de culpabilité simple « est une peine à part entière ». Cette position a inspiré la Loi du 31 juillet 2009 prescrivant la mention de la déclaration de culpabilité sur le casier judiciaire. En tout état de cause, la simple déclaration de culpabilité non assortie de peine demeure une approche moins stigmatisante.

2. La suspension de la peine

Le juge, dans cette approche, également d'inspiration belge, suspend la décision pendant un délai d'épreuve simple ou assorti de conditions probatoires pour le prévenu. Quand advient l'expiration du délai, le juge, à défaut de le reconduire, se prononce par une condamnation véritable ou une relaxe pure et simple. Tout comme pour la déclaration de culpabilité, la suspension de la peine n'était pas visée au casier judiciaire. Le revirement est intervenu avec la loi du 31 juillet 2009.

3. Les peines alternatives[143] supplétives de l'incarcération

Une peine alternative s'entend comme une peine qui peut être prononcée en substitution d'une autre jugée plus restrictive de droit telle que la peine privative de liberté ou l'amende. À cet effet, la peine alternative, aussi réputée que la peine principale, est considérée comme moins stigmatisante. La peine alternative peut revêtir deux formes au moins :

---

141 Cass, arrêt du 9 décembre 1997, *Pasicrisie,* 1997, I, p. 543, journal des Tribunaux 1998, p 792

142 Loi du 30 juin 2000 insérant un article 21 ter dans le titre préliminaire du Code de Procédure pénale, *Moniteur belge,* 2 décembre 2000.

143 Le Code Pénal Camerounais, objet de la loi 2016/007 du 12 juillet 2016, a prévu en son article 26, deux (2) types de peines alternatives applicables aux délits passibles d'un emprisonnement inférieur à deux ans : d'une part le travail d'intérêt général prononcé par la juridiction de jugement à la place de l'emprisonnement ou l'amende, après déclaration de culpabilité et sur consentement du prévenu. D'autre part, la sanction de réparation qui consiste dans l'obligation pour le condamné de procéder à la réparation matérielle du préjudice subi par la victime dans les délais et selon les modalités fixées par la juridiction compétente.

- **Les travaux d'intérêt général** Il s'agit d'une peine pouvant se substituer à un emprisonnement à titre de sanction principale lorsque le juge estime opportun de prononcer une telle mesure. Le condamné ayant consenti à cette conversion de peine est tenu d'effectuer en faveur d'une personne morale de droit public, soit encore d'un organisme habilité, des travaux d'intérêt général non rémunérés, pendant une durée fixée par la loi et arrêtée par la juridiction de condamnation.
- **La sanction-réparation** Elle consiste dans l'obligation pour le condamné de procéder à la réparation matérielle du préjudice subi par la victime dans le délai et selon les modalités fixées par la juridiction compétente.

4. La subsidiarité de l'inculpation

Il s'agit du libellé de l'infraction négocié avec le Procureur de la République en vue de plaider coupable pour une autre infraction et limiter ainsi les stigmates de la révélation dans le casier judiciaire d'une infraction redoutée[144]. Pratique courante aux frontières des USA où le franchissement de la frontière est fermement proscrit pour ceux qui ont des antécédents de condamnation pour consommation de stupéfiants.

À ces différentes alternatives présentées comme palliatives à la stigmatisation, il convient d'ajouter la réhabilitation et l'amnistie qui, bien que complexes dans leur mise en œuvre, constituent tout aussi des antidotes à la stigmatisation.

B- Palliatifs extrajudiciaires :

1. Législation anti-discrimination

Il revient au législateur d'intégrer dans les lois, des dispositions garantissant les droits fondamentaux, par une prohibition formelle des comportements discriminatoires sur la base d'un casier judiciaire pour une infraction non reliée à l'emploi postulé[145].

2. Accès rationalisé (à défaut de verrouiller) à l'information sur le casier judiciaire

Basée sur le contrôle de l'information sur le casier judiciaire, cette mesure consiste à mettre en place des mesures techniques et législatives qui assureraient des limites étanches à l'accès et à l'usage de l'information sur le

---

144 M.RAYMOND « le casier judiciaire aux frontières américaines », le journal du barreau, 2002, vol 34, n°18

145 H.LAM et M. HARTCOURT « the use of criminal record in employment decision : the rights of ex-offenders, the empoyers and the Public »

casier judiciaire pour des fins autres que les opérations du système judiciaire pénal[146].

3. Certificat de conduite, supplétif au casier judiciaire

Il s'agit de mettre à la disposition des employeurs un document en remplacement du casier judiciaire auquel ne peuvent accéder les travailleurs. La personne détentrice d'un certificat de conduite est réputée apte à l'emploi sollicité. Ceci évite de révéler l'existence ou non d'accusations ou condamnations contre une personne postulant à un emploi[147].

4. Alternatives destinées à ne viser que les infractions graves dans le casier judiciaire[148]

Cette proposition est issue du rapport du Comité canadien de la réforme pénale et correctionnelle, justice pénale et correctionnelle. Elle consiste à discriminer entre les infractions graves à vocation d'inscription au casier judiciaire et les infractions réputées modérées inéligibles au casier judiciaire. Cette latitude donnée au juge ainsi que la démarcation entre les deux catégories d'infractions devraient relever du législateur.

Tel est le répertoire (non exhaustif) des mesures comparées visant à atténuer les effets de la stigmatisation. Ceci dénote à la fois d'un éveil de conscience sur les droits de l'homme et en l'occurrence, les méfaits de la stigmatisation, mais aussi d'un élan de compassion non négligeable qui se développe autour des personnes stigmatisées.

S5- La Justice militaire exempte ou partie prenante du processus du casier judiciaire ?

Les tribunaux militaires, en dépit de quelques controverses, sont reconnus en droit positif comme des juridictions à régime spécial[149]. Cette particularité confère-t-elle aux tribunaux militaires un régime dérogatoire s'agissant du casier judiciaire ? Y aurait-il une incompatibilité avérée ou supposée entre la justice militaire et le casier judiciaire ?

---

146 W.T. Mc GRATH « Formal Recognition of rehabilitation : legal and Social issue » ; J.S. LEON « Post-sentencing Problems : Some consequences of a Finding of guilty in Criminal Cases » C.BERNARD, « les renseignements personnels reliés aux démêlés avec la Justice et leur incidence sur l'activité professionnelle » ;

147 A. GRIER et T. THOMAS : « The employment of Ex-Offender and the UK's New Criminal Record Bureau »

148 W.T. Mc GRATH « Formal Recognition of rehabilitation : legal and Social issue », Canadian Journal of corrections, 1969, Vol, 11 n° 4, pp 240-254 ; R.OUIMET, *Rapport du Comité canadien de la réforme pénale et correctionnelle. Justice pénale et correctionnelle, un lien à forger.*

149 Loi n° 2017/012 du 12 juillet 2017 portant Code de Justice militaire, article 2.

§1- La Justice militaire exempte du processus du casier judiciaire ?

La thèse qui voudrait que la justice militaire soit exemptée de l'élaboration des fiches du casier judiciaire pourrait invoquer un double fondement à savoir :

D'une part, le silence de la Loi : Le CPP, objet de la loi n°2005/007 du 27 juillet 2005 dans ses diverses dispositions relatives au casier judiciaire, ne vise pas de manière explicite les condamnations militaires, sans pour autant les exclure non plus. Sans doute que si le législateur pénal avait opté pour l'exclusion, il l'aurait formellement codifié. En cela, le silence observé ne serait pas fortuit.

D'autre part, l'expression de la loi n° 2017/012 du 12 juillet 2017 portant Code de Justice militaire qui, en son article 2, dispose que : *« les tribunaux militaires sont des juridictions à compétence spéciale ».* Cette spécificité reconnue aux tribunaux militaires pourrait s'inviter à la discussion et constituer un prétexte dérogatoire qu'invoqueraient les autorités militaires pour tourner le dos au casier judiciaire. De même, l'article 1er de la loi susvisée précise que *« la présente loi porte Code de justice militaire et à ce titre fixe les règles d'organisation de la justice militaire, les règles de procédure devant les tribunaux militaires et les infractions militaires ».* Serait-ce donc la nature des infractions qui relèvent du tribunal militaire qui expliquerait cette dérogation supposée ? Il conviendrait d'élucider la notion d'infraction militaire. La loi y répond en son article 30 en ces termes : *« est considéré comme une infraction militaire, tout manquement au devoir et à la discipline militaire réprimé par le présent code ».*

Les considérations ci-dessus, tant du CPP que du Code de justice militaire, faute de clarification légale, s'inscrivent dans l'ordre des interprétations. Or, la norme pénale est d'interprétation stricte. Ce principe consacré par une ancienne jurisprudence de la Cour de cassation française[150] suivant l'expression célèbre « en matière pénale, tout est de droit étroit » et réaffirmé par le Conseil constitutionnel français[151].

§2- La Justice militaire partie prenante au processus du casier judiciaire

L'on distinguera selon que la justice militaire est contributrice dans la confection des bulletins de casier judiciaire, au moyen de l'élaboration des fiches de condamnations militaires ou destinataire des bulletins de casier judiciaire confectionnés.

---

[150] Cass. Crim, 4 février 1898

[151] Cons. Const, 1996-377, DC, 16 juillet 1996 ; Cons ; Const 1999-408, DC, 22 janvier 1999.

A- La Justice militaire impliquée dans l'élaboration des fiches de condamnations militaires

Le CPP, s'agissant du casier judiciaire, dispose en son article 574 que : « *lorsqu'une juridiction répressive camerounaise a prononcé une condamnation ou une mesure de sûreté, le greffier en chef de cette juridiction transcrit le dispositif de la décision sur une fiche appelée « fiche de casier judiciaire »*. Ainsi libellé, le législateur pénal n'apporte aucune exception dans le champ des juridictions répressives, dont les tribunaux militaires. C'est dire que lesdits tribunaux sont assujettis à l'élaboration des fiches de condamnation et à leur acheminement aux fichiers d'arrondissements et au fichier central, au même titre que les juridictions de droit commun.

Or, dans la pratique, l'élaboration et la transmission des fiches de condamnation par les Tribunaux militaires restent très mitigées. Et de ce fait, il est à déplorer qu'une frange importante des condamnations militaires échappe aux fichiers de casier judiciaire. Encore que, faut-il le rappeler, ces juridictions sont compétentes pour juger et condamner aussi bien les militaires que les civils. Il serait convenable qu'à l'avenir, les tribunaux militaires sans exclusive, qui ne sauraient invoquer une exonération quelconque, se plient à cette exigence légale de confection et de transmission des fiches de casier judiciaire, qui au sens de la loi, incombe à toute juridiction dès lors qu'elle est répressive. C'est bien le cas pour les tribunaux militaires.

Dans le système suisse, il existe un Fichier unique appelé le Vostra[152] placé sous la responsabilité de l'Office Fédérale de la Justice (OFJ). Le Vostra reçoit les enregistrements des *« condamnations prononcées par les autorités pénales, civiles et militaires en raison d'un crime ou d'un délit prévu par le Code pénal, le Code pénal militaire... »* Conformément à l'article 3 de l'Ordonnance suisse[153] sur le casier judiciaire.

Par ailleurs, il existe un service de coordination de la justice militaire chargé d'enregistrer dans le Vostra, *« les jugements, les décisions ultérieures et les décisions d'exécution des autorités de la justice militaire... »*, conformément à l'article 15 de l'ordonnance Vostra suscité. Il apparaît qu'au regard de la législation suisse, la justice militaire est partie prenante dans l'enregistrement des condamnations. À l'inverse, comment les autorités militaires accèdent-elles aux bulletins de casier judiciaire ?

Sans doute faut-il rappeler les dispositions de l'article 1er du Code pénal au Cameroun : *« la loi pénale s'impose à tous »*. Cette disposition, par ailleurs intitulée "aucune exemption", d'émanation constitutionnelle, rappelle

---

[152] Le casier judiciaire informatisé en suisse s'appelle Vostra

[153] Ordonnance suisse du 29 septembre 2006 sur le casier judiciaire, encore appelé Ordonnance Vostra.

simplement, mais fermement, que tous les hommes sont égaux devant la loi, indifféremment des appartenances corporatives.

Pour autant, il demeure une problématique au regard du double régime du tribunal militaire qui juge autant les militaires que les civils, et connait entre autres, des infractions à connotation hybride civilo-militaire (vol avec port d'armes) ainsi que des infractions par essence militaires (désertion, violation de consigne…). Si la confection d'un casier judiciaire sur la base d'une condamnation d'un civil par un tribunal militaire n'appelle aucune observation, il en va autrement de la condamnation d'un militaire pour une infraction exclusivement militaire. Une condamnation d'un militaire pour violation de consigne, sous réserve de l'existence des infractions connexes éventuelles, pourrait relever davantage du disciplinaire, donc de la compétence interne à l'administration militaire. Il apparaît dès lors que la compétence *ratione personae et ratione materiae* du tribunal militaire connait une hybridation qui pourrait justifier que certaines condamnations du tribunal militaire ne soient pas compatibles avec le casier judiciaire, maillon de la justice pénale civile. Il y a à notre avis, un arbitrage à opérer sur la question avec des perspectives législatives envisageables[154].

B- Les Autorités militaires destinataires des bulletins de casier judiciaire

En Suisse, le service de coordination de la justice militaire est habilité à établir les extraits de casier judiciaire pour les autorités de la justice militaire qui ne sont pas raccordées au Vostra. Le législateur français va plus loin en prescrivant la communication d'office à l'autorité militaire, des fiches de condamnation ou de décision qui sont *de nature à modifier les conditions d'incorporation des individus soumis à l'obligation du service militaire.* C'est ce qui résulte de l'article 772 du Code de Procédure pénale :

« Il est donné connaissance aux autorités militaires par l'envoi d'une de la fiche de casier judiciaire, des condamnations ou des décisions de nature à modifier les conditions d'incorporation des individus soumis à l'obligation du service militaire (...) il est donné avis également aux mêmes autorités de toutes modifications apportées à la fiche ou au casier judiciaire en vertu des articles 769 et 770. ». Le CPP ivoirien, s'inscrivant dans la même logique à l'article 758, utilise les mêmes expressions : « il sera donné connaissance aux autorités militaires, copie de la fiche de casier judiciaire… ».

C'est dire que le casier judiciaire est indispensable pour l'incorporation des individus dans l'armée, mais également pour leur suivi pendant leur

[154] Cette problématique, à notre sens importante et sensible, appelle une concertation intersectorielle MINJUSTICE-MINDEF, dont les conclusions consensuelles devraient pouvoir servir de base pour des amendements législatifs.

enrôlement sous le drapeau. Les autorités militaires devraient pouvoir s'intéresser à toute modification sur la situation judiciaire des éléments déjà enrôlés. Ceci devant résulter de la mise en place d'un dispositif de communication permanente entre le ministère de la Justice et le ministère de la Défense. En cela, le système suisse est très illustratif dans la mesure où non seulement les autorités militaires enregistrent dans le Vostra[155] les décisions de la justice militaire, mais également sont habilitées à délivrer des extraits de Vostra aux autorités militaires qui ne sont pas raccordées[156].

Il découle de ce qui précède, pour répondre à notre intitulé ci-dessus, sur illustrations du droit comparé, que la justice militaire devrait être totalement "en dedans" du système du casier judiciaire non seulement dans la transcription des condamnations militaires sur les fiches de casier judiciaire, mais également dans la communication à celle-ci des bulletins de casier judiciaire des aspirants au service sous le drapeau national.

[155] Le Vostra en Suisse est une dénomination donnée au casier judiciaire informatisé, objet de l'ordonnance du 29 septembre 2006.
[156] Article 15 du Vostra.

CHAPITRE III :

PORTÉE UTILITAIRE DU CASIER JUDICIAIRE AU REGARD DU DROIT COMPARÉ

La méconnaissance des enjeux du casier judiciaire prendrait sa source dans la méconnaissance de l *'instrumentum* qu'est le casier judiciaire lui-même. La compréhension desdits enjeux est fortement tributaire de l'assimilation préalable de la notion de casier judiciaire, abondamment étayée dans les développements précédents.

Advenue la dimension utilitaire du casier judiciaire où les interrogations et attentes abondent. L'évolution irréversible du droit pénal ouvre des champs nouveaux dans le domaine des affaires, avec un droit pénal en expansion qui lui est dédié. Le droit pénal des affaires, aujourd'hui consacré, opère avec un sujet nouveau de droit pénal que constitue la personne morale. L'avènement de la personne morale[157] dans l'univers du droit pénal contemporain n'est pas sans effet dans le champ du casier judiciaire.

La résonance du concept de "personne morale délinquante", qui contraste avec la notion de délinquant, personne physique, pourrait heurter les a priori et les certitudes de certains incrédules. Pourtant il ne s'agit nullement de sophisme ou de prestidigitation. Du reste, l'objet de notre propos n'est pas tant le concept en soi, mais l'acuité de son incidence dans l'espace des Sociétés et des Entreprises, notamment dans le secteur des Marchés publics et plus globalement dans le monde des affaires, manifestement en panne d'éthique.

Vu sous l'angle de la praxis administrative, le casier judiciaire est comme un outil déterminant de décryptage de la politique pénale, dont l'usage optimal reste à questionner. De même qu'au plan international, ce document se révèle être un levier décisif de coopération judiciaire.

In fine, dans le terreau fécond de ce titre complexe, nous suggérons, sous le prisme du droit comparé, d'examiner la légalité et l'opérationnalité du

---

[157] Les pays de la *common law*, établis comme précurseurs, reconnaissent la responsabilité pénale de la personne morale depuis le siècle précédent. En 1988, le Conseil européen recommandait aux autres pays européens que les entreprises possédant une personnalité légale et poursuivant des activités économiques doivent engager leur responsabilité pour des infractions commises pendant l'exercice de ces activités. Cette responsabilité est prévue à l'article 51 du Code pénal des Pays-Bas depuis 1976 et en France depuis le 1er mars 1994. Voir article GRONDIN Rachel (1994) « La responsabilité pénale des personnes morales et la théorie des organisations, in *Revue générale de droit,* 25 (3), 379-402.

casier judiciaire des personnes morales (S1), de questionner la place du casier judiciaire respectivement dans le processus des Marchés publics (S2) et dans la quête de l'amélioration du climat des affaires (S3). Enfin, le casier judiciaire sera examiné quant à son apport dans le processus de décryptage de la politique pénale et levier déterminant de la coopération judiciaire internationale (S4).

S1- Casier judiciaire pour les personnes morales

La question s'est souvent posée de savoir si les personnes morales au même titre que les personnes physiques, peuvent se voir établir des bulletins de casier judiciaire. Il y a quelques années, la réponse à cette question aurait été péremptoirement négative. Les mutations contemporaines qui appellent désormais une vigilance sur les agissements infractionnels des personnes morales dans le champ pénal et le champ commercial, imposent de nouveaux paradigmes de réflexion et offrent d'autres approches d'argumentation qui forcent un plaidoyer en faveur de l'institution d'un casier judiciaire pour les personnes morales. Cette institution est adossée sur des bases légales qu'il convient de rappeler. Certains pays occidentaux font office de pionniers en la matière.

§1- Plaidoyers en faveur de l'institution d'un casier judiciaire pour les personnes morales : chronique d'une consécration laborieuse

L'institution à ce jour du casier judiciaire des personnes morales est une préoccupation qui remonte aux débats sur la loi du 8 août 1997 relative au casier judiciaire central en France, lorsque la section de la législation du Conseil d'État avait eu la primeur de relever la nécessité d'instituer dans cette loi, le casier judiciaire des personnes morales. Mais hélas, cet appel fut vain.

Advenus les débats parlementaires sur la loi du 10 mars 1999, les délégués du ministre de la Justice avaient formellement relevé que le but poursuivi par l'institution de la responsabilité pénale des personnes morales dans ladite loi était de créer un casier judiciaire pour les personnes morales[158]. Plusieurs propositions de loi ont été déposées à la chambre des représentants en France, visant à modifier le Code d'instruction criminelle en ce qui concerne l'application des dispositions relatives au casier judiciaire central aux

[158] Voir proposition de loi instaurant la responsabilité pénale des personnes morales, *Document parlement,* Sénat, 10 mars 1999, n°1217/6. Voir également, *Document de parlement,* chambre des représentants, 26 avril 1999, n° 2093/5, p. 43.

personnes morales[159] qui du reste, avait reçu d'autres échos favorables dans les hautes sphères politiques[160].

En 2005, à la suite de la présentation de la note de politique générale par le Garde des Sceaux, le Conseil des ministres français approuve un projet de loi portant création d'un casier judiciaire des personnes morales. Cet avant-projet proposait que les condamnations des personnes morales soient reprises dans les données du casier judiciaire central au même titre que les personnes physiques. Cet avant-projet de loi ne sera pas finalement soumis à l'examen du parlement, en raison des divergences survenues sur l'applicabilité de la réhabilitation aux personnes morales. Le consensus retrouvé ultérieurement permettra d'apporter des amendements législatifs qui consacreront dans le CPP français, le casier judiciaire des personnes morales, en ses articles 768-1, 769-1, 776, 776-1 et 777-2 ainsi que les articles R.65, R. 76 et R.77-1.

Au demeurant, la loi du 16 janvier 2003, portant création en France d'une banque carrefour des Entreprises, modernisation du registre de commerce, création des guichets-entreprises agréés, prévoit en son article 23, la communication par le greffier du tribunal qui les a prononcés, le contenu des jugements ou arrêts condamnant une personne morale. À ce jour, le service du casier judiciaire central communique régulièrement les extraits de casier judiciaire des personnes morales suivant les prescriptions du CPP français[161].

En Belgique, la responsabilité des personnes morales fait l'objet de la loi du 4 mai 1999, le casier judiciaire des personnes morales est formellement codifié. Tout comme en France, le casier judiciaire des personnes morales est du ressort du service du casier judiciaire central, saisi par voie de mail ou de fax[162]. Le demandeur, représentant légal de la personne morale, doit produire les documents faisant ressortir, le nom de la personne morale, l'extrait de l'immatriculation au Registre du Commerce et du Crédit immobilier, le siège social, l'adresse et les raisons de la demande.

§2- Fondements du casier judiciaire pour les personnes morales

La responsabilité pénale des personnes physiques constitue le fil d'Ariane qui fonde la déclaration de culpabilité et la condamnation à une peine pénale.

---

159 Proposition de loi modifiant le Code d'Instruction criminelle.

160 Conseil des ministres, « création d'un casier judiciaire central pour les personnes morales », communiqué de presse, 23 décembre 2005, en ligne sur le site du centre de Presse internationale. Consulté le 20 décembre 2008, URL : http://www.residencepalace.be/fr/.

161 Il résulte des statistiques fournies par le Service de la politique criminelle en France que les décisions concernant les personnes morales enregistrées au casier judiciaire représentent environ 15% des décisions définitives adoptées.

162 C. GHEUR, « Vers la création d'un casier judiciaire pour les entreprises », *Fédération des entreprises de Belgique, inforfeb, n°1*, mis en ligne le 12 janvier 2006, consulté le 20 octobre 2008, p2 URL : http://www.feb.be.

Au fil du temps, le monde des affaires s'est complexifié avec la survenue des faits infractionnels imputables à la personne morale. La responsabilité pénale des personnes morales est instituée en France par les articles 19 et 20 de la loi du 4 mai 1999. La responsabilité de la personne morale au Cameroun est consacrée par la loi n°2016/007 du 12 juillet 2016, portant Code pénal ouvrant ainsi la possibilité pour une personne morale de faire l'objet de poursuites répressives et d'être condamnée à une peine pénale[163]. Certes, dans la pratique au Cameroun, les procédures mettant en cause les personnes morales sont rares dans les juridictions, hormis celles de Douala et Yaoundé[164].

Au bénéfice de la consécration de la responsabilité de la personne morale, les prémisses légales pour instituer le casier judiciaire des personnes morales sont déjà posées, en dépit du silence de la loi sur la question. Le législateur français quant à lui s'est prononcé en toute clarté dans les dispositions de l'article 772-2 en ces termes, distinguant entre le casier des personnes physiques et celui des personnes morales :

« Toute personne justifiant de son identité obtient, sur demande adressée au procureur de la République près le tribunal de grande instance dans le ressort duquel il réside, communication du relevé intégral des mentions du casier judiciaire la concernant ».

Lorsqu'il s'agit d'une personne morale, la demande est adressée au procureur de la République près le Tribunal de Grande Instance dans le ressort duquel elle a son siège, par son représentant légal justifiant de sa qualité, précise cet article

En dépit du caractère innovant du casier judiciaire des personnes morales, les théoriciens du droit l'ont déjà intégré dans le vocabulaire des termes juridiques sur le fondement de la responsabilité pénale :

« Traditionnellement réservé aux personnes physiques, le casier judiciaire s'applique désormais aux personnes morales dans la logique du principe de leur responsabilité pénale, tel qu'il est retenu depuis la réforme du Code pénal »[165]

La dynamique du droit pénal des affaires est appréciée à l'aune du volume du contentieux pénal impliquant dans certaines mesures les dirigeants et les entités collectives que constituent les sociétés et entreprises, personnes morales. En nette recrudescence en occident, entre 2000 et 2015, le nombre de condamnations des personnes morales en France est passé de 200 à 5000,

---

163 Rose DJILA KOUAYI KEMAJOU, *Le Droit pénal des Affaires au Cameroun,* Études africaines, série droit, Harmattan, 2015, 2e partie, p. 101 et ss.

164 Les statistiques en la matière, bien que clairsemées, restent maigres, consulter les documents annexes.

165 Lexique des termes juridiques, op.cit p.169.

soit un taux d'augmentation de l'ordre de 2500%[166] en 15 ans, pour un taux de progression moyenne approximative de 320 condamnations annuelles. Par projection (en supputation), le nombre de condamnations des personnes morales pourrait en 2022, sous quelques réserves, côtoyer le chiffre de 7240 et à l'horizon 2030, culminer à 9800 condamnations.

A contrario, dans une Afrique noire en général, et dans l'espace OHADA en particulier, encore confrontée à des entraves de plusieurs ordres, la mise en œuvre de la responsabilité pénale des personnes morales est encore balbutiante[167]. De même au Cameroun, les poursuites répressives contre les personnes morales sont concentrées dans les villes de Douala, Yaoundé et Nkongsamba. Toutefois, il existe une jurisprudence clairsemée des juridictions suscitées qui permet de se faire une idée sur les procédures impliquant les personnes morales au Cameroun[168].

§3- Mise en œuvre du casier judiciaire des personnes morales

En amont du casier judiciaire des personnes morales se trouve le contentieux pénal dans lequel celles-ci sont impliquées et qui génère des condamnations donnant lieu à l'élaboration des fiches de casier judiciaire. Après encodage des condamnations, une banque des données du casier judiciaire est ainsi mise en place.

S'agissant de la procédure à proprement parler, le modèle de procédure est celui de la France, pionnière en la matière. La demande est adressée au Procureur de la République près le tribunal de grande instance[169] du lieu où se trouve le siège social de la personne morale. La demande doit comprendre :

- un justificatif de la qualité du représentant de la personne morale ;
- la dénomination de la personne morale ;
- le numéro d'immatriculation de la personne morale au registre du commerce ;
- l'adresse du siège social.

Lorsque la demande est jugée recevable, les recherches sur les antécédents judiciaires de la personne morale concernée sont effectuées. Le demandeur reçoit un rendez-vous avec le Procureur de la République compétent pour se

---

[166] Statistiques publiées dans La Lettre des Juristes d'affaires n° 1333 du 15 janvier 2018

[167] Corneille MOUKALA-MOULONGO, *État d'application du droit pénal des affaires OHADA dans les États-parties,* présentation à l'École Régionale Supérieure de la Magistrature (ERSUMA-BENIN).

[168] Rose DJILA KOUAYI KEMAJOU, *Le Droit pénal des Affaires au Cameroun,* Études africaines, série droit, Harmattan, 2015, op.cit. Cet ouvrage vise une abondante jurisprudence occidentale et camerounaise sur le droit pénal des affaires.

[169] À la différence du Cameroun où le casier judiciaire est du ressort des Tribunaux de première Instance, en France c'est le Tribunal de grande instance qui connait des casiers judiciaires.

voir communiquer par cette autorité judiciaire, les mentions du casier judiciaire sollicité ; aucune copie n'est remise. Il ne s'agit que d'une communication verbale applicable pour le B1 et B2 de la personne morale. Il n'existe pas en France de B3 pour les personnes morales. Toutefois, cette non-communication d'un support physique du casier judiciaire des personnes morales n'opère que pour les Entreprises et leurs dirigeants.

À titre dérogatoire, une administration publique ou une collectivité publique peut se voir communiquer le B2 d'une personne morale, conformément aux dispositions de l'article 776 et R.79 du CPP. Ce "droit de préemption" de l'administration permet à celle-ci d'accéder à des renseignements que n'aurait pu lui fournir l'entreprise concernée et sans lesquels l'administration se serait probablement exposée à des désagréments[170].

« Si la personne dont le bulletin est demandé est une personne morale, la demande doit comporter l'identification de sa dénomination, de son immatriculation au répertoire national des entreprises et des établissements et de son siège » R.76 du CPP français.

Hormis la France et la Belgique, d'autres pays d'Europe se sont ralliés à l'institution d'un casier judiciaire de la personne morale : le Luxembourg, la Grande-Bretagne et la Suisse.

Au Luxembourg, toute personne morale y ayant son siège peut obtenir un extrait de casier judiciaire, y compris le Bulletin n°3, inopérant en France. Les condamnations étrangères y sont visées grâce au système de coopération européen ECRIS[171]. En Suisse, suite à une recommandation du GRECO[172], le Conseil Fédéral a adopté le 17 juin 2009, la création en Suisse du Casier judiciaire des personnes morales avec une vigilance accrue sur les infractions de corruption et de blanchiment d'argent. Toutes les Entreprises ayant fait l'objet de condamnations visées dans leur casier judiciaire sont d'office disqualifiées dans les procédures des Marchés publics.

---

[170] Rémy DOUARRE, *Le casier judiciaire, un outil de gestion à intégrer au tableau de bord de l'entreprise,* article in Dossier de l'entreprise, option finance, n° 1098, novembre 2010.

[171] European Criminal Information System (ÉCRIS), système européen d'information sur les casiers judiciaires, crée suite à une proposition de la Commission européenne du 27 mai 2008, finalisé par le Conseil le 24 octobre 2008 et adopté le 6 avril 2009, voir le développement infra, Chapitre IV section 2, *Du Casier judiciaire dans le champ de la coopération judiciaire internationale.*

[172] Groupe d'États contre la corruption (GRECO) Le GRECO est une institution du Conseil européen qui a pour objectif d'améliorer la capacité de ses membres à prévenir et à lutter contre la corruption.

S2- Casier judiciaire et Marchés publics

L'actualité nationale et internationale met régulièrement au-devant de la scène, des cas de marchés publics soit mal exécutés, soit abandonnés ou simplement non exécutés. Ils sont légion, les Marchés publics suspendus et dont les prestataires prétendument disparus sont en errance libre dans la cité. Il n'est pas impossible, qu'un marché public aux enjeux techniques et financiers importants, échoie à un individu notoirement peu recommandable, avec de surcroit, des critères occultes et peu orthodoxes d'attribution dudit marché, sans traçabilité aucune. D'office, l'on s'interroge sur la conduite des procédures de passation des marchés, le contenu donné à la notion du "mieux disant" qu'il convient d'élucider. Le problème ainsi posé pourrait laisser penser à tort, qu'il s'agirait d'une invite à revisiter le Code des Marchés publics dans toutes ses dispositions. Dans le paysage complexe des Marchés publics et en arrimage à l'axe thématique retenu (le casier judiciaire), notre centre d'intérêt est circonscrit sur la personne de l'adjudicataire dont le passé judiciaire, par précaution, mérite d'être visité au préalable.

L'exploitation du Code des marchés publics laisse apparaître des critères d'analyse, orientés exclusivement sur la « non faillite » du soumissionnaire. Celui-ci étant tenu simplement de produire une attestation dont les mécanismes d'obtention et de production appellent, par ailleurs, de sérieuses réserves. En cela, le Code des Marchés publics présente des insuffisances préoccupantes. En revanche, de nombreux Pays ont fait du casier judiciaire une poutre maîtresse de leur système de Marchés publics.

§1- Du silence du Code des Marchés publics au Cameroun sur l'exigence du casier judiciaire

In limine litis, le constat est celui de l'absence de dispositions dans le Code des marchés publics au Cameroun, visant, évoquant ou faisant allusion au casier judiciaire. Il y est fait obligation aux soumissionnaires de produire une attestation sur l'honneur de n'avoir pas des antécédents judiciaires. Cette pièce établie sur la seule déclaration du soumissionnaire interroge quant à sa valeur juridique, sa portée et surtout son ordonnancement par rapport au casier judiciaire. Du reste, le soumissionnaire pourrait-il, à son corps défendant, produire un document qui lui serait préjudiciable ?

L'article 90 du Code des Marchés publics[173] prescrit à tout soumissionnaire, en accompagnement de son offre, entre autres, *« l'attestation de non-faillite délivrée par une autorité compétente ».* Dans la pratique, l'attestation de non-faillite est jugée recevable dès lors qu'elle est délivrée par le greffe d'un Tribunal. Ce qui laisse penser que l'autorité

---

[173] Loi N° 2018/ 366 du 20 juin 2018 portant Code des Marchés Publics au Cameroun.

compétente susvisée dans le texte, c'est l'autorité judiciaire et notamment le greffier en chef du Tribunal (lequel ?). Cette disposition fort critiquable appelle les observations ci-après :

Le libellé de cette disposition suscite des interprétations de par son manque de clarté. Même dans l'hypothèse du greffe du tribunal assimilé à l'autorité compétente, il conviendrait de spécifier le greffe territorialement compétent.

Par ailleurs, il est essentiel de savoir comment procède le greffe saisi pour délivrer une attestation de non-faillite. L'on devine que le greffier en chef recourt au registre des procédures de faillite, sous réserve de l'existence et de la bonne tenue dudit registre[174]. Au surplus, qu'adviendrait-il s'il n'existait pas de registre ? Comment, dans ces conditions, procède le greffier en chef pour les vérifications ? Il nous a été donné de constater à l'issue des échanges avec quelques responsables du greffe sur cette question qu'à défaut de registre des faillites, les vérifications sont effectuées sur les expéditions d'immatriculation au Registre du Commerce et du Crédit mobilier (RCCM), ce qui suppose que le tribunal saisi doit être celui du lieu d'immatriculation, ce qui n'est toujours pas le cas. Encore faut-il, quand bien même ce serait le cas, que le fichier soit mis à jour au regard des éventuelles décisions rendues par d'autres TPI à l'encontre de l'Établissement concerné. La mise à jour des RCCM afin de pouvoir fournir des renseignements crédibles et actualisés est indispensable. Le RCCM doit être régulièrement mis à jour par des informations transmises par les autres TPI.

Les analyses ci-dessus révèlent les incertitudes et approximations qui entourent la délivrance de l'attestation de non-faillite aux soumissionnaires des Marchés Publics, notamment les insuffisances des dispositions légales et des dysfonctionnements probables au niveau des greffes des tribunaux qui ne garantissant aucunement l'objectif, à savoir, faire prévaloir dans l'examen des offres des soumissionnaires, le critère du mérite ou du "mieux-disant".

À la vérité, quand bien même le mécanisme d'obtention de l'attestation de faillite serait amélioré, la problématique du passé judiciaire resterait entière.

Il découle des insuffisances abondamment étayées ci-dessus que le Code des Marchés publics dans ses dispositions observe un silence curieux sur le casier judiciaire, qui s'avère être un outil déterminant et décisif dans l'analyse des offres des soumissionnaires.

---

[174] Il résulte de nos investigations auprès des greffes de TPI que le registre des faillites ne reposant pas sur une exigence légale, tous les TPI n'en sont pas pourvus. Même lorsqu'il en existe un au greffe, il est rarement utilisé en raison de la maigreur de ce type de procédure au sein des TPI, à l'exception des TPI des juridictions hors classe : TPI de Douala et TPI de Yaoundé.

§2- Des modèles d'exigence du casier judiciaire dans les procédures de passation des marchés publics

La corrélation entre l'investissement public, marqueur de développement, et les marchés publics, relève d'un truisme. À l'inverse, des dysfonctionnements dans le secteur des Marchés publics ne sont pas sans répercussion sur le développement d'un pays. Aussi, convient-il d'ériger des garde-fous dans le processus des marchés publics, à l'effet de préserver ce secteur des intrusions malsaines.

Au regard de la gangrène qui mine le secteur, les procédures de passation des Marchés publics associées à l'exigence d'un bulletin de casier judiciaire nous semblent être un impératif qui relève du bon sens. Plusieurs législateurs en ont perçu l'intérêt. Le CPP français dispose en son article 776-1 que : *« le bulletin n°2 de casier judiciaire est délivré ... aux administrations de l'État et aux collectivités locales saisies de proposition ou de soumission pour des adjudications de travaux ou de Marchés publics ».* Une rallonge des destinataires est donnée par l'article R-79 du CPP français qui précise que le B2 est également délivré « à la Commission des Marchés ».

Il est à noter que le mode de communication du bulletin de casier judiciaire échappe au concerné lui-même. L'autorité administrative et/ou locale, la Commission des Marchés reçoivent directement communication du Bulletin de casier judiciaire. Ce procédé pourrait non seulement améliorer la célérité dans le traitement de la procédure, mais également limiter les risques d'influence extérieure et par conséquent, donner lieu à une appréciation objective des offres des soumissionnaires.

La pratique est la même en Belgique, où le pouvoir adjudicateur exige la production d'un bulletin de casier judiciaire à l'effet de se rassurer que le soumissionnaire ne fait pas l'objet d'une exclusion. Il en va de même en Suisse depuis les recommandations GRECO (Groupe d'États contre la Corruption) approuvées par le Conseil Fédéral le 17 juin 2009. L'exclusion des marchés publics est systématique lorsque la condamnation porte sur les faits de corruption ou de blanchiment d'argent.

L'effectivité d'un casier judiciaire pour les personnes morales au Cameroun pourrait encore prendre du temps pour diverses raisons, sans pour autant remettre en cause la pertinence de cet important outil de travail. À défaut du bulletin de casier judiciaire de l'entreprise adjudicataire, celui de son dirigeant devrait être exigé[175]. Il est désormais possible, dans les pays sus

[175] Malvina Mairesse, *Extrait de casier judiciaire et Marchés publics,* article publié le 8/07/2016, (modifié le 18 novembre 2016) sur le blog de l'intéressée.

visés, de disqualifier un soumissionnaire d'un marché public sur la base des informations contenues dans le casier judiciaire de la personne morale[176].

§3- De l'importance de la vérification du passé pénal dans les procédures des Marchés publics

Il est incongru que le système des marchés publics au Cameroun dont les pathologies n'échappent à personne se prive d'un instrument comme le casier judiciaire alors qu'en même temps ce document sert d'outil de travail incontournable ailleurs, dans ces Pays où l'appareil administratif et financier ne fait pas que des émules. Le dispositif des marchés publics au Cameroun, qui pêche par sa singularité, gagnerait à s'arrimer à la mouvance contemporaine en la matière. Des réformes sont indispensables dans les différentes phases du processus des Marchés Publics sur la base des ajustements normatifs nécessaires.

A- La consécration légale de l'exigence du casier judiciaire

L'exigence du casier judiciaire, en vertu d'un texte de loi, est le préalable incontournable des réformes à conduire dans le processus de passation des marchés publics au Cameroun. Le casier judiciaire retrouverait ainsi ses lettres de noblesse dans l'univers des marchés publics. Néanmoins, il conviendrait après publication de la loi d'en faire une large diffusion et d'organiser des rencontres de sensibilisation auprès des divers intervenants.

B- L'exigence du casier spécifiée dans les Dossiers d'Appel d'Offres (DAO)

Au plan pratique, la production d'un extrait de casier judiciaire doit être formellement visée dans le dossier d'Appel d'offres, afin que nul n'en ignore et sous peine de rejet de leurs offres. Cette mention est indispensable, indifféremment des types de marchés.

C- Le casier judiciaire au cœur de l'examen des offres par la Commission

Il est de la responsabilité de la Commission de passation des marchés d'être édifiée sur le passé pénal de chaque soumissionnaire. Pour autant, la production d'un extrait de casier judiciaire n'exonère aucunement la Commission de procéder à des vérifications quant à l'authenticité des pièces produites.

Dans la mise en œuvre de cette réforme, il conviendrait de distinguer entre le casier judiciaire des personnes physiques et celui des personnes morales.

---

[176] CARBON de SEZE, *Le casier judiciaire des personnes morales,* compte rendu de la réunion du 13 novembre 2013 de la Commission du Droit pénal du Barreau de Paris.

> **Le casier judiciaire des personnes physiques soumissionnaires :**

Cette approche aurait l'avantage, au-delà de la faillite personnelle présumée du concerné, de renseigner sur le passé pénal de celui-ci, indifféremment de la nature des infractions commises. Des antécédents judiciaires signalés pourraient significativement déteindre sur la moralité de ce soumissionnaire. Ainsi, la Commission en charge de l'examen des offres pourrait tirer toutes les conséquences, dès lors que l'exigence d'un casier judiciaire résulte d'une disposition légale.

Il faudrait relever qu'en vertu des dispositions de l'article 577 (d) du CPP camerounais *« les jugements déclaratifs de faillite ou de liquidation judiciaire »* figurent au rang des mentions sur les fiches de casier judiciaire et donc susceptibles d'être visées dans le bulletin de casier judiciaire. C'est dire que dans le cadre des marchés publics, l'exigence d'un casier judiciaire au soumissionnaire rend superfétatoire l'exigence d'une attestation de non-faillite dont on peut se passer. Il serait bien redondant et incongru de réclamer les deux pièces. Au législateur de faire le ménage par des choix législatifs judicieux et clairs.

> **Le Casier judiciaire des personnes morales adjudicataires**

Le casier judiciaire des personnes morales permettrait d'être édifié sur les éventuelles condamnations dont ferait objet l'Établissement ou l'Entreprise soumissionnaire. En outre, le casier judiciaire aura l'avantage supplémentaire de renseigner également sur une liquidation judiciaire éventuelle dont serait frappée cette structure.

Bien que le casier judiciaire des personnes morales au Cameroun ne soit pas encore effectif, il y a lieu de relever que les prémisses législatives nous y préparent à court ou à moyen terme. La responsabilité pénale de la personne morale, préalable processuel en matière pénale, est consacrée par l'article 74-1 du Code pénal[177] en ces termes :

« Les personnes morales sont responsables pénalement des infractions commises pour leur compte, par leurs organes ou représentants.

Les dispositions du paragraphe ci-dessus ne sont pas applicables à l'État et à ses démembrements.

La responsabilité pénale des personnes physiques, auteurs des actes incriminés, peut se cumuler avec celle des personnes morales ».

[177] LOI n° 2016/007 du 12 juillet 2016 portant Code pénal.

§4- Quid de la mise en place d'une plate-forme de liaison entre Autorités judiciaires et Autorités des Marchés publics ?

Un aspect essentiel de la prise en compte du casier judiciaire dans le processus des marchés publics consiste à apporter une solution idoine à la problématique non moins pertinente du mode d'acheminement du casier judiciaire à son destinataire, la commission en charge de l'examen des offres. Il est question de faire le choix entre la production de ce document par le soumissionnaire lui-même au même titre que les autres pièces de l'offre administrative ou alors procéder par une transmission directe du document par l'autorité judiciaire à l'autorité des marchés.

La première hypothèse, plus simplifiée, accorde un traitement égal à toutes les pièces exigées par le DAO et repose ainsi sur une confiance faite au soumissionnaire. Cependant, ce procédé a la faiblesse de n'apporter aucune garantie sur la fiabilité du bulletin de casier judiciaire produit. Le casier judiciaire, comme bien d'autres documents administratifs, n'est pas à l'abri des imitations et contrefaçons.

La deuxième hypothèse qui consisterait à assurer un acheminement direct (sans intermédiaire) à la commission ou à l'autorité des marchés offrirait les meilleures garanties quant à l'authenticité du document produit. Il s'agirait d'une passerelle de communication entre deux administrations, à savoir la Justice et les Marchés publics. Une rencontre d'échanges entre hauts responsables desdites administrations pourrait aboutir à la mise en place d'une plateforme dans ce sens, sous réserve de l'approbation de la hiérarchie intersectorielle. Il y a lieu de rappeler l'adhésion des Pays de référence sus-cités à cette deuxième hypothèse à laquelle nous souscrivons également.

S3- Casier judiciaire et amélioration du climat des affaires

Le binôme désormais indissociable, "Affaires et éthique", depuis peu s'invite dans les modules d'enseignement des sciences de gestion à la grande satisfaction des acteurs des milieux d'affaires. Le monde des affaires n'est pas exempt des pathologies d'ordre moral et éthique de la société : le faux, la fraude, l'entourloupe, la tricherie, le mensonge, le cynisme, la contrefaçon, le vol, l'escroquerie, etc. L'incidence pernicieuse de ces vices dans les rapports commerciaux, proportionnels de la consistance des capitaux mis en jeu est impressionnante et nous interpelle. Quelle précaution prendre pour se prémunir de ces travers ? Quel apport peut avoir le casier judiciaire dans cet univers nébuleux ?

§1- De l'exigence de l'éthique dans les affaires[178] : aperçu historique

L'éthique des affaires naît aux États-Unis d'Amérique avec le scandale du Watergate, suite au financement de la campagne du Président Nixon par les dirigeants des grandes entreprises américaines. Ce scandale a mis en relief la nécessité d'un corpus de règles sur l'« éthique des affaires » qui au fil du temps, a été érigée en une nouvelle discipline des sciences de gestion, progressivement transformée en management des valeurs. À partir de 1985, les codes éthiques vont se développer dans les grandes entreprises américaines. Les entreprises européennes vont découvrir le code éthique à travers des filiales des multinationales américaines et du fait de l'existence de filiales des multinationales européennes aux États-Unis. Ces Codes éthiques, indifféremment du pays de rattachement, seront caractérisés par la perspective axiologique (des principes des valeurs) et la perspective conséquentialiste (les effets d'un certain comportement).

Les statistiques en France révèlent une recrudescence du nombre de condamnations des personnes morales, passé de 200 à 5000 entre 2000 et 2015[179]. Le pic de la courbe de cette condamnation est enregistré depuis 2005 suite à l'entrée en vigueur de la loi n° 2004/204 du 9 mars 2004 dite loi "Perben II" qui met fin au principe de spécialité. La recrudescence en occident des procédures contre les Entreprises ne saurait laisser indifférent. Cette hausse, bien que difficilement transposable ailleurs, faute de statistiques comparatives, traduit une réalité irréfutable : celle d'une montée de la délinquance dans le milieu des affaires, facteur de risque pour les capitaux. Dès lors, la conduite des rapports contractuels et transactionnels devrait prendre en compte cette donnée, sous peine de préjudice irréversible. Est-il convenable de nos jours dans les relations d'affaires, de passer outre les antécédents judiciaires d'un partenaire ? Quelle est l'incidence de la connaissance ou de l'ignorance desdits antécédents sur la conduite des affaires ? Quel en est le coût en matière de risque ou le gain en matière d'assurance ?

§2- Méconnaître le passé pénal dans les relations d'affaires n'est pas sans risque

Les statistiques mettant en évidence une recrudescence en France, des procédures contre les personnes morales devraient pouvoir interpeller les acteurs du milieu des affaires indifféremment du pays et susciter en ceux-ci, une vigilance de tous les instants. Une confiance établie à l'endroit d'un

[178] Bernard BOUGON, *L'éthique en théorie et en pratique, séminaire Vie des Affaires, organisé grâce aux parrains de l'École de Paris, séance du 6 janvier 1995.*

[179] Rémi LORRAIN et Christophe INGRAIN, Avocats à la Cour, Darrois villey Maillot Brochier, *le casier judiciaire des personnes morales : un document stratégique, mais difficilement accessible,* article paru dans la lettre de Juriste d'Affaires n° 1333 du 15 janvier 2018. Voir également infostat justice, août 2017, n° 154.

partenaire n'exclurait pas, en toute lucidité, une démarche de méfiance. Il est plus rassurant, avant de déployer les capitaux, de s'entourer de précautions par un regard attentif préalable sur les antécédents judiciaires de l'"autre".

Dans les rapports d'affaires, la nécessité de la connaissance du passé judiciaire au moyen du casier judiciaire vaut aussi bien pour l'Entreprise elle-même, pour son image marchande, que pour les entités partenaires comme marqueur de crédibilité. L'approche de réciprocité pour une inquisition dans le passé respectif des parties en pourparlers d'affaires n'exonère aucunement les parties de procéder préalablement à une introspection judiciaire avant la rencontre contractuelle. Aussi, comprendrait-on mal, en cas de changement de conseil d'administration, que les nouveaux dirigeants ne s'entourent d'aucune précaution en interne en vérifiant le passé judiciaire de l'Entreprise. De même, il serait risqué de prendre des engagements d'acquisition ou de fusion de sociétés en totale méconnaissance du passé judiciaire des entités en présence[180].

C'est dire combien il est périlleux de prendre des initiatives commerciales en méconnaissance des antécédents judiciaires du ou des partenaires, au risque de se voir opposer l'argument de la faute de la victime en cas d'instance en réparation civile des dommages subis. Aussi, convient-il de se prémunir des surprises par des vérifications judiciaires préalables.

Il y a lieu de relever que la vérification du casier judiciaire de l'Entreprise n'exclut pas celle du casier judiciaire des personnes physiques dirigeantes de l'entreprise. Des questionnements pourraient surgir quant à l'ordre de valeur entre les deux casiers judiciaires. Le CPP n'a pas prévu de catégorisation de cette nature entre le casier judiciaire des personnes physiques et le casier judiciaire des personnes morales. Il nous semble, en tout état de cause, que la mention d'une condamnation sur l'un des deux casiers judiciaires, est suffisamment compromettante et de nature à fonder pertinemment le doute qui pèserait sur la décision à intervenir ou les choix à opérer.

§3- Des enjeux commerciaux multiformes

La preuve rapportée par une entreprise qu'elle n'a pas d'antécédent judiciaire est irréfutablement le meilleur moyen de susciter la confiance et l'assurance auprès de ses partenaires. Ces derniers, au plan contractuel, sont à la recherche d'une crédibilité auprès des contractants que seules sont dépositaires les Entreprises ayant bonne réputation tant sur le plan national que sur le plan international. A contrario, cette réputation s'en trouve écornée dès lors que se trouve révélée une condamnation judiciaire. Les exemples des

---

[180] Carbon de Seze, Avocat au Barreau de paris, *le casier judiciaire des personnes morales,* article grande bibliothèque du droit, Nov. 2013, réunion du 13 Nov. 2013 de la Commission de Droit pénal du Barreau de Paris, compte rendu de Aziber Seid Algadi, Docteur en Droit, Secrétaire général de la rédaction.

Entreprises qui, simplement exposées à des poursuites judiciaires, dissimulent ou détruisent les enseignes portant le nom de l'entreprise sont légion[181]. C'est dire combien les entreprises sont soucieuses de la préservation de leur image commerciale, y compris par tous les moyens.

Dans la perspective de se donner des chances de réussite dans les transactions commerciales et procédures d'attribution des marchés publics et de prospérité sur la durée, les entreprises ont intérêt à veiller sur leur image commerciale et sur leur réputation moyennant une rigoureuse discipline de fonctionnement.

Sur un autre plan, dans les transactions commerciales à l'échelle nationale ou internationale, l'enjeu financier est considérable. L'objectif poursuivi par l'apporteur du capital et ses partenaires, c'est bien les dividendes à partager au titre de retour sur investissement. Ils sont nombreux ceux qui, en cours de processus, les affaires ont tourné court et ont déchanté, avec à la clé, des partenaires non joignables au téléphone qui ont fondu dans la nature. Il y a lieu de se mordre les doigts, lorsque la victime éplorée, encore sous le coup de la peine et du désenchantement, découvre épouvanté, le casier judiciaire de son partenaire avec des antécédents judiciaires troublants. Le comble, c'est lorsque cette victime réalise qu'il lui était loisible d'accéder à ces informations avant toute transaction.

C'est dire que l'enjeu financier dans les transactions commerciales, source des insomnies des investisseurs est tel qu'il est hautement risqué d'entrer en transaction commerciale sans connaître au préalable le casier judiciaire des parties.

§4- Casier judiciaire, caution éthique incitative à l'investissement

Le Droit OHADA encore en construction, a vocation à combattre « l'insécurité judiciaire et juridique[182] ». L'illisibilité des antécédents judiciaires, source d'incertitudes, en ajoute à l'opacité des transactions d'affaires et pourrait au mieux, susciter une démobilisation des investisseurs et au pire, une désertion de ceux-ci. Tout porte à croire qu'on n'y est pas encore.

Le *Cameroon Business Forum(CBF)*[183], tous les ans, sous l'impulsion du Premier ministre, Chef de gouvernement, organise des sessions de concertation

---

[181] Les faits illustratifs récurrents dans ce domaine, c'est bien les accidents de la circulation qui sont souvent le fait de certaines agences de transport formellement identifiées sur le feu de l'action (accident), mais dont les marques et dénominations sont effacées sur le bus avant même l'arrivée des secours.

[182] Traité du 17 octobre 1993 relatif à l'harmonisation du droit des affaires en Afrique (OHADA) révisé à Québec le 17 octobre 2008.

[183] Décret 2015/3760 du 9 septembre 2015 portant organisation du Cameroon Business Forum en son article 2, le Cameroon Business Forum « est une plateforme de concertation de haut niveau de dialogue entre le secteur public et privé. Il sert d'interface entre les pouvoirs publics

en présence des diplomates, bailleurs de fonds internationaux, parlementaires, membres du Gouvernement, secteurs privés, opérateurs économiques. La mise en œuvre effective des recommandations est hautement suivie par les services du Premier ministre. Il convient de mettre à l'actif du CBF, la simplification des formalités de création des entreprises, objet d'une Circulaire interministérielle MINJUSTICE/ MINPMEESA/ MINFI[184]. Au titre de cette Circulaire interministérielle, des Centres de formalités de création des Entreprises sont créés à l'effet de concentrer en un seul point géographique les services requis pour la création d'une entreprise à savoir : les services du Trésor, les services des Impôts, du Greffe et de la CNPS. Au service du greffe, l'extrait de casier judiciaire est exigé pour l'obtention d'une immatriculation au registre de commerce, conformément aux prescriptions OHADA.

L'Acte Uniforme OHADA du 15 décembre 2010 portant sur le droit commercial général fait du casier judiciaire, une exigence pour l'immatriculation tant des personnes physiques (article 45) que des personnes morales (article 47) au Registre de Commerce et du Crédit mobilier (RCCM). Il faudrait relever pour le déplorer, la rédaction sibylline de ces deux articles qui relève à notre sens, d'une double incongruité. D'une part, le casier judiciaire y est présenté non comme pièce impérative au dépôt du dossier, mais comme pièce complémentaire à la déclaration sur l'honneur[185] qui lui ravit la primauté exigible dans un délai de 75 jours à compter de l'immatriculation acquise (!). D'autre part, surcroît de curiosité (une ingénieuse trouvaille du législateur communautaire), le casier judiciaire peut être remplacé par *« le document qui en tient lieu »*.

À notre connaissance, aucune des législations nationales, tout au moins celles en étude, ne prévoient de supplétif pour un document aussi sensible que le casier judiciaire. Cette disposition communautaire malencontreuse est susceptible d'inspirer des initiatives, des imitations ou des répliques frauduleuses des extraits de casier judiciaire en cohérence avec l'expression

---

et les acteurs du secteur privé en vue de la recherche des solutions aux problèmes relatifs à l'amélioration du climat des affaires et au développement du secteur privé. »

[184] Circulaire n° 001/MINJUSTICE/MINPMEESA/MINFI du 30 mai 2012 relative à la procédure devant les Centres de formalité de création d'Entreprises (CFCE) abrogeant la Circulaire interministérielle du 23 mai 2011.

[185] Article 45 de l' A.U OHADA sur le droit commercial général « une déclaration sur l'honneur signée du demandeur et attestant qu'il n'est frappé d'aucune des interdictions prévues par l'article 10 ». Cet article vise entre autres au titre des interdictions, celle résultant d'« une condamnation définitive à une peine privative de liberté pour un crime de droit commun ou à une peine d'au moins trois mois d'emprisonnement non assortie du sursis pour un délit pour un délit contre les biens ou une infraction en matière économique ou financière ». Le choix opéré par le législateur communautaire est bien curieux et fort critiquable, celui de préférer comme mode de preuve d'une condamnation, un acte sous seing privé qu'est la déclaration sur l'honneur par le concerné lui-même (de surcroit) au casier judiciaire dont l'essence et la fonction résident dans la preuve des antécédents judiciaires.

OHADA *« tout autre document en tenant lieu ».* À la vérité, il serait bien dangereux pour tout système juridique, que le casier judiciaire se prête à une substitution par une autre pièce du reste, non précisée. Une invite maladroite à l'inventivité de certains "savants". C'est dire que sur ces dispositions manifestement équivoques, le législateur communautaire a fait preuve de légèreté blâmable.

Néanmoins, l'on note de la part du législateur communautaire et à sa suite les Hautes Autorités nationales du Cameroun et d'autres États membres de l'OHADA, un souci d'assainissement du milieu des affaires[186] afin de rassurer les investisseurs en quête d'assurance et de transparence. Une meilleure lisibilité des antécédents judiciaires des Entreprises et leurs dirigeants pourraient contribuer à apaiser les investisseurs à défaut de les convaincre. En cela, le casier judiciaire des personnes morales et celui des personnes physiques pourraient constituer un levier déterminant.

§5- Casier judiciaire : outil managérial des entreprises

Le management, entendu comme « un ensemble de techniques de direction, d'organisation et de gestion d'une entreprise[187] », repose sur un flux de rapports humains en interne (dirigeants et personnels) et en externe (clients, prestataires, partenaires). Cet univers managérial, en proie au doute et aux incertitudes, est en quête permanente d'assurance et de garantie, voire de lisibilité. La recrudescence des poursuites pénales contre les personnes morales en ajoute à l'angoisse des chefs d'Entreprises. Une approche contemporaine du management des entreprises fait du casier judiciaire un outil managérial de prédilection. L'inflation des poursuites pénales exercées à l'encontre de sociétés depuis la disparition du principe de spécialité selon lequel il ne pouvait y avoir de poursuites contre une personne morale que si le texte de l'infraction le prévoyait spécifiquement (loi française du 9 mars 2004 à effet au 31 décembre 2005) *« nécessite désormais d'intégrer dans le management des entreprises la connaissance de son casier judiciaire et de ne pas négliger les moyens d'interagir sur son contenu ».*[188]

Cette approche louable dans la gestion des entreprises suppose à la base des facilités offertes aux chefs d'entreprises pour accéder au bulletin de casier judiciaire. Les réponses législatives sont disparates sur ce point. Dans les sociétés occidentales, le problème ne se pose pas, les casiers judiciaires, dans

---

[186] La mise en place d'un Droit pénal des affaires dans l'espace OHADA, avec une implication des autorités nationales, s'inscrit dans la même logique d'assainissement du milieu des affaires. La mise en œuvre de ce Droit pénal reste encore en proie à des pesanteurs diverses. Voir dans ce sens, Corneille MOUKALA MOULONGO, *État d'application du Droit pénal des affaires OHADA dans les États parties,* présentation ERSUMA, op.cit.

[187] Petit Larousse illustré, 2011, p.613.

[188] Rémy DOUARRE, *Le casier judiciaire, un outil de gestion à intégrer au tableau de bord de l'entreprise,* article in Dossier de l'entreprise, option finance, n° 1098, novembre 2010.

la majorité des cas, sont accessibles au patronat, aux assureurs, voire aux bailleurs des maisons[189]. A contrario, certaines législations, dont celle du Cameroun, sont plus restrictives. Les extraits de casiers judiciaires, selon le modèle, sont adressés à des destinataires précis. Le B1 et le B2 réservés à l'administration et à la justice, le B3 aux particuliers concernés. C'est cette dernière catégorie (B3) qui peut être accessible aux chefs d'entreprises, le cas échéant.

Dans un environnement économique agressif, animé par la recherche du profit, l'appât du gain, toute donnée informative acquiert de l'importance tant qu'elle permet d'opérer le ciblage permanent pour distinguer le bon du mauvais payeur, le bon acheteur du fourbe, le partenaire loyal du truand, le cocontractant honnête du malhonnête, l'associé sincère du roublard. Ainsi comme le souligne Marzouki, *« il est possible de penser des recours... à des fichiers en dehors de toute référence à des objectifs sécuritaires et... concentrer l'analyse sur une intentionnalité a priori innocente, inoffensive et pour ainsi dire banale, correspondant à une recherche d'efficacité, de rationalisation des activités et de réduction des coûts*[190] *».* Il se dégage de ces propos éminemment managérialiste de Marzouki, que le recours aux fichiers peut servir à autre chose qu'à régler des préoccupations d'ordre sécuritaire. Les fichiers sont susceptibles de fournir aux chefs d'entreprises, de précieuses informations à usage managérial.

Dans un contexte où les impératifs de gestion engendrent une course à l'information et une prolifération des supports de renseignement qui en découlent, il est fort à craindre que le casier judiciaire *« sans pour autant perdre de son intérêt se déspécifie et s'insère à nouveau dans un faisceau d'information dont la mainmise ne représente plus un monopole étatique*[191] *».* Il y a lieu de souligner avec force que les impératifs managériaux des entreprises ne sauraient phagocyter les impératifs sécuritaires d'ordre étatique et leur pendant qu'est la politique pénale ainsi que les préceptes des sciences juridiques qui en sont les instruments. En dépit des contraintes managériales et nonobstant sa nouvelle vocation sécuritaire, l'essence du casier judiciaire que constitue la justice pénale ne saurait être détournée et encore moins, travestie.

Il se dégage de ce qui précède que dans le monde des affaires, comme dans d'autres secteurs, les secousses des vices et dérives en recrudescence, font

---

[189] Il est loisible pour un bailleur, d'exiger d'un nouveau locataire, la production par ce dernier, de son extrait de casier judiciaire n°3. Aucune disposition légale ne l'interdit. Cette précaution, prise en amont avant la signature éventuelle d'un contrat de bail, pourrait-elle mettre le bailleur à l'abri des surprises et au-delà, améliorer les rapports bailleur/locataire ?

[190] M.MARZOUKI, « Fichiers : logique sécuritaire, politique du chiffre ou impératif gestionnaire ? », mouvements, 2010, n° 62, p. 85.

[191] Marie Sophie DEVRESSE, *Traces et Justice pénale a Neverending Story,* in Le Casier judiciaire, Approches critiques et perspectives comparées, sous la direction de Vanessa De GREEF et Julien PIERET, édition Larcier 2011, p. 441.

peser sur les capitaux un risque énorme. Se prémunir de ces travers est le rêve de tout investisseur, afin de se mettre à l'abri des prédateurs dont, pour certains, les antécédents judiciaires sont connus et traçables. Dans ce contexte, le bulletin de casier judiciaire s'avère être un outil décisif.

S4- Casier judiciaire, outil de décryptage de la criminalité et d'orientation des politiques criminelles

Il est souvent perdu de vue le volume de renseignements susceptible d'être mobilisé à travers les stocks des fiches de casier judiciaire dans les divers fichiers tant au niveau des arrondissements qu'au niveau central au ministère de la Justice. Les riches renseignements que regorgent les fiches de casier judiciaire peuvent utilement être mis au service de la politique criminelle. Les données statistiques générées par le casier judiciaire constituent une source d'informations importantes, dès lors qu'elles sont soumises à un minutieux décryptage. Elles permettent aux politiques, tant au plan national qu'au plan international, entre autres, de se livrer à la « géo-criminologie », en ce que dans un espace géographique donné, une analyse catégorielle des statistiques du casier judiciaire permet de donner un aperçu non seulement sur le seuil de délinquance, mais également du type de délinquance au regard de la nature des infractions. Il se dégage une proximité d'approche avec l'état du droit au Cameroun sur la question.

§1- Casier judiciaire, outil de décryptage de la délinquance en interne

Conformément aux dispositions de l'article 37 du décret portant organisation du ministère de la Justice, le Sous-Directeur de casier judiciaire, en liaison avec le Sous-Directeur de l'action pénale, définit les tendances criminelles[192], ce, sur la foi des statistiques conjointes du casier judiciaire et de l'action pénale. Il en découle que tout comme en France, le casier judiciaire au Cameroun s'apparente à un observatoire de la délinquance. Les responsables de cette activité au Cameroun ont au surplus le devoir de décrypter les statistiques à l'effet de dégager des tendances criminelles à mettre à la disposition du Chef de Département. Le rapport sur les tendances criminelles devrait pouvoir faire ressortir la nomenclature des infractions commises, leur fréquence, la périodicité et le profil des personnes condamnées (tranche d'âge, genre). Il serait convenable d'identifier les facteurs individuels ou environnementaux susceptibles de favoriser la récurrence desdites infractions dans l'espace et le temps. Les rapports sur les tendances criminelles assortis de Notes à l'attention du Garde des Sceaux devaient

[192] Décret n° 2012/389 du 18 septembre 2012 portant organisation du ministère de la justice, op.cit.

pouvoir constituer un outil de référence pour la mise en œuvre de la politique pénale dont la mission revient au ministre de la Justice[193].

§2- Casier judiciaire, source des statistiques judiciaires

Les statistiques judiciaires constituent dans le fonctionnement des juridictions une activité majeure sur laquelle la Chancellerie veille. À ce titre, il faudrait distinguer entre d'une part, les microstatistiques pour la plupart objet de Circulaires qui portent sur des matières ou domaines sensibles suivis par la Chancellerie. Il s'agit entre autres, des procédures contre les étrangers, procédures de détournement de biens publics, procédures relatives aux stupéfiants et substances psychotropes, aux faux médicaments, aux trafics des enfants, à la législation de la faune et de la forêt, aux extraditions et entraides judiciaires…

Et d'autre part la macrostatistique, qui se rapporte à l'activité juridictionnelle dans sa globalité pour laquelle néanmoins on discrimine entre le contentieux civil du contentieux pénal, objet de notre propos. En raison des dysfonctionnements observés, les statistiques judiciaires ne sont pas toujours disponibles à temps. Les données statistiques sont transmises avec du retard qui se répercute sur la confection des états statistiques. Des missions déployées sur le terrain pour recueillir les données, confrontées sur le terrain à la mauvaise tenue des registres et autres écueils, n'ont que des résultats mitigés.

Dans les recherches des solutions palliatives pour l'élaboration des statistiques, il conviendra d'explorer le recours au casier judiciaire dont il faudrait néanmoins au préalable juguler les errements fonctionnels[194]. Cette approche aurait l'avantage de conférer aux fiches de casier judiciaire la double fonction de mémoire judiciaire et de support physique ou numérique des statistiques. Au surplus, le flux d'informations statistique généré par les fiches de casier judiciaire aurait l'avantage de réduire la mobilité du personnel et notamment les descentes sur le terrain des missions de collecte des statistiques.

En France, le casier judiciaire est un « observatoire de la délinquance » et un « observatoire des pratiques ». Sur la foi des informations anonymes du casier judiciaire, le Centre des études statistiques du ministère de la Justice, implanté sur le site du casier judiciaire national, est la source principale des

[193] Décret n° 2011/408 du 9 décembre 2011 et Décret 2012/ 389 du 18 septembre 2012 portant respectivement organisation du Gouvernement (article 8 (25) et l'organisation du ministère de la Justice (article 1 (2)).

[194] L'option consistant à conférer au casier judiciaire une fonction de source des statistiques reposerait sur un équilibre qu'il faudrait réaliser entre le nombre de décisions rendues et le nombre de fiches de casier judiciaire confectionnées et transmises. Or, sur le terrain, il est encore observé des écarts entre ces données.

statistiques judiciaires[195]. Cette cohabitation voulue de la France du casier judiciaire et de l'organe en charge des statistiques judiciaires procède d'un constat de complémentarité avérée entre ces deux activités. Cette approche, en dépit de quelques réserves[196], mérite d'être explorée.

§3- Casier judiciaire, Observatoire à l'international des comportements des nationaux de la diaspora

La mise en œuvre des Accords de coopération judiciaire permet aux États parties d'œuvrer pour une réciprocité dans les échanges des avis de condamnation et des casiers judiciaires de leurs nationaux respectifs. Ceci offre à chaque État la possibilité d'avoir une lisibilité sur les comportements de leurs nationaux dans leur pays d'accueil et inversement, à chaque État de se faire une idée sur le niveau de loyauté et de civisme des résidents. Ces informations de première main constituent des données décisives pour la prise des mesures palliatives instantanées ou l'orientation de la politique pénale sur la durée.

En l'absence d'un Accord de coopération, des échanges d'informations restent possibles entre les États. Dans ce cas de figure, le ministère des Relations extérieures (MINREX) faisant office d'interface, assure le relais des échanges d'information. À cet égard, les autorités camerounaises ont été souvent destinataires par le canal du MINREX, des avis de condamnation des Camerounais résidant à l'étranger notamment France, en Belgique, Thaïlande et Chine[197].

---

[195] G. LORHO « casier judiciaire », article 768 à 781, *Juris-classeur de Procédure pénale, 1999,* fascicule 20, N° 123 et 124.

[196] Un casier judiciaire même bien tenu ne peut fournir que des statistiques parcellaires de la justice pénale, notamment l'état des condamnations en matière répressive en ce que ne sont transcrites sur les fiches de casier judiciaire que les décisions de condamnation. Échappent au casier judiciaire les décisions de relaxe et d'acquittement en premier ressort. Cette catégorie de décision intéresse le casier judiciaire dès lors qu'elle intervient à la suite d'une voie de recours consécutive à une condamnation initiale en premier ressort.

[197] Par lettre N° 005418/DIPL/IGQC/ mmjs du 24 mai 2021 (voir supra), le MINREX porte à la connaissance du Garde des Sceaux, se référant à un rapport de l'ambassadeur du Cameroun au Japon, la situation des Camerounais interpellés jugés et condamnés en Thaïlande. L'exploitation de ce rapport révèle trois (3) cas d'emprisonnement de 5 à 10 ans pour escroquerie, falsification des documents officiels, faux et usage de faux ; trois (3) cas d'emprisonnement de 15 à 20 ans pour détention et consommation des stupéfiants et huit (8) cas de détention préventive pour les mêmes infractions. Une autre correspondance du MINREX du 19 octobre 2022 répercute au garde des Sceaux, le rapport de l'ambassade du Cameroun en Chine sur le cas d'un camerounais condamné par le Tribunal populaire de seconde instance de Xiamen à une peine d'emprisonnement de 4 ans 10 mois pour crime de dissimulation des gains illégaux et la remise en liberté de l'intéressé le 15 août 2022, suite à une remise de peine.

CHAPITRE IV :

DU CASIER JUDICIAIRE DANS LE CHAMP DE L'ENTRAIDE JUDICIAIRE ET DE LA COOPÉRATION INTERNATIONALE

Dans un contexte de criminalité transfrontalière préoccupante et des flux migratoires qui renient les limites des frontières nationales, le casier judiciaire affranchi des contraintes de territorialité prend une dimension internationale de plus en plus prononcée. Ce constat est partagé par des analystes et notamment De Hert et Saelens qui soutiennent fort à propos que *« de nos jours, les casiers judiciaires constituent une constante dans les politiques de sécurité de la plupart des États. Cette matière fait, du reste, l'objet d'une internationalisation croissante*[198] *».*Le casier judiciaire s'invite désormais de manière plus accrue dans les rapports entre États. Dans la mise en œuvre des politiques de sécurité au sein des États, les limites du territoire national constituent certes une préoccupation majeure, mais également la vigilance sécuritaire optimale commande une synergie avec d'autres États. Cette mouvance mondiale aux forts enjeux sécuritaires, interpellent tous les États.

La coopération judiciaire dans son déploiement entre les sociétés contemporaines, en dépit de leurs divergences d'idéologies politiques, est assez active dans les domaines politique, économique, financier, technologique, entre autres… Sur le volet judiciaire, la justice pénale, apparaît comme un pôle de vigilance de la coopération judiciaire. Quel rôle y joue le casier judiciaire ? La question mérite d'être abordée sous divers aspects. La démarche dans ce chapitre consistera à explorer l'entraide judiciaire dans ses divers mécanismes et la place qui est réservée au casier judiciaire (S1), ensuite de mesurer la nécessité et l'importance de la coopération dans l'interconnexion des réseaux nationaux de casier judiciaire (S2) d'examiner les contours de la mise en place d'un dispositif commun entre États de protection des données de casier judiciaire (S3). Enfin, une réflexion sera conduite sur la problématique de l'opérationnalité d'un casier judiciaire supranational, commun à plusieurs États (S4).

---

[198] Paul De HERT et Ronny SAELENS : « *La signification du casier judiciaire et de l'extrait de casier judiciaire pour le (candidat) travailleur. Une meilleure régulation aux Pays-Bas ?* » in « Le Casier judiciaire, approches critiques et perspectives comparées », édition Larcier 2011, p 216, op. cit.

S1- De l'entraide judiciaire sur le casier judiciaire

L'entraide judiciaire s'appréhende comme « coopération plus ou moins étendue dans divers domaines, entre autorités judiciaires de différents pays résultant généralement de Conventions internationales[199]. Les dispositions desdites Conventions en fixent les modalités qui, loin d'être uniformes, présentent des spécificités selon le cas. Cependant, il est loisible de décliner les matières sur lesquelles porte couramment l'entraide judiciaire, d'identifier les dispositions susceptibles de s'appliquer au casier judiciaire de même que celles portant spécifiquement sur le casier judiciaire.

§1- L'entraide judiciaire, portée et limites

L'exploitation des instruments internationaux relatifs à l'entraide judiciaire dans le cadre africain et notamment ceux pour lesquels le Cameroun est partie, il en ressort d'une part que l'entraide judiciaire, outre le droit pénal, est étendue sur plusieurs autres disciplines du droit notamment, civil, commercial, social et administratif. D'autre part, le champ de l'entraide judiciaire est assez vaste et diversifié. Elle porte souvent sur les matières ci-après hors mis le casier judiciaire : la transmission et la remise des actes judiciaires et extrajudiciaires, la transmission et l'exécution des commissions rogatoires, la comparution des témoins en matière pénale, l'état civil, l'exécution des peines, l'exercice de la profession d'Avocat, les échanges d'informations, l'exéquatur, etc.

Il est à noter que l'entraide judiciaire reste respectueuse de l'autonomie des législations nationales et en cela ne touche pas aux questions qui relèvent de la souveraineté des États parties, notamment la détermination des peines. L'entraide judiciaire, en cas de besoin, ne dispose que l'exécution de la peine. Plusieurs dispositions des conventions d'entraide judiciaire traduisent explicitement ou implicitement la préservation de la souveraineté des États, à savoir entre autres : l'exigence de l'exéquatur pour l'exécution des décisions étrangères, la latitude reconnue aux États d'opposer une fin de recevoir motivée à l'exécution d'une diligence.

§2- Les dispositions susceptibles de s'appliquer au casier judiciaire

Le libellé des conventions d'ordre général susvisé comporte des dispositions de portée générale offrant la latitude pour les États parties d'y recourir pour plusieurs documents émanant des autorités judiciaires, dont le casier judiciaire. Il s'agit de la transmission et de la remise des actes judiciaires

---

[199] Gérard CORNU, Association Henri CAPITANT, *Vocabulaire juridique, 8e édition 2007, Quadrige PUF, P 362.*

et des échanges d'informations. Aucune définition ni restriction n'est donnée dans les dispositions y relatives. Il est donc loisible que sur le fondement de ces dispositions que des informations sur les antécédents judiciaires d'un individu soient communiquées. Cette imprécision a l'avantage d'apporter une certaine flexibilité dans l'application de la Convention.

§3- Les dispositions spécifiques au casier judiciaire

Dans certaines Conventions les États parties font le choix de dédier au casier judiciaire des dispositions spécifiques autonomes. Cependant, l'approche rédactionnelle n'est pas identique d'une convention à une autre. Il est courant d'observer que, les États parties à la Convention s'engagent préalablement sur le principe d'échange d'informations, ensuite sur une réciprocité dans la transmission des avis de condamnations : *« les deux parties contractantes se donnent réciproquement avis de condamnations pour les crimes et délits prononcés par les juridictions de l'une d'elles à l'encontre des ressortissants de l'autre et des personnes nées dans le territoire de l'autre État*[200] *»*. Il demeure que l'échange des avis de condamnation n'est assorti d'aucun délai.

Il y a lieu de relever que les Accords de coopération ne visent pas souvent les délais dans lesquels les États doivent accomplir les diligences. Ceci donne l'impression que les États parties ont toute la latitude de disposer de leur temps dans l'acheminement des avis de condamnation. Or le fonctionnement du casier judiciaire repose sur la mise en jour permanente du fichier, gage de sa crédibilité. Sur cette question et bien d'autres, le Sénégal présente une avancée louable sur cette question. La Convention d'entraide judiciaire entre la République française et la République du Sénégal signée le 29 mars 1974 a été remplacée par celle plus récente, signée le 7 septembre 2021[201]. Cette convention innove en plusieurs points qui peuvent inspirer des correctifs dans la mise en œuvre des échanges d'informations et préalablement à l'élaboration des supports normatifs y relatifs.

La Convention d'entraide judiciaire du 7 septembre 2021 entre la France et le Sénégal dispose en son article 26, s'agissant des délais dans les échanges des avis de condamnation, *« ces avis sont communiqués au moins une fois tous*

---

[200] Voir article 14 de l'Accord de coopération judiciaire entre la France et le Cameroun signé le 24 février 1974

[201] Convention d'entraide judiciaire en matière pénale entre la République française et la République du Sénégal, signée le 7 septembre 2021 à Paris, par, d'une part, Jean Yves Le DRIAN, ministre de l'Europe et des Affaires étrangères, pour le compte de la France, d'autre part, Aîssata TALL SALL, ministre des Affaires étrangères et des Sénégalais de l'extérieur, pour le compte du Sénégal. Cette convention riche dans ses dispositions étend la coopération judiciaire sur des champs nouveaux de la justice pénale avec un recours prononcé aux nouvelles technologies, à savoir : l'audition par vidéoconférence, les opérations d'infiltration, les demandes d'interception de communication…

les 6 mois par l'intermédiaire du service compétent ». Cette indication de délai, vraisemblablement long, à notre avis, somme toute contraignante est louable. Sans doute aurait-il fallu indiquer un délai de 30 jours et au plus 60 jours dans la perspective d'une mise à jour plus fréquente (12 à -6 fois/ l'an) du fichier de casier judiciaire. Ceci permettrait d'avoir un fichier qui soit à la fois actif, actuel et crédible.

S'agissant de la transmission des extraits de casier judiciaire, l'Accord de coopération entre la France et le Cameroun dispose en son article 15 : *« en cas de poursuite devant une juridiction d'une des parties contractante, le parquet de ladite juridiction peut obtenir directement des autorités compétentes de l'autre partie, un bulletin de casier judiciaire concernant la personne faisant l'objet de la poursuite ».* Cette disposition ainsi libellée appelle deux observations.

Dans le principe de fonctionnement du casier judiciaire, indifféremment des législations ; les bulletins de casier judiciaire sont établis sur les bases non des poursuites judiciaires, mais des condamnations. Encore que celles-ci ne sont éligibles au casier judiciaire que lorsqu'elles sont devenues définitives.

Par ailleurs, l'on observe une imprécision dans la détermination des autorités habilitées dans chaque État partie à effectuer les diligences. L'expression autorité compétente visée dans le libellé du texte peut être source de confusion susceptible d'entrainer des blocages. La Convention d'entraide judiciaire susvisée entre la France et le Sénégal dispose en son article 25 que *« Pour la République française, le service compétent est le "casier judiciaire national", pour la République du Sénégal, le service compétent est la "Direction des Affaires criminelles et des Grâces du ministère de la Justice" et chaque partie notifie à l'autre tout changement de service compétent ».* Cet article précise surabondamment que les demandes sont adressées par les services compétents de la partie requérante au service compétent de la partie requise.

La clarification sur les interlocuteurs légaux en l'espèce, les services compétents, induit un gain de temps en ce qu'il n'est plus permis de s'adresser par erreur à un tiers. La fiabilité du renseignement à obtenir, ou obtenu, est quasi acquise. Il y va de la crédibilité du système.

Il est saisissant d'observer le vieillissement quasi généralisé des Conventions de coopération judiciaire et notamment, celles qui ont été visées dans le cadre de cette étude : l'Accord de coopération judiciaire entre la France et le Cameroun, signé le 24 février 1974, La Convention de coopération judiciaire entre le Cameroun et le Mali signée le 16 juin 1964 et la Convention de Tananarive signée le 12 septembre 1961.

Ce constat d'obsolescence des instruments entraine nécessairement celui du contenu. Les dispositions desdits Accords sont susceptibles à juste titre d'être frappées de caducité. Dès lors, il est urgent de procéder à une mise à jour moyennant une relecture qui permettrait d'adapter les dispositions au contexte du moment, notamment s'arrimer à la mouvance technologique évoquée ci-dessus dans le cadre de la convention judiciaire France-Sénégal signée à Paris le 21 septembre 2021.

§4- Échanges entre États, en l'absence d'un Accord de coopération judiciaire

Les Accords de coopération judiciaire, en ce qu'ils constituent le référentiel normatif des engagements réciproques entre États, méritent d'être encouragés. Sauf qu'il se trouve que certains États ne sont pas prompts à signer des Accords de coopération judiciaires, pour diverses raisons. Lesdits États, en l'absence d'une Convention d'entraide judiciaire, sont-ils fondés à solliciter d'un Pays tiers, des renseignements sur les antécédents de leurs nationaux ?

A priori, il est loisible pour un État de solliciter une information voire un extrait de casier judiciaire d'un pays tiers, sans qu'il soit besoin que préalablement, les deux États soient liés par un Accord de coopération judiciaire. Il y a lieu de relever que des demandes de cette nature sont régulièrement adressées au ministre de la Justice, Garde des Sceaux, sous le couvert du ministère des Relations extérieures. Les documents sollicités, une fois établis, sont transmis aux pays demandeurs par le même canal.

Inversement, est-il possible pour un État, en l'absence d'un Accord de coopération judiciaire et surtout de toute demande préalable, de transmettre, pour informations, un bordereau de condamnations, à l'État de nationalité des personnes concernées ? Ce scénario, moins fréquent que le précédent, n'est pas une simple vue d'esprit ou une fiction. Des courriers de cette nature ont été souvent adressés au MINJUSTICE par les soins du MINREX à l'initiative de certains pays d'Asie et d'Amérique latine. Ces bordereaux font ressortir les noms et prénoms des Camerounais concernés, la ou les qualifications des infractions, la nature des peines prononcées, la date de condamnation ainsi que la prison et la ville du lieu d'incarcération, à toutes fins utiles.

Ces informations, riches d'enseignements, revêtent des intérêts à la fois judiciaire, politique (répressive) et diplomatique. Au plan judiciaire, le fichier de casier judiciaire s'enrichit de nouvelles données judiciaires. Sur le plan politique : le volume et la récurrence des condamnations peuvent inspirer une réflexion entre les deux États en vue de l'élaboration d'un Accord de coopération judiciaire. Sur le plan diplomatique : le pays de nationalité des condamnés devrait pouvoir en liaison avec son ambassade au pays de condamnation se rapprocher des autorités du Pays de condamnation.

S2- Coopération dans l'interconnexion des systèmes nationaux de casier judiciaire

Le relâchement des frontières nationales à la faveur de la globalisation planétaire entraine des flux migratoires difficiles à contenir et une criminalité transnationale difficile à circonscrire. La croisade contre l'insécurité transfrontalière appelle des outils, tout aussi transfrontaliers, que se donnent les États dans une interaction dynamique, qui ne demande qu'à être énoncée et définie dans les instruments de coopération judiciaire. Est-il pertinent d'établir une passerelle d'échange instantanée et permanente d'informations à caractère judiciaire entre les États ? Des faits de société têtus et le contexte suggèrent, irréfutablement, une réponse par l'affirmative. Au regard des données puisées dans le décryptage de la criminalité transnationale ou des connexions internationales de la criminalité nationale, la mise en réseau d'information des États s'apparente à un impératif. Il demeure que la mise en œuvre d'un tel Accord ne s'opère pas sans problématique et pourrait, par ailleurs, être laborieuse.

§1- Des faits interpelant : l'affaire Michel FOURNIRET

Michel FOURNIRET est un français né le 4 avril 1942 à Sedan en Ardenne. Il se faisait d'ailleurs appeler « le forestier d'Ardenne », métier qu'il n'a jamais accompli. Il décède à Paris le 10 mai 2021, laissant la réputation d'un redoutable pédocriminel, psychopathe, violeur et tueur en séries, pour tout dire, l'image horrible d'un monstre.

Le 26 juin 2003, à bord d'une camionnette C15, Michel Fourniret (MF) convainc la jeune Marie Ascension, âgée de 13 ans, à prendre place auprès de lui comme guide pour une destination (à lui MF) qu'il avait astucieusement prétendu ne pas connaitre. Chemin faisant, la jeune passagère, bien que ligotée, réussit à se soustraire du véhicule immobilisé à un arrêt-stop. MF, ne pouvant prendre en chasse une fillette ligotée sous des regards curieux, quitte précipitamment les lieux pour une destination inconnue. Grâce à l'immatriculation de son véhicule, le fuyard est mis aux arrêts. Pendant les investigations, la police belge réalise que cette tentative d'enlèvement n'était pas un cas isolé et que MF avait antérieurement perpétré d'autres enlèvements et viols en Belgique sans être interpellé. Plus grave, les investigations révèlent que MF est un repris de justice multirécidiviste plusieurs fois condamné en France avant sa fugue pour la Belgique où, du reste, il avait réalisé la prouesse de se faire employer (sans être démasqué) comme surveillant dans l'école communale de Gédinne, ce, sur la base d'un extrait de casier judiciaire vierge.

Les passions s'enflamment, la colère sociale s'intensifie. La justice, dans un élan de rattrapage quelque peu inédit, met en examen MF dans 21 cas d'enlèvements suivis de viol et assassinat. Il passera aux aveux pour 11 cas.

Le 9 janvier 2006, MF est extradé en France. Après plusieurs renvois de l'affaire, MF est condamné à la peine perpétuelle incompressible pour le meurtre de huit (8) femmes. Il décède aux urgences de l'hôpital Pitié-Salpêtrière à Paris en mai 2021 alors qu'il était mis en examen dans quatre (4) autres procédures.

Cette affaire a suscité consternation et indignation légitime de même que de multiples interrogations dont celle formulée par Lorraine de FOUCHER et Michèle FINES dans leur article[202] au titre éloquent : *Comment le tueur en série Michel FOURNIRET a profité de trente ans de défaillances du système judiciaire français ?* Au-delà des dysfonctionnements, en interne des systèmes judiciaires dont le casier judiciaire, cette affaire a mis en évidence le déficit de communication entre les deux pays concernés. À la suite de cette affaire, c'est plutôt une prise de conscience collective qui anime les Pays d'Europe quant à la nécessité et l'urgence de la mise en place d'une interconnexion des casiers judiciaires nationaux.

À la vérité, la digitalisation de l'information déjà effective à l'échelle planétaire est globale et ne s'encombre pas des frontières conventionnelles entre États. Pour certains auteurs, *« les octets voyagent et les banques d'informations se configurent en réseaux qui ne connaissent pas de frontières*[203] *».* C'est dire que la dictature des nouvelles technologies nous impose des communications devenues transfrontalières sans accord préalable de qui que ce soit. Sans doute ce qui relève encore du ressort des gouvernants à leur corps défendant, c'est l'harmonisation des législations en matière de collecte et de conservation des données[204] y compris celles qui se rapportent au casier judiciaire. Autrement dit, l'opérationnalité de la transnationalité des casiers judiciaires ne se pose pas au plan de la "circulabilité" transfrontalière de l'information entre États, indifféremment de leur distance géographique. Reste simplement à mettre en cohérence les législations nationales concernées et à fonder ce dispositif sur un Accord de coopération judiciaire.

§2- Le modèle européen de la mise en réseau des casiers judiciaires nationaux : le système ECRIS

C'est en 2003 que la France et l'Allemagne décident de l'interconnexion électronique de leurs casiers judiciaires nationaux. Suivront l'Espagne et la

---

s[202] Article publié le 10 septembre 2020, journal le Monde, https://www.lemonde.fr/police-justice/article/2020/12/10/affaire-fourniret-autopsie-d-un-fiasco-judiciaire_6062833_1653578.html;

[203] B. HEBENTON et T. TERRY, *Policing Europe : Co-opération, Conflict and control,* New York St Martin's, 1995 ; D. Lyon *« Surveillance and social sorting. Computer Codes and mobile bodies »,* in D. Lyon (ed.), *Surveillance as Social sorting, Privacy, risk and digital Discrimination,* London & New York, Routeledge, 2003, pp. 13-30.

[204] P.M. SCHNEIDER et P.D Martin « Criminal DNA data bases : the European situation », *Forensic Science international,* 2001, vol 119, pp. 232-238.

Belgique puis la République tchèque et le Luxembourg. Ces Pays conviennent, en vue d'une transmission rapide des informations à caractère judiciaire, d'une interconnexion par réseau informatique, des casiers judiciaires des États respectifs, tout en conservant l'autonomie judiciaire de chaque État.

Sur proposition du Conseil européen, la Décision-cadre n° 2009/31/JAI du Conseil du 26 février 2009 vient compléter le cadre juridique existant en régulant les modalités d'interconnexion des casiers judiciaires applicables à tous les États d'Europe. Les articles 4 et 5 de cette Décision-cadre prescrivent à l'attention des États, les obligations ci-après :

- l'obligation d'inscrire au casier judiciaire national l'information sur la nationalité du condamné ;
- l'obligation de notifier le plus tôt possible aux autres États membres les condamnations prononcées à l'encontre de leur ressortissant ;
- l'obligation d'informer l'État membre de nationalité de toute modification ou suppression ultérieure des informations transmises ;
- l'obligation de fournir, à la demande de l'État membre de nationalité, copie des condamnations pour lui permettre d'examiner s'il est nécessaire de prendre des mesures au niveau national ;
- l'obligation de conserver les informations notifiées par l'État de condamnation ;
- l'obligation de mettre à jour ces informations en fonction des informations relatives aux éventuelles modifications ou suppressions reçues de l'État de condamnation ;
- l'obligation d'utiliser les informations mises à jour.

Le Système européen d'information sur le casier judiciaire dont l'acronyme est ECRIS (European Criminal Information System) a été créé par Décision du Conseil n° 2009/316/JAI du 6 avril 2009. Cette décision détermine les normes techniques d'interconnexion des casiers judiciaires via le réseau S-TESTA. C'est en avril 2012 que le système ECRIS est rendu véritablement opérationnel entre les 27 États membres.

Il est envisagé, pour les prochaines années, de créer un index pour accéder aux condamnations prononcées contre les ressortissants non européens, ensuite d'étendre l'interconnexion des casiers judiciaires en dehors de l'Union européenne. À ce sujet, la France dispose d'un vaste rayon d'interconnexion de casier judiciaire, avec plus de quatre-vingts (80) États. Ainsi, au cours de l'année 2015, la France a reçu des partenaires **21 359** avis de condamnation et en a envoyé **33 447**[205].

[205] Source : Rapport du ministère de la Justice en France du 26 avril 2016.

§3- Quelques problématiques et écueils dans la mise en œuvre d'une interconnexion des casiers judiciaires entre États.

La mise en œuvre d'une interconnexion des casiers judiciaires entre États membres de l'Union européenne comporte quelques contraintes, notamment la désignation par chaque État d'une « Autorité centrale » faisant office d'administrateur du système, chargé de l'échange d'informations et grâce à qui le Pays tiers peut accéder à l'information. En dépit de la préservation de l'autonomie du dispositif judiciaire des systèmes nationaux, l'on observe un repli souverainiste des États qui hante les échanges avec des velléités à peine voilées, de protection des nationaux interpellés dans d'autres Pays de l'Union européenne. L'on note, par ailleurs, l'absence d'un dispositif de suivi et de contrôle.

Au rang des problématiques entre deux États en présence (l'État de nationalité du condamné et l'État de condamnation), la plus cruciale demeure celle de la détermination de la loi applicable. Faute de position commune, il y aurait fort à craindre que ce soit un prétexte à casuistique donnant lieu à une application inconstante et fluctuante des normes édictées par le Conseil.

S'agissant de l'effacement de la peine d'un individu de nationalité d'un pays A, interpellé, jugé et condamné dans un pays B et qui après condamnation est extradé dans son Pays A, les règles de la communauté européenne donnent la primauté à la loi du Pays de condamnation, le Pays B, quand bien même le condamné ne serait plus dans ce pays.

Par ailleurs, l'interconnexion repose sur un certain nombre de règles communes, notamment ;

- l'obligation pour l'état de condamnation de notifier les condamnations à l'État de nationalité du condamné ;
- l'application du principe de centralisation des condamnations dans l'État de nationalité ;
- la primauté de la loi de l'État de condamnation sur celle de l'État de nationalité du condamné, s'agissant de l'effacement éventuel de la condamnation ;
- l'interconnexion des casiers judiciaires, comme mesure strictement technique détachée de tout effet juridique ;
- l'interconnexion des casiers judiciaires préservant le contrôle humain dans chaque État.

Il se dégage de ce qui précède qu'au plan européen, le problème d'interconnexion des casiers judiciaires nationaux est aujourd'hui réglé et fonctionne de manière appréciable. Dans le contexte actuel, nul ne peut douter de son bien-fondé. À ce titre, la réussite du modèle européen devrait pouvoir inspirer d'autres pays et notamment, les pays africains.

§4- Quelle appropriation du modèle européen par les États africains ?

L'opérationnalité de l'interconnexion des réseaux nationaux repose sur le préalable d'une informatisation du casier judiciaire et sa mise en ligne pour faciliter le transport des données par voie de connexion Internet. À l'observation, les États dont les systèmes sont associés à notre étude ne sont pas tous au même niveau de réalisation technologique. Le traitement en ligne du casier judiciaire au Sénégal, en Côte d'Ivoire et au Togo, est effectif. Au Cameroun, le processus en est encore au stade de la numérisation des données des fiches de casier judiciaire. Quelques juridictions pilotes[206] sont à un stade d'informatisation achevée du casier judiciaire. Dès lors, il apparaît qu'au sein des États il y a encore du chemin technologique à faire.

À l'échelle communautaire, l'Accord de coopération judiciaire des États membres de la CEMAC, signé le 28 janvier 2004 qui porte respectivement sur l'accès aux juridictions, la remise des actes judiciaires et extrajudiciaires, l'exécution des peines, l'exéquatur, les commissions rogatoires, la remise des actes de procédure et le casier judiciaire. L'article 27 (1) dudit Accord sur le casier judiciaire dispose que : *« la partie requise communique dans la mesure du possible, les extraits de casier judiciaire et tous les renseignements relatifs à la personne poursuivie qui lui sont demandés par les autorités judiciaires d'un État partie requérant ».* Il découle de ces dispositions que la coopération judiciaire visée porte essentiellement sur la communication des extraits de casier judiciaire ou sur les renseignements relatifs aux poursuites judiciaires. Il n'est nullement fait mention d'une interconnexion des casiers judiciaires nationaux qui n'est pas pour le moment à l'ordre du jour dans cet espace CEMAC. Même s'il en était fait mention, la mise en œuvre effective buterait sur le handicap du seuil technologique encore embryonnaire au sein et entre les États comme on a pu le voir plus haut.

S3- Coopération sur un mécanisme commun de protection des données

La sécurisation des données du casier judiciaire vise à mettre le casier judiciaire à l'abri des intrusions physiques ou numériques pouvant donner lieu à des divulgations, manipulations, voire des dissimulations malsaines. Il s'agit d'un sujet éminemment transversal qui touche à la fois au confort du fonctionnement des services judiciaires et celui des personnes condamnées qui se plaignent de la divulgation des condamnations pénales et par ricochet, des atteintes à leur vie privée. Les récriminations des tenants des droits de l'homme sur ces questions ne peuvent s'estomper que si le traitement

---

[206] Il s'agit du TPI Centre administratif de Yaoundé, du TPI de Douala Bonanjo et du TPI de Bafoussam.

informatique des données personnelles est encadré par un dispositif normatif fiable qui rassure.

Au plan de la couverture spatiale des informations et communications, la révolution technologique fait fi des limites territoriales nationales, voire de la partition continentale du monde. Les considérations nationales supplantées par celles de la mondialisation et de la globalisation obligent les États à interagir.

Au premier chef, la protection des données relève des mécanismes internes à un État. Au Cameroun, l'Agence Nationale de l'Information et de la Communication (ANTIC) a pour mission de *« promouvoir et de suivre l'action gouvernementale dans le domaine des technologies de l'information et de la communication »*[207]. Cependant, une complémentarité avec d'autres systèmes nationaux s'avérerait constructive. Au demeurant, une interconnexion des systèmes nationaux induit nécessairement des obligations communes entre les États concernés.

§1- Les limites de l'option d'une autonomie de protection au sein des systèmes nationaux

La protection et la sécurisation des données au plan national suggèrent des solutions palliatives ayant une incidence sur deux volets, selon que le système de casier judiciaire est automatisé ou non, le mécanisme de protection ne sera pas le même.

A- La protection et la sécurisation des données dans un système de casier judiciaire non automatisé

Un système de casier judiciaire non automatisé suppose un fonctionnement basique par la manipulation des supports physiques à toutes les phases du processus du casier judiciaire : élaboration et transmission des fiches de casier judiciaire, recherches au fichier, confection et remise des extraits de casier judiciaire. Dans ce modèle est-il possible d'assurer une protection et une sécurisation des données ? À notre avis, il faudrait dans ce cas de figure faire une nuance entre la protection (préserver l'intégrité du contenu d'un fichier ou d'une banque de données) mesure de protection de niveau 1 et la sécurisation qui, en informatique, a un sens précis à savoir, mettre à l'abri des atteintes malveillantes, mesure de protection de niveau 2.

Les prémisses ainsi posées, la protection de niveau 1 des données du casier judiciaire dans un contexte d'absence d'automatisation du mécanisme ne nous paraît pas impossible ; question d'identifier préalablement dans la chaîne les

---

[207] Voir article 3, alinéa 1 du Décret 2002/092 du 8 avril 2002, portant création, organisation et fonctionnement de l'Agence Nationale des Technologies de l'Information et de la Communication (ANTIC).

phases à risque que sont la production et la transmission des fiches de casier judiciaire, la tenue du fichier et plus grave encore, la remise des extraits de casier judiciaire confectionnés. À chacune de ces phases, il faut en plus de la vigilance, des accompagnements précautionneux qui ne relèvent pas forcément de la haute science. À titre d'illustration, préférer en lieu et place d'une transmission par voie de poste, des fiches de casier judiciaire, un acheminement à destination par un collaborateur fiable ou à défaut, saisir l'occasion des liaisons professionnelles de routine dans la juridiction concernée ou avec la Chancellerie.

S'agissant de la remise des extraits de casier judiciaire déjà confectionnés, c'est à notre avis, à ce stade que tous les malheurs dommageables sont susceptibles de survenir. La pratique des relais et personnes interposés à ce stade est incompatible avec la protection tant souhaitée des données à caractère personnel et le respect de la vie privée. C'est bien à dessein que les législateurs successifs depuis l'époque coloniale[208] ont reconduit dans les textes de loi, l'exigence de la remise des bulletins de casier judiciaire n°3 exclusivement aux concernés eux-mêmes.

Dans l'hypothèse de la mise en œuvre d'une sécurisation (protection de niveau 2) des données du casier judiciaire dans un contexte d'absence d'automatisation, il se trouve que la sécurisation des données, opération d'essence informatique, n'est réalisable que moyennant la mise en place préalable d'un dispositif numérisé. Toute démarche en dehors des ordinateurs et réseaux informatiques relèverait d'un rafistolage et devrait être autrement désignée que par la sécurisation des données dont la connotation ne s'accommode point aux synonymies.

B- la protection et la sécurisation des données dans un système de casier judiciaire automatisé

Les données du casier judiciaire, dès lors qu'elles sont automatisées, sont exposées à des intrusions malveillantes de divers ordres, facilités par les nouvelles technologies. Ainsi, la banque des données peut être neutralisée, infestée, mutilée, subtilisée, modifiée, voire mise sous contrôle à distance par des individus tapis dans l'ombre, sur simple clic d'ordinateur, paralysant ainsi toute la machinerie d'un système pénal. Cet univers chaotique généré par les

[208] Le CPP au Cameroun dispose en son article 580 que les extraits de casier judiciaire sont délivrés *« à la personne concernée »* et en son article 581 : *« le bulletin n°3 de casier judiciaire n'est délivré qu'au titulaire du casier judiciaire »*. Ces deux dispositions sont des survivances du Code d'Instruction criminelle qui précise en son article 596 que *« un bulletin n°3 peut être réclamé par la personne qu'il concerne. Il ne doit, en aucun cas, être délivré à un tiers »*. Le CPP en France est ferme en ces termes : *« le bulletin n°3 du casier judiciaire ne doit en aucun cas être délivré à un tiers »*.Ces dispositions, malheureusement perdues de vue, appellent une stricte observance au moyen d'une Circulaire de la Chancellerie (voir rubrique de nos propositions).

nouvelles technologies est insaisissable, y compris par leurs propres géniteurs. Le capharnaüm ainsi créé, source d'angoisse et d'insécurité d'un autre type, fait de nombreuses victimes. L'intrusion dans la vie privée des personnes sous diverses formes sans pudeur aucune est récurrente. À titre illustratif, les séquences de nudité sur Facebook, *You tube* ou *Tic toc* foisonnent. La prolifération des procès sur les infractions commises dans les réseaux sociaux n'y change rien.

Par ailleurs, il est possible que circule en mondovision un acte administratif qui attend encore d'être signé par son auteur ou un document formellement frappé du sceau de la confidentialité. La publication dans les réseaux des conversations téléphoniques sécrètes n'émeut personne. Les sentiments d'indignation, de honte, ou encore la peur du gendarme relèvent du passé.

Il faudrait relever que dans le contexte camerounais, la mission de protection des données personnelles n'est pas expressément visée dans le Décret organique de l'ANTIC. Cependant, cet organisme y est convié à *« participer aux réunions internationales ayant trait aux technologies de l'information et de la communication et entretenir des relations de coopération technique avec les organismes internationaux publics ou privés agissant dans le domaine »*[209]. Cette disposition qui à notre avis ne dispense aucunement l'ANTIC de prendre des initiatives dans le sens de la protection des données personnelles, lui prescrit d'avoir un regard attentif sur l'activité internationale en cette matière.

§2- La valeur ajoutée d'un mécanisme commun de protection

Le contexte international, marqué par la mise en berne des frontières et la transnationalité des communications, suggère une solidarité entre les États, dans la mise en œuvre des mesures de protection. L'Union européenne, s'est donné des moyens avec la Convention de Strasbourg[210] dont le préambule rappelle la volonté partagée des États parties, à savoir *« étendre la protection des droits et des libertés fondamentales de chacun, notamment le droit au respect de la vie privée, eu égard à l'intensification de la circulation à travers les frontières des données à caractère personnel faisant l'objet de traitements automatisés ».*

À la suite de cette volonté d'engagement, les États parties ont rigoureusement codifié le traitement automatisé des données personnelles, afin de contenir ou tout au moins limiter les abus et dérapages observés. S'agissant des mesures visant à assurer le respect de la vie privée, la

[209] Voir article 3, alinéa 2 du Décret 2002/092 du 8 avril 2002, op. cit.

[210] Convention du 28 janvier 1981 pour la protection des personnes à l'égard du traitement automatisé des données à caractère personnel, Conseil de l'Europe, Série des Traités européens n° 108.

Convention en son article 7, met en exergue la protection et la sécurisation des données : *« Des mesures de sécurité appropriées sont prises pour la protection des données à caractère personnel enregistrées dans des fichiers automatisés contre la destruction accidentelle ou non autorisée, ou la perte accidentelle, ainsi que contre l'accès, la modification ou la diffusion non autorisée »*. L'idée maîtresse de cette disposition, c'est bien de mettre les *« données à caractère personnel faisant l'objet de traitements automatisés »* dont le casier judiciaire, à l'abri des intrusions d'où qu'elles viennent.

À la suite de cette Convention, la Directive européenne sur les données à caractère personnel[211] dispose en son article 8 que *« le traitement des données relatives aux infractions, aux condamnations pénales ou aux mesures de sûreté ne peut être effectué que sous le contrôle de l'autorité publique ou si des garanties appropriées et spécifiques sont prévues par le droit national... »* Cette directive s'inscrit dans le sillage de la protection des données à caractère personnel et incidemment dans celui du respect de la vie privée.

À l'évidence, l'explosion technologique réduit la multitude des États, indifféremment des continents, au bénéfice de leur interconnexion, en un village planétaire. Dans ce contexte, il serait illusoire pour un pays d'élaborer un système fiable de protection de données, circonscrit aux limites de ses frontières nationales et qui ne soit pas vulnérable aux menaces malveillantes étrangères. À ce propos, l'action éminemment interactive des États paraît plus efficiente ; question d'opposer à la menace globale, une réplique globale.

S4- Initiative d'un "casier judiciaire commun" à plusieurs États

L'espace européen a connu de 2004 à 2005, une succession d'évènements tragiques et malheureux[212] mettant en évidence les lacunes du dispositif sécuritaire et de la mise en œuvre de la justice pénale en Europe. La question

[211] Directive 95/46/CE du Parlement européen et du Conseil, du 24 octobre 1995 relative à la protection des personnes physiques à l'égard du traitement des données à caractère personnel et à la libre circulation de ces données, *journal officiel des Communautés européennes,* série L, n° 281, 23 novembre 1995.

[212] Le 11 mars 2004, de 7h 39 à 7h 42 (moins de 5min), quatre trains sont pulvérisés par une dizaine de bombes faisant 192 morts et 1858 blessés. L'Europe enregistre l'attentat le plus meurtrier depuis 1988. (sources https://fr.wikipedia.org/wiki/Attentats_de_Madrid_du_11_mars_2004 : le 21 juillet 2005, 4 tentatives d'attentat à la bombe sont perpétrées dans la ville de Londres ayant paralysé le système de transport public (pas de mort enregistré, seuls les détonateurs ont explosé), deux semaines après le précédent attentat du 7 juillet 2005 ayant fait 280 blessés et des dégâts matériels importants : sources : https://fr.wikipedia.org/wiki/Attentats_de_Londres_du_21_juillet_2005: juin 2004 la Presse française fait des révélations sur l'affaire Michel FOURNIRET.. https://www.ina.fr/ina-eclaire-actu/2004-arrestation-de-michel-fourniret-le-dutroux-a-la-francaise.

de la libre mobilité des terroristes et malfaiteurs dans l'espace européen, au cœur des débats, a inspiré à la Commission européenne, la mise en place d'un casier judiciaire européen commun à tous les États membres de l'union, ceci sur la base d'un registre central unique. Ce projet sur le fond présente une problématique dont il convient d'exposer les données. Même si l'effectivité de ce projet bute sur des obstacles, certains indicateurs permettent d'entretenir l'espoir pour l'avenir.

§1- Problématiques sous-jacentes et analyse

A priori, par référence au mandat d'arrêt européen déjà opérationnel[213], l'institution d'un casier judiciaire européen, dans une approche de parallélisme de forme, ne devrait pas appeler des observations particulières. Par ailleurs, il s'agit des éléments d'une même discipline, la justice pénale. Cependant, à l'observation, les données dans les deux cas, ne sont pas les mêmes. Il s'agit pour le mandat d'arrêt d'un titre d'arrestation au seuil ou au dénouement d'une procédure. Pour le casier judiciaire commun, il s'agit d'une démarche post-condamnation, visant à communiquer sur le passé pénal d'un individu, indifféremment du lieu où ce dernier se trouve, indifféremment de sa nationalité, dès lors que l'intéressé a déjà fait l'objet ou non, d'une condamnation dans l'un des États de l'Union. Le défi à relever est celui pour un État, d'obtenir d'être renseigné dans un délai raisonnable, sur le passé pénal d'un individu national ou étranger, condamné dans un État tiers, membre de l'Union européenne. En l'espèce, l'on est en présence d'au moins trois législations nationales dont l'application est possible : La loi de l'État demandeur, la loi de l'État de condamnation, la loi de la nationalité du condamné. En l'espèce, le casier judiciaire sollicité serait régi par laquelle des trois lois ?

A- Éléments de réponse dans le cadre européen

Suite aux attentats évoqués ci-dessus et aux révélations dans le cadre de l'affaire Fourniret, sur les lacunes dans la gestion de la justice pénale entre les Pays européens, le Conseil européen a résolu de faire de la question d'entraide, une question majeure. Aussi a-t-elle confié à la Commission, la charge d'élaborer des propositions visant à intensifier les échanges d'informations sur le casier judiciaire. Y faisant suite, la Commission a adopté le 25 juin 2005, Un livre blanc relatif aux échanges d'informations sur les condamnations pénales dans l'espace de l'Union européenne. Les insuffisances du cadre

---

[213] Voir Décision-cadre n°2002/584/JAI du Conseil du 13 juin 2002 relative au mandat d'arrêt européen et aux procédures de remise entre États membres, JOCE L 190 du 18 juillet 2002, p. 1 et ss.

juridique existant, la Convention de Strasbourg[214], mises en exergue, ont suscité des appréhensions et des réserves.

En effet, la Convention, entre autres, ne fixe aucun délai pour l'inscription des condamnations par les États qui, dès lors, ne se voient astreints à aucune obligation de célérité ; la Convention laisse le soin aux États de centraliser l'information concernant leurs nationaux. L'on observe que certains États procèdent à un tri d'inscription dans les condamnations prononcées à l'étranger contre leurs ressortissants ou ne les conservent pas aussi longtemps que l'État de condamnation, en raison de l'application de règles nationales d'effacement. Ces insuffisances (non exhaustives) en ajoutent à d'autres difficultés qui entravent le processus.

En lieu et place du casier judiciaire européen qui ne suscite pas l'adhésion de tous, une alternative est retenue, celle fondée sur un Index européen. Ce qui n'a pas dissuadé certains États de réfléchir autrement autour d'une interconnexion des casiers judiciaires nationaux. La Commission reprendra la main avec une autre approche par voie de décision-cadre, visant l'organisation et le contenu des échanges d'informations extraites des casiers judiciaires.

La commission a proposé, dans le Livre blanc, la création d'un index européen des personnes ayant fait l'objet de condamnation. À la différence du système des fiches de casier judiciaire visant *in extenso* la teneur des condamnations, le système d'index consiste à ne communiquer que les données d'identification des personnes condamnées ainsi que l'État de condamnation. Celui-ci, en cas de nécessité, est saisi à nouveau par le Pays demandeur pour obtenir, la teneur de la condamnation.

Quelques États ont pris l'initiative de lancer le processus d'interconnexion de leur système de casier judiciaire. La France et l'Allemagne, têtes de file en 2003, ont été rejointes par l'Espagne et la Belgique, ensuite par le Luxembourg et la République tchèque. Plusieurs autres États se sont ensuite ralliés.

Élaboré par la commission, le projet de Décision-cadre a été adopté par le Conseil le 26 février 2009. Relatif à l'organisation et au contenu des échanges d'informations issues des casiers judiciaires, cette décision-cadre visait à fournir une base juridique à une interconnexion électronique prochaine des 27 membres et compléter le cadre juridique existant. La décision-cadre prévoit des obligations pour les États en distinguant celles qui incombent à l'État ayant prononcé la condamnation de celles qui incombent à l'État de nationalité du délinquant.

---

[214] La Convention européenne sur l'entraide judiciaire en matière pénale a été signée à Strasbourg le 20 avril 1959.

B- Les obstacles au processus de création d'un casier judiciaire commun à plusieurs États, le cas de l'Europe

Le projet de création d'un casier judiciaire commun n'a pas enregistré une réticence déclarée d'un État, certains ont plutôt manifesté leur engouement par un regroupement anticipé (France, Allemagne, Espagne et Belgique)[215]. Cependant, la mise en œuvre de ce projet bute sur quelques obstacles, notamment : le multilinguisme, les disparités dans les systèmes judiciaires et le repli souverainiste dont font preuve les États.

1. Multilinguisme au sein de l'Europe[216]

Constitué de 27 États membres, l'Europe héberge un total de 24 langues officielles que sont : allemand, anglais, bulgare, croate, danois, espagnol, estonien, finnois, français, grec, hongrois, irlandais, italien, letton, lituanien, maltais, néerlandais, polonais, portugais, roumain, slovaque, slovène, suédois et tchèque. Trois langues officielles sont utilisées dans les institutions européennes, à savoir le français, l'anglais et l'allemand.

Cette diversité linguistique pourrait s'appréhender sous le prisme culturel comme une richesse. À l'inverse, elle peut, vue sous l'angle de la communication, constituer une pesanteur. Quand bien même il y aurait des moyens de traduction, la transmission du message pourrait connaitre des distorsions. Des incompréhensions pourraient en découler.

En dépit du choix européen de retenir trois langues officielles utilisées dans ses institutions, l'on observe souvent des déformations de traduction. La disharmonie linguistique constitue irréfutablement un écueil dans le processus de création d'un casier judiciaire commun.

2. Disparité des systèmes judiciaires

Les systèmes judiciaires des États membres varient considérablement et sont le produit des différentes traditions judiciaires nationales. La diversité linguistique (24 langues) en est un indicateur éloquent. Les Trois Pays (France, Angleterre et Allemagne) dont les langues officielles sont retenues comme langue de travail au sein de l'Europe ont des systèmes judiciaires différents. C'est dire, même en isolant les 24 autres États membres, que les trois privilégiés linguistiques ne sont pas forcément dans la compréhension mutuelle[217] des condamnations pénales.

---

[215] Voir les développements supra sur les regroupements au sein de l'Europe avant l'avènement de l'ECRIS ;

[216] https://european-union.europa.eu/principles-countries-history/languages

[217] La coopération judiciaire, faut-il le rappeler, repose sur le préalable de la reconnaissance mutuelle par les États concernés, des jugements et des décisions judiciaires dans la perspective d'un rapprochement des législations des États parties.

Il apparaît dès lors, au regard du nombre et de la diversité des systèmes judiciaires, qu'au-delà des dispositions d'écoute et de compréhension que devrait développer chaque État, il faudra régulièrement déterminer la législation applicable. Les situations de conflit des lois seront récurrentes et inévitables.

3. Repli souverainiste des États

L'on observe que certains États, soucieux de conserver leur souveraineté, opèrent des choix pour le moins critiquables selon leur posture d'État du lieu de condamnation (lenteur dans la transmission des informations dès lors qu'elle concerne un compatriote) ou celle d'État de la nationalité de la personne condamnée : effectuer des tris dans les renseignements fournis ou procéder à un effacement anticipé de la condamnation d'une personne de cette nationalité.

Tels sont les obstacles, qui constituent un contrepoids au processus de création du casier judiciaire européen. Ils sont susceptibles, au mieux, de perturber la sérénité des États, au pire, de semer le doute, voire une démobilisation des États.

Toutefois, lesdits obstacles ne nous semblent pas insurmontables. Ce qui autorise, sous réserve de la mise en route des mesures palliatives ou la survenue d'autres éventuelles entraves, d'entretenir un espoir sur la consécration à venir d'un casier judiciaire européen.

§2- Quelles perspectives pour un casier judiciaire commun ?

La consécration d'un casier judiciaire unique dans un cadre communautaire semble reposer sur quelques préalables, notamment une adhésion des membres quant à l'opportunité manifestée par des actions préparatoires qui y conduisent. Ensuite, la démarche processuelle pour y parvenir.

A priori, l'on pourrait ou devrait s'en tenir à la seule volonté des membres à travers les choix opérés par le Conseil et la Commission, organes en charge de la production normative au sein de l'Europe : les projets de décisions-cadres sont élaborés et présentés par la Commission et soumis à l'adoption du Conseil. Un questionnement émerge : celui de savoir si la Commission et le Conseil peuvent pertinemment conduire à son terme le processus de création d'un casier judiciaire européen ? La consécration d'un casier judiciaire européen ne tient-elle qu'à l'adoption d'une décision-cadre ?

Certains analystes, dont Robert Schuman,[218] observent que le Traité européen ne mentionne pas expressément un casier judiciaire européen. Ceci expliquerait-il les tergiversations d'engagement de certains États membres ? Ces États présupposeraient-ils que l'emprise du droit communautaire sur la création d'un casier judiciaire européen ne serait pas suffisante ? Robert Schuman suggère une appropriation européenne formelle du droit pénal des États par une disposition du Traité européen. Ceci aurait pour effet de réguler la consécration du casier judiciaire européen par des Lois-cadres jugées plus contraignantes, en lieu et place des Décisions-cadres, qui auraient la faiblesse d'être vulnérables, pour un sujet communautaire aussi délicat et sensible.

L'analyse de R. Schuman sur fond de syllogisme, nous paraît cohérente, solide, mais pas inattaquable. Une réserve peut lui être opposée sur la consubstantialité reconnue entre la souveraineté des États et le droit pénal. Le droit communautaire a souvent concédé aux États membres leur monopole sur le droit pénal interne. Encore qu'une emprise du droit communautaire sur la justice pénale des États par loi-cadre ne garantirait aucunement, en pratique, une adhésion des États membres. En cela, la loi-cadre n'aurait pas réglé le problème de manière péremptoire. Il apparaît dès lors que le problème est loin de se situer au niveau de la pyramide ou de l'ordonnancement des normes juridiques.

Pour autant, les réserves ci-dessus ne nous semblent pas obstructives à une consécration à venir du casier judiciaire commun à plusieurs États. L'Europe s'est déjà offert une antériorité en matière d'instrument commun de justice pénale. L'avènement du mandat d'arrêt européen[219] permet, objectivement, de préjuger ou, tout au moins, d'entretenir l'espoir sur une mise en place prochaine du casier judiciaire commun. Du reste, il est observé que l'élaboration législative du casier judiciaire commun pourrait emprunter la démarche processuelle qui a été celle du mandat d'arrêt européen en raison de leur connexité disciplinaire avérée. Dès lors, le parallèle ainsi établi entre les deux actes autorise à penser que le casier judiciaire européen, loin d'être une chimère, est un défi qui pourrait être relevé à court ou à moyen terme.

S'agissant du contexte africain, des instruments de coopération judiciaire épars existent. Ceux-ci, pour l'essentiel, ont circonscrit la coopération judiciaire en matière pénale entre les États concernés, à l'entraide judiciaire, au transfèrement des personnes poursuivies, au transfert des actes de procédure, l'extradition et les échanges des informations, dont les condamnations répressives. Il n'est pas fait mention de l'interconnexion en

---

[218] Robert SCHUMAN, « Le Casier judiciaire européen : quelles perspectives ? », in *Question d'Europe,* Europe et Société n° 19, 20 févr. 2006, p.7 : https://www.robert-schuman.eu/fr/questions-d-europe/0019-le-casier-judiciaire-europeen-quelles-perspectives

[219] Voir Décision cadre n°2002/584/JAI du Conseil du 13 juin 2002 relative au mandat d'arrêt européen et aux procédures de remise entre États membres, op cit.

réseau, des casiers judiciaires nationaux, encore moins d'un projet de casier judiciaire commun. Il demeure néanmoins que les progrès hautement louables réalisés dans le contexte européen en ce qui concerne le casier judiciaire, à défaut de faire office de référentiel, peuvent servir de déclic d'une réflexion dans le cadre africain.

Dans la mouvance contemporaine d'une interaction nécessaire des systèmes juridiques nationaux, la coopération judiciaire en matière de justice pénale et particulièrement sur le casier judiciaire, est une dimension sensible de la justice répressive qu'on ne saurait occulter. L'entraide judiciaire à ce sujet dans ses divers aspects actuels et prospectifs constitue un levier déterminant permettant au casier judiciaire, dans le concert des États, de contribuer significativement à la croisade contre la criminalité nationale et transfrontalière.

CHAPITRE V :

PISTES DES RÉFORMES, JALONS ET AMÉNAGEMENTS EN VUE D'UNE AMÉLIORATION DU CASIER JUDICIAIRE AU CAMEROUN

Au regard de la vague émergente plurielle qui s'impose aux sociétés contemporaines, la justice pénale, immergée dans un environnement complexifié, est appelée à se remoduler dans son déploiement et dans ses divers aspects afin d'apporter des solutions adaptées au contexte. S'agissant du champ spécifique du casier judiciaire, il est superfétatoire de poser à nouveau la question de savoir si dans la mouvance actuelle des Sociétés modernes en peine, face aux contingences de toutes sortes, le casier judiciaire constitue un outil de renseignement déterminant.

Les développements précédents au cœur du droit comparé et abondamment remué, ont permis de répondre par l'affirmative dans une approche comparative qui rassure à l'idée que les écarts observés entre les systèmes nationaux peuvent être comblés par des réformes ciblées. À ce titre, dans le contexte spécifique du Cameroun, quels sont les aménagements indispensables en vue d'une efficience optimale du casier judiciaire dans un environnement en pleine mutation, comme décrit plus haut ?

Le système de casier judiciaire du Cameroun en l'état, assurément n'a pas la prétention d'aller en compétition avec les modèles éprouvés faisant office de référence en la matière, en l'occurrence, celui de la France. Du reste, les moyens déployés et les objectifs poursuivis par lesdits modèles ne sauraient être généralisés à tous les systèmes nationaux. Néanmoins, en restant dans une démarche constructive empreinte d'humilité, certes avec des prétentions légitimes de perfection, le casier judiciaire au Cameroun devrait entrer dans un vaste chantier de réformes sur plusieurs paliers, à savoir :

- Réformes normatives (S1)
- Réformes d'ordre conceptuel (S2)
- Aménagements infrastructurels, logistiques et fonctionnels (S3)
- Réformes à caractère informatique et communicationnel (S4)
- Interactions multisectorielles sur le casier judiciaire (S5)

S1- Des reformes normatives envisageables

Le Bâtonnier Charles TCHOUNGANG relève avec force et pertinence que l'un des maux dont souffre la justice pénale au Cameroun, c'est le caractère équivoque de certaines dispositions du Code pénal qui donnent lieu à une application tout aussi ambigüe, tant « il est difficile d'en comprendre la philosophie, de même que les objectifs »[220].

Le Législateur gagnerait à édicter des lois avec clarté. Ceci faciliterait la compréhension et dès lors son application. La saine écriture d'une loi est le gage de sa saine compréhension et partant de sa saine application.

Au terme du périple juridique comparé ci-dessus, il apparaît que le dispositif normatif sur le casier judiciaire au Cameroun accuse de nombreuses insuffisances qui appellent des correctifs et réajustements sur plusieurs aspects qui, de par leur nature ou régime relèvent soit du domaine de la loi, soit du domaine réglementaire.

§1- Réformes au plan législatif

Conformément à l'article 26 (6) de la constitution du Cameroun, sont du domaine de la loi *« la détermination des crimes et délits et l'institution des peines de toute nature, la procédure pénale, la procédure civile, les voies d'exécution, l'amnistie ».* À ce titre, le CPP en vigueur au Cameroun a fait l'objet d'une loi, celle n° 2005/007 du 27 juillet 2005. Les points sur lesquels nous suggérons des réformes sont des aspects du CPP sur lesquels on observe soit un silence du législateur, soit une rédaction équivoque des dispositions légales.

A- Sur la réécriture des articles 574 et 575 du CPP

En l'état des dispositions des articles sus visés, les fiches de casier judiciaire sont confectionnées une fois la décision rendue alors même que celle-ci n'est pas définitive. Les informations sur les voies de recours (éventuelles) font l'objet d'une transmission supplémentaire ultérieure. Dès lors, les personnels se voient assigner un double travail, à savoir : celui de répertorier systématiquement toutes les décisions de condamnation (définitives ou non) et d'assurer une veille sur les voies de recours. Encore que, même en l'absence d'une mention de voie de recours, une vérification s'avérerait toujours nécessaire. Les personnels saisis d'une demande de bulletin de casier judiciaire, en présence d'une fiche de casier judiciaire, restent habités par le doute de l'éventualité d'une voie de recours pour laquelle

---

[220] Charles TCHOUNGANG, *DE L'IMPOSSIBLE JUSTICE AU CAMEROUN,* Éditions du Schabel, Yaoundé, 2015, p. 68. Brillant avocat de réputation nationale et internationale, Me Charles TCHOUNGANG a été Bâtonnier de l'Ordre des Avocats au Cameroun de 2006 à 2009.

iront souvent chercher l'information ailleurs auprès de la juridiction de condamnation.

Cette approche, laborieuse et critiquable à souhait, est plutôt isolée au regard du droit comparé. Pour le législateur français[221] et à sa suite, ses homologues du Sénégal[222] et du Togo[223], seules les décisions définitives sont éligibles à une transcription dans une fiche de casier judiciaire. Ce choix pertinent à notre avis comporte plusieurs avantages, notamment : le volume combien important des décisions non définitives qui restent dans la juridiction de condamnation qui au surplus assure seule (sans partage) la vigilance des voies de recours. Il en découle une économie de fiches au plan de l'élaboration, de la transmission, du stockage (désencombrement) et de l'exploitation. C'est dire combien un aménagement législatif dans ce sens est bénéfique : réduction du travail des personnels, gain d'espace, fluidité des recherches.

B- Sur l'identification des personnes au casier judiciaire :

Il se dégage des développements précédents que les dispositions de l'article 577 indiquent que la fiche de casier judiciaire contient des *« renseignements d'identité, la photographie, les empreintes digitales et les signalements morphologiques et anthropométriques ».* Les éléments visés dans cet article sont des techniques d'identification qui incombent à la police judiciaire, professionnelle en la matière. Dans les services de casier judiciaire, cette disposition fort critiquable est perçue et appliquée (sans formation de base) de diverses manières avec quelques curiosités, notamment : des greffiers qui trainent des appareils photo à longueur de journée ou qui s'affairent avec l'encreur pour prélever des empreintes digitales non sans maladresse. Cette activité malencontreuse et ennuyeuse pour un greffier éloigne celui-ci de ses registres, essence même de son métier.

Il conviendrait :

- soit de susciter un partenariat DGSN-MINJUSTICE en vue d'une collaboration de la police sur le volet identification au casier judiciaire, une application appropriée de cet article par les hommes du métier ;

---

221 Article 768, 769 du CPP français voir également R. 66 du même Code « la fiche constatant l'une des décisions visées par les articles 768 (1° à 6°) et 768-1 (1° à 3°) est dressée par le greffier de la juridiction qui a statué, dans les 15 jours qui suivent celui où la décision est devenue définitive, si elle est rendue contradictoirement… En cas de décision par défaut, le délai de 15 jours court du jour de la signification » ;

222 Article 726 du CPP sénégalais « Les condamnations et décisions ne font l'objet d'une fiche que lorsqu'elles sont devenues définitives ».

223 Article 540 (in fine) du CPP du Togo « Les condamnations et décisions précitées ne font l'objet d'un bulletin que lorsqu'elles sont devenues définitives »

- soit s'inspirer de ce qui se fait dans d'autres pays en confiant l'aspect identification aux organes spécialisés, les services d'état civil, l'exemple du Sénégal[224]. Le CPP de la Côte d'Ivoire en son 724 et celui du Togo en son article 540 prescrivent respectivement « des vérifications dans les registres d'état civil ». L'option de l'implication d'un organe en charge des questions d'identité est plausible, à l'instar en France de l'Institut National de la Statistique et des Études économiques en charge du répertoire national d'identification[225].

C- Sur la reconfiguration de la présentation des fiches de casier judiciaire

Il se dégage des développements ci-dessus sur l'identification que des alternatives des procédés d'identification sont envisageables, justifiant que soient expurgés de l'imprimé objet de critique les éléments superfétatoires que sont : l'emplacement photos, cadre réservé pour empreintes digitales, ainsi que la mention querellée *« renseignements d'identité, la photographie, les empreintes digitales et les signalements morphologiques et anthropométriques ».*

Par ailleurs, afin de faciliter la mise à jour du fichier, les fiches devraient pouvoir indiquer leur date de péremption et justifier ainsi leur sortie du fichier et en même temps leur caducité. À titre d'illustration, dans le cadre de la coopération judiciaire entre la France et le Cameroun, les autorités françaises transmettent régulièrement aux autorités camerounaises des fiches de condamnation des Camerounais poursuivis et condamnés sur le territoire français. Lesdites fiches indiquent, en écriture gras, la date de retrait desdites fiches et donc de cessation des effets de la condamnation au casier judiciaire.

Faute de spécimen disponible, il ne nous a pas été possible d'explorer la pratique dans d'autres pays en dehors de la France dont nous avons le bénéfice d'être destinataires des fiches. Du reste, il convient de rappeler que le contenu des fiches de casier judiciaire est fixé par le CPP et de ce fait, les réajustements de mentions de la fiche, si nécessaire, découleront par voie d'amendement, du même Code.

---

[224] Article 726 du CPP sénégalais, « le greffier de chaque tribunal reçoit, en ce qui concerne les personnes nées dans la circonscription du tribunal et après vérification de leur identité aux registres de l'état civil, des fiches constatant :

[225] Au terme de l'article R 64 du CPP français, *« l'institut national de la statistique et des études économiques, communique au service du casier judiciaire national automatisé, les noms patronymiques, les prénoms, les dates, lieux de naissance et sexe des personnes âgées de plus de douze ans qui figurent au répertoire national d'identification ainsi que les modifications dont ces données auront été éventuellement objet ».*

D- Sur les délais d'élaboration et les délais de transmission des fiches de condamnation

Le CPP au Cameroun ne mentionne aucun délai à ce sujet, créant ainsi dans le processus du casier judiciaire une zone de non-droit, source de lenteurs et de multiples dysfonctionnements. Dans ce contexte, un bulletin de casier judiciaire peut être délivré par inadvertance avec la mention « néant » alors même qu'une fiche de condamnation du concerné « sommeille » quelque part dans une juridiction. Quand bien même les auteurs de ces lourdeurs seraient identifiés, l'on ne pourrait les recadrer avec des références de délai, faute de base légale. Notre propos ci-dessus a été illustré par plusieurs exemples de délais. La tendance majoritaire est celle-ci : l'élaboration de la fiche de casier judiciaire le lendemain du jour où la décision est devenue définitive lorsque la décision est contradictoire ou de la signification pour les décisions rendues par défaut. La fiche doit parvenir aux différents destinataires dans les 15 jours de la décision devenue irrévocable[226].

Dans cette approche innovante, seules les décisions devenues définitives font l'objet de transcription dans les fiches. Ceci a un sens en ce que de par la loi, seules les décisions irrévocables sont visées dans les bulletins de casier judiciaire (article 581 (1)(C) du CPP). Ainsi, la vigilance sur les voies de recours s'opère en amont, au sein de la juridiction de condamnation, ce qui n'est que logique. Il est dès lors fait économie des laborieux échanges téléphoniques aux fins de vérifier le caractère définitif d'une décision.

E- Sur la communication du casier judiciaire à l'administration pénitentiaire

Il est curieux de réaliser que l'administration pénitentiaire n'est pas prise en compte dans la chaîne de communication du casier judiciaire. En effet, l'administration pénitentiaire n'est pas formellement visée par le CPP dans la transmission des bulletins de casier judiciaire. Pourtant, il est avéré, au regard du droit comparé que pour un meilleur suivi pénitentiaire des détenus, les extraits de casier judiciaire de ces derniers devraient figurer dans leur dossier pénitentiaire. *« Le bulletin n°1 peut être délivré aux greffes des établissements pénitentiaires afin de compléter les dossiers individuels des personnes incarcérées, ainsi qu'aux Directeurs des services pénitentiaires d'insertion et de probation, afin de permettre d'individualiser les modalités de prise en charge des personnes condamnées »*, telle est la quintessence de l'article 774 du CPP français.

Cette disposition louable rappelle à notre souvenir que le casier judiciaire est un outil déterminant d'orientation de la prise en charge pénitentiaire. La prise en charge pénitentiaire d'un délinquant primaire ne saurait être

[226] Article R.66 du CPP français, op.cit.

confondue à celle réservée à un récidiviste et encore moins à un multirécidiviste. Seul le recours au casier judiciaire peut éclairer et orienter l'administration pénitentiaire. Ce faisant, la décision d'incarcération d'un individu devrait être assortie de la transmission systématique au régisseur de la prison d'accueil, du bulletin n°2 du concerné. Un amendement du CPP dans ce sens serait une avancée du système pénal et pénitentiaire au Cameroun.

F- Sur la consécration légale du casier judiciaire des personnes morales

La création du casier judiciaire des personnes morales passe préalablement par une consécration légale. Or, au Cameroun, en dépit de l'affirmation légale de la responsabilité pénale de la personne morale, le casier judiciaire n'est pas encore effectif. L'énoncé de la création légale en précisera les contours, notamment la configuration de la fiche de casier judiciaire ainsi que la présentation du bulletin de casier judiciaire lui-même. Nécessairement, le contenu de ces documents présentera des spécificités selon qu'il s'agit de la personne physique ou de la personne morale.

Le législateur sera interpellé sur deux questions qui émergent dans la mise en œuvre du casier judiciaire des personnes morales, à savoir déterminer les types de casier judiciaire susceptibles d'être délivrés aux personnes morales (B1, B2 ou B3) et ensuite clarifier la remise ou la non-remise de l'extrait de casier judiciaire établi[227].

Par transposition des règles applicables aux personnes physiques, les B1 et B2 ne sont pas remis aux concernés, seules les autorités judiciaires et administratives y ont accès, sur leur demande. A contrario, le B3 est délivré aux personnes concernées, sur leur demande. À qui sera remis cet extrait de casier judiciaire établi pour la personne morale ? Le législateur veillera à donner réponse à cette question.

G- Sur l'institution des casiers judiciaires spéciaux pour des groupes à risque catégorisés

Les développements ci-dessus ont établi la corrélation entre le contexte sécuritaire et la politique répressive qui en découle. La justice pénale n'aura jamais été aussi éprouvée, les pouvoirs publics en perdent le sommeil au regard de l'ampleur devenu titanesque des interpellations et urgences d'ordre sécuritaire. Le concept de la surveillance qui cloisonne de façon binaire la société en "surveillants", que sont les autorités et "surveillés", que constituent les personnes condamnées, n'est pas de la science-fiction ou une chimère. Ce

---

[227] En France le casier judiciaire des personnes morales est consacré par le CPP. Dans la pratique judiciaire française, il n'est pas délivré de B3 pour les personnes morales. Le B2 disponible, fait l'objet d'une communication verbale par le Procureur de la République. Le support physique (papier) n'est pas délivré.

concept trouve des applications subtiles dans le contexte occidental qui méritent d'être explorées.

Face à la recrudescence de l'insécurité, l'opérationnalité d'une politique préventive ou répressive globalisante a montré des limites. Il se développe de plus en plus une convergence de vue sur la nécessité d'une définition par les pouvoirs publics, des priorités dans l'univers de la criminalité par la détermination des infractions ciblées, à enjeu sécuritaire ou valeurs sociales relevées. Ensuite, procéder à une catégorisation des auteurs desdites infractions sur lesquels la vigilance de l'appareil politique, social et pénal doit être accrue. Aux personnes identifiées comme telles, présumées de dangerosité élevée correspond un statut spécial donnant lieu à un fichier spécial assorti des mentions spécifiques sur le casier judiciaire dont les effets de déchéance de droit, de restriction de liberté et de surveillance sont plus sévères.

L'objectif est de tenir à l'œil les concernés réputés potentiellement plus dangereux, avec des moyens accrus, et de les soumettre à un régime restrictif de liberté qui aura le bénéfice de soulager la société, tout au moins de lui donner un temps de répit. À titre d'illustration, en France, les auteurs des infractions de terrorisme font l'objet d'un fichier spécial, le FIJAIT de même que les auteurs des atteintes sexuelles sur les mineurs, le FIJAIS. Les intéressés, constamment traqués, n'ont pas le sommeil tranquille, au grand soulagement de la société. C'est le prix à payer dans un contexte de montée d'insécurité.

Plusieurs pays, dont le Cameroun, pourraient se reconnaitre dans les groupes à risque ci-dessus. Toutefois, la mise en œuvre de la politique pénale et, notamment, le décryptage des statistiques criminelles, pourrait utilement orienter vers d'autres pôles de vigilance et dévoiler de nouveaux groupes à risque dont la liste ne saurait être exhaustive.

H- Sur le renforcement de la protection du mineur au casier judiciaire

Le mineur est un sujet de droit pénal particulier qui bénéficie de ce fait des attentions spéciales du législateur tout le long du processus pénal : assistance sociale ou familiale à l'enquête préliminaire, l'information judiciaire, composition du tribunal pour les audiences, détention dans le quartier spécial pour mineur, etc.

S'agissant du casier judiciaire, le législateur camerounais énonce à l'article 741 que les dispositions du CPP sur le casier judiciaire (articles 573 à 583 du CPP camerounais) sont applicables au mineur. Cependant, il concède au mineur une protection appréciable en ces termes *« toutefois, la mention des condamnations prononcées à l'encontre du mineur n'est inscrite que sur les extraits de casier judiciaire délivrés aux magistrats et aux administrations publiques ».* Autrement dit, s'agissant du mineur, cette mention est proscrite. Cette restriction de publicité qui dénote d'un regard et mieux, d'un contrôle voulu du législateur sur la communication concernant un mineur en conflit avec la loi, participe de la protection de celui-ci.

Le législateur français[228] a aménagé un autre mode de protection du mineur par voie de suppression de la fiche de casier judiciaire moyennant quelques conditions, notamment : expiration d'un délai de 3 ans, à compter de la décision et même si le mineur dans ce délai est devenu majeur, la rééducation du mineur concerné doit apparaître comme acquise. La décision de suppression de la fiche par le tribunal pour enfants est obtenue à la suite d'une requête du mineur (ou ses parents ou représentants légaux), la requête du ministère public, ou une saisine d'office du Tribunal. Cette mesure de protection est reprise à quelques nuances près, par le législateur ivoirien[229] et ses homologues sénégalais[230] et togolais[231].

À l'observation, il s'agit de deux mesures qui poursuivent le même effet, à savoir la protection du mineur. Cependant, elles sont différentes dans leur mécanisme. La non-inscription d'une condamnation dans le casier judiciaire laisse néanmoins subsister l'existence d'une fiche de casier judiciaire, dont il faut, à chaque fois, se souvenir de la dispense d'inscription au casier judiciaire. Il demeure que nulle mémoire humaine n'est infaillible. En cela, ce mode de protection peut échapper au personnel du fait d'une inattention, voire d'une ignorance de la loi. Les autorités judiciaires et administratives conservent le privilège d'accéder à l'information.

En revanche, la suppression de la fiche semble être plus efficiente, en ce qu'en l'absence de la fiche, l'hypothèse d'une transcription de la condamnation sur un bulletin de casier judiciaire est inconcevable. En cela, la suppression de la fiche implique quasi automatiquement, la non-transcription de la condamnation sur un extrait de casier judiciaire. Les deux mesures de protection sont fusionnées en une seule. Cet avantage pourrait permettre de départager les deux modes de protection et orienter vers une préférence.

---

228 Article 770 du CPP français.

229 Article 726 du CPP ivoirien

230 Article 728 CPP sénégalais « lorsqu'à la suite d'une décision prise en vertu des dispositions du titre premier du livre IV relatives à l'enfance délinquante, la rééducation du mineur apparaît comme acquise, le tribunal pour enfants peut, après l'expiration d'un délai de cinq ans à compter de ladite décision, même si le mineur a atteint sa majorité, décider à sa requête, à celle du ministère public ou d'office, la suppression du casier judiciaire de la fiche concernant la décision dont il s'agit »

231 Article 542 du CPP togolais.

I- Sur des dispositions pénales spéciales réprimant les infractions relatives au casier judiciaire

Le fonctionnement du casier judiciaire charrie, à la faveur de l'inventivité des hommes, sous le mobile des intérêts divers, des comportements répréhensibles qui ne peuvent rester impunis. Les enjeux multiples que revêt le casier judiciaire selon le contexte pourraient expliquer que des individus se livrent à des artifices pour obtenir le bulletin de casier judiciaire à leur convenance, mais hélas ! au contenu inexact. Cette explication est irréfutablement insuffisante pour absoudre les auteurs desdits agissements de la responsabilité pénale qui pèse sur ces derniers.

Certains pays, dont le Cameroun, ont fait le choix de renoncer à l'élaboration des dispositions pénales spécifiques au casier judiciaire, laissant le soin au juge pénal de convoquer les dispositions de portée générale du Code pénal pour réprimer tout comportement répréhensible découlant du processus du casier judiciaire : déclarations mensongères, faux en écritures publiques, faux et usage de faux, usurpation de fonction...

D'autres pays a contrario, ont fait le choix d'incorporer des dispositions pénales spéciales dans la codification du casier judiciaire. C'est le cas de France[232], du Sénégal[233], mais également de la Cote d'Ivoire dont l'une des dispositions sur le casier judiciaire, article 736 du CPP, punit d'un emprisonnement de six (6) mois à cinq ans et d'une amende de 50 000 F à 1.000 000 F, *« quiconque a pris le nom d'un tiers, dans les circonstances qui ont déterminé ou auraient pu déterminer l'inscription d'une condamnation au casier judiciaire de celui-ci »*. Est puni de la même peine *« celui qui par de fausses déclarations relatives à l'état civil d'un inculpé, a été sciemment la cause de l'inscription d'une condamnation sur le casier judiciaire d'un autre que cet inculpé »*.

À notre avis, le cumul des dispositions pénales spéciales et la codification du casier judiciaire dans un même corpus de texte comportent l'avantage technique pour le praticien du droit et pour l'apprenant du droit en ce que l'outil de travail est unique. Par ailleurs, adjoindre aux dispositions substantielles des dispositions pénales spéciales, au-delà de la dimension pédagogique, pourrait sonner comme une mise en garde et de ce fait décourager toute velléité de tricherie.

---

232 Article 781 du CPP français, puni d'une amende de 7500 euros « celui qui en prenant un faux nom ou une fausse qualité, s'est fait délivrer un extrait de casier judiciaire ».

233 Article 738 du CPP sénégalais est puni de deux mois d'emprisonnement au plus et de 20 000 à 100 000 F d'amende « celui qui en prenant un faux nom ou une fausse qualité, s'est fait délivrer un extrait de casier judiciaire d'un tiers ». L'article 737 reprend, à quelques nuances près, les dispositions de l'article 736 du CPP ivoirien (sus visé) avec une répression quasi similaire : six (6) mois à cinq ans d'emprisonnement, 25 000 F à 500 000 F d'amende.

Toutefois, prenant en compte le contexte camerounais[234], l'élaboration des dispositions pénales sur le casier judiciaire devrait pouvoir réserver une place de choix et une répression lourde à l'endroit de ceux, combien nombreux, embusqués dans les périphéries des Tribunaux, qui délivrent à longueur de journée des extraits de casier judiciaire (contrefaits) avec imitation de signatures et de cachets, sans qualité ni titre et qui en ont fait leur métier.

§2- Réformes au plan réglementaire

Relèvent du domaine réglementaire, les réformes normatives qui ne sont pas du domaine de la loi de par leur nature. Il s'agit du reste, des aspects sensibles du fonctionnement du casier judiciaire où les pratiques dans les juridictions sont disparates et où malheureusement des errements sont observés de manière récurrente ; c'est le lieu pour la Chancellerie de sonner l'alerte et de prescrire une ligne de conduite à l'adresse des Chefs des cours d'appel et des chefs de juridictions. À cet effet, la régulation par voie de Circulaires de la Chancellerie serait la bienvenue sur les sujets respectifs ci-après : les modalités de retrait des extraits de casier judiciaire, la purge du casier judiciaire, la création au sein du greffe d'une section spécialisée du casier judiciaire, l'habilitation du fichier central à délivrer des extraits de casier judiciaire à tout citoyen camerounais.

A- Sur les modalités de retrait des Extraits de casier judiciaire confectionnés

Le CPP précise qui a qualité pour procéder au retrait du casier judiciaire sans plus. Aucune clarification n'est donnée sur le procédé de retrait. Le constat lors des missions de contrôle dans les juridictions, c'est que le retrait des bulletins de casier judiciaire s'effectue avec beaucoup de légèreté entrainant des contestations parfois irrémédiables. Il n'est pas souvent possible de retracer le retrait d'un bulletin de casier judiciaire en spécifiant, la date et surtout l'identité de celui qui a procédé au retrait ainsi que la décharge de ce dernier.

Le principe qu'il convient de rappeler est celui édicté par les dispositions du CPP camerounais, à savoir que le bulletin n°3 du casier judiciaire est remis « à la personne concernée » (article 580). Plus précis, l'article 581 spécifie clairement que le bulletin n° 3 « n'est remis qu'au titulaire du casier judiciaire ». Le CPP français dans ce sens dispose en son article 777 (4°) *« Le bulletin n°3 peut être réclamé par la personne qu'il concerne. Il ne doit en aucun cas être remis à un tiers... ».* Cette position est également celle des

[234] Voir supra, titre I, chapitre 3 : fonctionnement du casier judiciaire au Cameroun : approche ambivalente.

législateurs sénégalais, ivoirien et togolais. Il se dégage une convergence de plusieurs législations nationales sur la question.

Les dispositions ci-dessus sont claires et n'appellent aucune interprétation au risque de déformer la pensée du législateur. La convergence de vue des législateurs de pays différents dénote de la pertinence du sujet laissant peu de place à toute forme de concession dans la mise en œuvre de ce principe.

L'application transparente des dispositions ci-dessus nécessite la mise en place d'un registre faisant ressortir outre l'identité de celui à qui le document a été remis, la date et la signature de ce dernier. Ceci à notre avis, devrait être rappelé par voie de Circulaire aux personnels en charge du casier judiciaire. Certes, quelques cas résiduels et isolés peuvent être examinés avec bienveillance, moyennant la présentation d'une procuration.

B- Sur les règles organisant la "purge du Fichier de casier judiciaire" : le retrait des fiches de casier judiciaire du Fichier

Le CPP en son article 578 décline les modalités de retrait des fiches de casier judiciaire. Le terme couramment utilisé, sans fondement légal, dans les juridictions du Cameroun, est celui de "purge" du casier judiciaire. Le retrait de la fiche entraine l'effacement de la condamnation en ce que la fiche de casier judiciaire est classée aux archives et ne peut dès lors tenir lieu de support référentiel pour la confection d'un extrait de casier judiciaire. Chaque condamné rêve de ce moment où il pourrait être libéré de la charge psychologique du casier judiciaire qui sonne comme un jugement d'acquittement, mieux, comme une libération. Ce qui dénote de la sensibilité de cette opération.

Au surplus, les règles qui régissent le retrait des fiches du casier judiciaire sont complexes[235], s'agissant du régime de l'amnistie, de la réhabilitation (articles 676 et suivants du CPP). Dès lors, il nous semble que seuls les Magistrats exercés[236] devraient pouvoir se livrer à cet exercice combien sensible et délicat. Encore que les Magistrats affectés à cette tâche devraient, à notre sens, être invités à soumettre à la censure de leur hiérarchie, les propositions de retrait de fiche, pour approbation, avant exécution effective.

Par ailleurs, la Circulaire y afférente que nous recommandons vivement, devrait pourvoir indiquer une périodicité unique des opérations de purge à l'attention de tous les greffes à l'échelle nationale à charge pour les Chefs de

---

[235] La complexité du mécanisme de la purge du casier judiciaire non seulement appelle des clarifications supplémentaires par voie de Circulaire, mais également des sessions de renforcement de capacité des personnels judiciaires.

[236] Exercer : soumettre à un entrainement méthodique, former (Petit Larousse illustré, 2011, p.398) Magistrats exercés, renvoi aux Magistrats familiarisés à cet exercice ou formés à cet effet, indifféremment du rang, du titre ou du grade de ce Magistrat dans la juridiction concernée.

juridiction d'en dresser compte rendu à transmettre par voie hiérarchique au Garde des Sceaux.

C- Sur la création au sein du Greffe d'une section spécialisée du casier judiciaire

En l'état de l'organisation administrative des juridictions[237], le casier judiciaire est un maillon de la section correctionnelle au sein des greffes du TPI. Ce qui vaut au casier judiciaire de ne pas figurer au rang des priorités dans la distribution de l'espace dans les greffes. Très souvent, le casier judiciaire est "casé" à qui mieux mieux dans un coin du greffe au nez et à la barbe des Chefs de juridiction supposés mieux connaitre l'importance du casier judiciaire et les enjeux qu'il représente, mais hélas !

Les considérations abondantes ci-dessus suffisamment explicites mettent en relief les multifonctionnalités du casier judiciaire qui échappent au cadre classique désormais étroit de la justice pénale pour irradier les domaines politique, administratif, économique, voire diplomatique, conférant ainsi au casier judiciaire un statut multifonctionnel. Les lettres de noblesse à attribuer désormais (à juste titre) au casier judiciaire appellent une relecture réglementaire et structurelle de la place et du cadre dévolu à ce document dans l'appareil judiciaire. Le casier judiciaire mérite mieux que les couloirs ou le racolage des espaces des greffes. La création d'une section spécialisée du casier judiciaire ne serait que justice. Il y va de la considération que l'on est droit d'attendre de la justice en interne et de l'image de l'institution judiciaire au plan diplomatique.

L'enjeu sécuritaire abondamment étayé ci-dessus et les interactions multisectorielles[238], qui suggèrent la perspective d'une synergie MINJUSTICE-MINDEF-SED-DGSN dans la gestion des fiches de casier judiciaire, appellent conséquemment, la mise en place d'une machinerie lourde qui interpelle hautement les Pouvoirs publics. Le dispositif opérationnel de l'appareil nécessaire pour ce projet commande que soient conférés au casier judiciaire un statut nouveau au sein des greffes, un cadre nouveau et autonome, un accompagnement technologique idoine et un casting des personnels au profil de l'emploi éloquent et idoine.

---

[237] Décret n° 80-299 du 26 juillet 1980 portant organisation administrative des juridictions, modifié et complété par le Décret n° 81-264 du 8 juillet 1981.
[238] Voir TITRE II, Chapitre IV, Sections 1 et 5.

D- Sur l'habilitation du Fichier central (MINJUSTICE) à délivrer des extraits de casier judiciaire à tout citoyen camerounais, indifféremment du lieu de naissance de celui-ci

Le CPP est très explicite sur la destination des fiches de casier judiciaire et l'est moins en ce qui concerne le lieu de délivrance des extraits de casier judiciaire. Il découle de la lecture combinée des dispositions du CPP sur le casier judiciaire que le greffe du TPI du lieu de naissance fait office de réceptacle de toutes les fiches de condamnation indifféremment du lieu de jugement. À cet effet, ledit fichier, sous réserve de sa mise à jour et sa bonne tenue, dispose de la documentation pour délivrer des extraits de casier judiciaire aux natifs de l'arrondissement concerné.

Or, conformément aux dispositions de l'article 574, le Fichier central logé au ministère de la Justice, Direction des Affaires pénales et des Grâces, est destinataire de deux fiches de chaque condamnation pénale de toutes les juridictions sur l'étendue du territoire national. Dès lors, le Fichier central dispose de la documentation nécessaire pour établir des extraits de casier judiciaire à l'échelle nationale à tout Camerounais, indifféremment de son lieu de naissance. Pour l'heure, seules les instructions du Garde des Sceaux autorisent la Direction des Affaires pénales et des Grâces à délivrer des bulletins de casier judiciaire aux nationaux né en dehors de Yaoundé.

Une habilitation formelle du Fichier central à délivrer des extraits de casier judiciaire sans distinction de lieu de naissance, ce qui n'a rien d'illégal (la loi ne l'interdit pas formellement) et par ailleurs, techniquement faisable, serait un soulagement pour de nombreux Camerounais résidant à Yaoundé, bien que nés dans des contrées éloignées, de pouvoir faire l'économie d'un déplacement parfois éprouvant à plusieurs titres (distance et coût) pour obtenir un bulletin de casier judiciaire.

S2- Des Réformes d'ordre conceptuel

Au bénéfice des analyses comparées ci-dessus et au regard de la consolidation encore en cours du casier judiciaire au Cameroun, deux réformes conceptuelles pertinentes sont envisageables, au sein de la Chancellerie, à savoir : Constituer le casier judiciaire comme Observatoire de la délinquance ensuite comme, source des statistiques.

§1- Casier judiciaire, "Observatoire de la délinquance"

La mise en œuvre optimale de la politique pénale pourrait être inachevée s'il n'existe pas un écran-témoin offrant une lisibilité des comportements criminels dans l'espace et le temps et d'en dresser cartographie aux fins d'orientation de la politique répressive et d'élaboration des mesures préventives.

En France, le casier judiciaire est un « observatoire de la délinquance » et un « observatoire des pratiques ». Les autorités administratives et judiciaires travaillent à décrypter les données du casier judiciaire pour se donner un aperçu de l'état de la délinquance au triple plan de la nature des infractions, leur récurrence et leur localisation géographique. Les actions et mesures politico-répressives subséquentes en sont tributaires. Il s'agit à notre sens, d'une démarche rationnelle, méthodique et constructive, irréfutablement appropriée au contexte camerounais. Aussi recommandons-nous vivement cette approche aux Autorités camerounaises.

§2- Casier judiciaire, source des statistiques judiciaires

L'élaboration des statistiques judiciaires est une activité courante du fonctionnement de la justice. Sa mise en œuvre, souvent laborieuse, bien que confiée à une Unité de travail dédiée, connait de multiples entraves rendant indisponibles lesdites statistiques dans les délais souhaités. Pour rappel, les fiches de casier judiciaire et à la suite, les bulletins de casier judiciaire sont confectionnés sur la foi des jugements rendus par les juridictions répressives. À cet effet, le décompte des fiches de casier judiciaire constitue une source crédible des statistiques judiciaires, malheureusement perdue de vue.

En France, le Centre des études statistiques du ministère de la Justice, implanté sur le site du casier judiciaire national, exploite à titre principal les informations du casier judiciaire sous anonymat, pour l'élaboration des statistiques judiciaires. L'implantation de ces deux (2) entités de travail sur le même site dans la ville de Nantes n'est pas anodine. Ce modèle très édifiant devrait pouvoir parler aux pouvoirs publics au Cameroun. De même, l'élaboration des statistiques judiciaires pourrait utilement explorer cette source supplémentaire de statistiques.

S3- Des aménagements infrastructurels, logistiques et fonctionnels

L'un des constats patents des difficultés de fonctionnement du casier judiciaire est celui de la disproportion flagrante entre la pluralité des fonctions du casier judiciaire, les enjeux qu'il renferme et la maigreur des moyens qui lui sont consacrés. La réhabilitation fonctionnelle du casier judiciaire est subordonnée à l'activation de plusieurs leviers relatifs respectivement aux infrastructures, à la logistique, aux ressources humaines et à des réglages fonctionnels.

§1- Des aménagements structurels et logistiques

Le fonctionnement du service du casier judiciaire repose sur une machinerie constituée de plusieurs maillons dont l'interaction permet, à partir de l'identité d'un individu et son lieu de naissance, de renseigner dans un délai raisonnable sur le passé judiciaire de l'intéressé. Ceci suppose des infrastructures adéquates, des équipements appropriés et des ressources humaines outillées.

A- Extension des infrastructures

Le problème de déficit en infrastructures se pose avec acuité dans les services de casier judiciaire au Cameroun, aussi bien au Fichier central logé à la Direction des Affaires pénales et des Grâces du ministère de la Justice, que dans les Fichiers d'arrondissement au sein des TPI. Dans les Tribunaux, le casier judiciaire est quasi systématiquement en situation d'emprunt d'espace ou en cohabitation avec d'autres activités de la section correctionnelle dont il relève. La confidentialité des documents du casier judiciaire et la tranquillité dans laquelle sont appelés à travailler les personnels en charge du casier judiciaire commandent un cadre de travail autonome et, au besoin, délocalisé.

En France, le ministère de la Justice dispose à Paris d'une Direction des affaires criminelles et des Grâces dont la Sous-Direction en charge du casier judiciaire est délocalisée dans la ville de Nantes[239] où elle occupe un bâtiment à deux niveaux. Cette Sous-direction, qui compte un effectif chiffré à plus de 200 salariés, est structurée en 5 bureaux, à savoir : le bureau de la qualité et des traitements, le bureau de l'analyse juridique et de l'identité, le bureau des fichiers spécialisés et des échanges internationaux, le bureau des applications informatiques et le bureau de l'administration générale.

Sans prétention aucune de comparaison, le plus important c'est les leçons à tirer des illustrations ci-dessus, à savoir : l'attribution au casier judiciaire d'un espace qui soit à la fois autonome et compatible avec le volume de travail qui se traduit par l'ampleur de la paperasse, le déploiement des équipements et des effectifs du personnel. Le cas échéant, l'option d'une délocalisation des services du casier judiciaire devrait pouvoir être envisagée si une solution s'offre ailleurs.

B- Dotation en équipements et matériels

L'on ne saurait imaginer une dotation en infrastructures sans accompagnement en équipements, les justificatifs leur sont communs. Le volume de travail assorti des contraintes de célérité induit une obligation de résultat étroitement tributaire des conditions de travail mises en place.

Les équipements visés dans notre propos concernent au premier chef l'appareillage électronique indispensable pour donner satisfaction aux attentes des usagers dans le rapport qualité/ célérité. Il n'y a jamais assez d'ordinateurs,

[239] La Distance qui sépare la ville de Paris à la ville de Nantes est de 384,6 km pour une durée de voyage par route d'environ 3h 56 mn via A11 (indication GPS), approximativement 4h.

d'imprimantes et de photocopieuses dans un service de casier judiciaire. Les besoins sont immenses, notamment, lorsqu'il est question de faire fonctionner à plein régime et sans discontinuer, le casier judiciaire central rattaché aux fichiers de tous les TPI, par ailleurs en charge du casier judiciaire des étrangers, indifféremment du Pays.

Au-delà des équipements, les besoins en matériel de bureau dans les services de casier judiciaire sont considérables avec des pics qui culminent avec la programmation des examens et concours ou la convocation du corps électoral. Les baisses de stock occasionnelles font redouter une éventuelle pénurie qui entrainerait une paralysie du service. En tout état de cause, le Garde des Sceaux attentif au fonctionnement serein des Unités de travail de la Chancellerie a toujours veillé à ce qu'il n'y ait pas de discontinuité dans l'approvisionnement du Fichier central en matériel de bureau.

§2- Du Renforcement des ressources humaines et des capacités

Le renforcement des capacités et des ressources humaines constitue un levier à double volet déterminant pour améliorer le fonctionnement du casier judiciaire. Chacun des deux volets obéit à des aménagements spécifiques.

A- Le renforcement des ressources humaines

Le renforcement des ressources humaines est indispensable sur le double plan qualitatif et quantitatif. Sur le plan qualitatif, il a été indiqué antérieurement que le déploiement des personnels dans les services du casier judiciaire devrait obéir à des critères qui valorisent au premier chef, le mérite. Des critères objectifs rendus publics à l'avance devaient pouvoir permettre de procéder à des choix tout aussi objectifs.

Par ailleurs, les besoins qualitatifs touchent également aux corps de métiers dont le concours est indispensable pour le fonctionnement optimal du casier judiciaire. Il s'agit des informaticiens, des archivistes et des statisticiens.

Au plan quantitatif, les besoins en effectif devraient être déterminés par l'ampleur de l'activité juridictionnelle. Le volume des demandes d'extrait de casier judiciaire qui ne se déduit pas forcément sur l'activité juridictionnelle n'est pas véritablement un critère de détermination des besoins en effectif. Du reste, il s'agit d'une donnée fluctuante au gré de l'actualité politicoadministrative : lancement des concours administratifs ou la convocation du corps électoral, etc.

B- Le renforcement des capacités des personnels

À l'observation, le personnel est en manque de rudiments, y compris pour des notions contenues dans le CPP dont l'appropriation reste insuffisante. Des sessions de formation dans ce sens seraient hautement bénéfiques. Tous les ans, sur instruction du Garde des Sceaux, la Direction des Affaires pénales et des Grâces effectue des missions dans les ressorts des cours d'appels à l'occasion desquelles des rencontres à visées pédagogiques sont organisées. Cette initiative louable se poursuit et devrait être renforcée.

Un autre versant souhaitable du renforcement des capacités réside dans les voyages d'études en direction des Pays dont le système de casier judiciaire éprouvé peut faire office de référence à l'instar de la France ou du Canada qui a l'avantage de constituer un cas d'école bilingue adapté à notre contexte. À ce sujet, une mission de la Direction des Affaires pénales et des Grâces a effectué un voyage d'études au ministère français de la Justice du 2 au 5 novembre 2010[240]. Le rapport de mission avait souligné la disposition des autorités judiciaires françaises à recevoir à l'avenir d'autres Magistrats camerounais dans le cadre des voyages d'études, moyennant un partenariat entre l'École Nationale de Magistrature (ENM) de Bordeaux et l'École Nationale d'Administration et de Magistrature (ENAM) de Yaoundé.

§3- De la Régulation de l'accès aux données du casier judiciaire

L'un des griefs formulés contre le casier judiciaire, c'est l'atteinte à l'image et à la vie privée des personnes condamnées découlant de ce que les données du casier judiciaire seraient accessibles même aux personnes étrangères au service. Il en va de même des bulletins de casier judiciaire qui seraient accessibles à des tiers.

Au regard des dysfonctionnements avérés observés dans le fonctionnement du casier judiciaire au sein de certaines juridictions, il est difficile dans ce procès, de prendre le parti des services judiciaires qui ne sont pas irréprochables. Le flux des individus qui gravitent autour du casier judiciaire pour des intérêts inavoués est impressionnant. Ce mouvement massif s'estompe lorsqu'un rappel à l'ordre hiérarchique survient. Mais, le mal revient au galop quelques jours après. Les autorités judiciaires à tous les niveaux devraient, sans se lasser, assurer la protection des données du casier

[240] Le voyage d'études du 2 au 5 novembre 2010, par une équipe de la DAPG, composée du Directeur et d'un chargé d'études assistant de cette Unité de travail comportait quatre phases, à savoir : entretien à la Direction des Affaires criminelles et des Grâces (2 novembre 2010), entretien suivi de la visite du Tribunal de Grande Instance de Versailles (3 novembre 2010), visite de travail au casier judiciaire national à Nantes (4 novembre 2010), entretien au service des Affaires européennes et internationales (SAEI), présentation du ministère de la Justice et évaluation de la visite d'études (5 novembre 2010). L'une des recommandations fortes de cette mission déjà traduite en acte, c'est la création d'une Sous-Direction du casier judiciaire par le décret n° 2012/389 du 18 septembre 2012 portant organisation du ministère de la Justice. D'autres recommandations importantes attendent d'être mises en œuvre, notamment la dotation des infrastructures autonomes et spacieuses au casier judiciaire central, la création dans les tribunaux d'une section spéciale en charge du casier judiciaire, la poursuite des voyages d'études dans les greffes et juridictions française tous les ans.

judiciaire. Il s'agit notamment de discipliner l'accès aux données judiciaires, de repenser la communication des bulletins de casier judiciaire et de veiller à une application stricte des dispositions du CPP sur la délivrance et la remise des extraits de casier judiciaire.

A- Discipliner l'accès aux données judiciaires

L'intrusion dans les données du casier judiciaire revêt deux formes, à savoir : l'intrusion physique la plus courante dans les services de casier judiciaire et l'intrusion numérique qui fait appel aux outils technologiques.

La forme physique de l'intrusion est caractérisée par la meute humaine désireuse de fouiner dans les documents de casier judiciaire, certains brandissant bruyamment leur appartenance au corps judiciaire, d'autres, leur titre et leur rang social si ce n'est, leurs fonctions supposées dont il rappelle le caractère éminemment prestigieux et les honneurs dus à leur rang et grade. Le climat confus généré ne permet pas le plus souvent d'identifier dans la mêlée, les usagers, des personnels véritablement en charge du casier judiciaire. Plus grave, la plupart de ces usagers ne sont pas les concernés eux-mêmes de l'extrait de casier judiciaire sollicité, mais des intermédiaires. Il est de la responsabilité des chefs de juridiction de combattre ce type d'environnement confus et encombré, incompatible avec la confidentialité et le sérieux que requièrent le casier judiciaire et le fonctionnement des services judiciaires en général.

Au demeurant, il convient de dénoncer en amont de cet imbroglio, l'absence de fichier véritable dans les TPI. Il est désolant, ce qui arrive parfois, de voir des fiches de casier judiciaire rangées dans des chemises qui trainent sur des tables de travail des greffiers, faute de box de rangement. Au demeurant, certains greffes des TPI se sont dotés d'armoires sécurisées (en bois ou en métal), assorties des serrures pour chaque box correspondant à une ou deux lettres au plus de l'alphabet. Le meuble est logé dans une enceinte où n'ont accès que quelques personnels désignés. Ce dispositif difficilement accessible aux intrus est fortement recommandé.

S'agissant de l'intrusion par la voie des nouvelles technologies faisant appel à la machinerie des androïdes et informatiques, planétairement interconnectés, phénomène devenu courant et plus dévastateur compte tenu de son rayonnement planétaire, les outils de combat les plus efficaces sont tout aussi technologiques avec le concours des professionnels du domaine. Ces derniers ont des connaissances sur les systèmes et mécanismes de protection des données. Les applications pour ce faire foisonnent sur le marché des outils et accessoires de l'informatique.

B- Repenser la communication des bulletins de casier judiciaire

Le casier judiciaire est un document de travail pour certaines administrations et en cela, revêt une importance considérable. Il s'agit du MINFOPRA, MINDEF, MINREX, MINAT, MINPMEESA, MINFI. Il en va de même des Grands ordres nationaux pour les décorations et ELECAM pour les élections. Ces entités dont l'activité requiert des renseignements sur les antécédents judiciaires semblent ne pas avoir la mesure du privilège que la loi leur accorde en vertu des dispositions de l'article 581 du CPP camerounais : *« Les bulletins n°1 et n°2 sont délivrés aux autorités administratives et judiciaires sur leur demande ».* L'on observe plutôt une sorte d'attentisme de la part de ces administrations au regard de la maigreur des demandes. Bien plus, presque toutes renoncent à toute initiative et se contentent d'exiger que leur soient communiqués les bulletins n°3 par les concernés eux-mêmes alors qu'elles auraient pu s'adresser directement au ministère de la Justice en vertu de l'article susvisé.

Il y a lieu de relever à l'attention des administrations et des organes susvisés une nuance avec les pratiques d'ailleurs. Les administrations, dont les activités requièrent l'exploitation des extraits de casier judiciaire, sont dispensées de demande et se voient communiquer d'office, périodiquement par le service du casier judiciaire, les documents susceptibles de les intéresser. Aux termes des articles 772 et suivants du CPP français, une copie de la fiche de casier judiciaire est communiquée aux autorités militaires, au sommier de police technique tenu par le ministre de l'Intérieur, aux autorités publiques compétentes pour les contestations sur l'exercice des droits électoraux. Le bulletin n°2 est délivré aux Préfets et aux administrations publiques de l'État.

C- Stricte observance des prescriptions du CPP sur le retrait des extraits de casier judiciaire par les seuls concernés

Conformément aux dispositions de l'article 580 camerounais, les extraits de casier judiciaire sont établis et délivrés aux personnes concernées elles-mêmes. L'article 581 renchérit en ces termes : « le bulletin n°3 n'est délivré qu'au titulaire du casier judiciaire ». Ces dispositions suffisamment explicites rendent illégal le ramdam populeux autour du casier judiciaire tant dans les juridictions qu'au fichier central.

Le législateur français est plus hermétique sur la question « *le bulletin n°3 peut être réclamé par la personne concernée. Il ne doit en aucun cas être délivré à un tiers, sauf s'il s'agit d'une autorité centrale de l'État membre de l'Union européenne, saisie par la personne concernée* »[241]. La restriction paraît plus ferme, tous comme les mesures dérogatoires.

[241] Voir l'article 777 CPP français op.cit.

Sans doute faudrait-il une démarche pédagogique pour sensibiliser les usagers à l'effet de démobiliser la foire entretenue autour du casier judiciaire. L'observance des pertinentes dispositions du CPP camerounais susvisées devrait faire l'objet d'un suivi attentif par les chefs de juridiction qui pourraient éventuellement désigner un Magistrat à cette fin.

S4- Des réformes sur l'informatisation et l'interconnexion du casier judiciaire

§1- De l'intensification et de l'harmonisation du processus d'Informatisation du casier judiciaire

L'informatisation des services judiciaires, amorcée il y a quelques années au ministère de la Justice et qui englobe le casier judiciaire, est bien en marche et se poursuit. Cependant, il y a lieu de se demander pourquoi intensifier l'informatisation du casier judiciaire et d'envisager les mesures de protection. Les mécanismes et séquences de l'informatisation proprement dite ont déjà fait l'objet d'un développement antérieur.

A- De la nécessité d'une intensification et d'une harmonisation du processus d'informatisation du casier judiciaire

L'informatisation du casier judiciaire dans les juridictions camerounaises laisse observer que seules quelques juridictions sont quasi à jour, notamment les fichiers des TPI de Yaoundé Centre-administratif, celui de Douala-Bonanjo, celui de Garoua et celui de Bafoussam. Une large majorité des juridictions reste à la traîne. Idéalement, il conviendrait de placer tous les TPI au même pied d'égalité au plan informatique.

Par ailleurs, il a été observé que les applications utilisées dans les TPI suscités ne sont pas identiques. Il conviendrait, pour des raisons d'efficience et de meilleur suivi, qu'il soit procédé à une harmonisation des applications dans toutes les juridictions. Cette démarche aura l'avantage de préserver l'appareil informatique des incompatibilités technologiques susceptibles de gripper le dispositif mis en place. Cette précaution préalable faciliterait également les opérations ultérieures d'interconnexion des TPI avec le Fichier central.

La nécessité d'une informatisation du casier judiciaire ne tient pas qu'à un besoin d'harmonisation des diverses applications qui ont cours dans les juridictions. Elle tient lieu également à la mise en place d'un mode de fonctionnement moderne dont les avantages dans les administrations sont avérés notamment : la réduction de la paperasse à la faveur de la numérisation des données, la dématérialisation des procédures et la célérité dans le traitement des demandes de bulletins de casier judiciaire.

B- Des mesures et des Précautions indispensables

L'informatisation du système judiciaire comporte des avantages indéniables, mais aussi quelques insuffisances, notamment au plan communicationnel. Les systèmes informatiques ont la faiblesse d'être vulnérables aux intrusions des tiers qui peuvent se retrouver en possession des renseignements contenus dans la mémoire judiciaire. Il en va de même des virus malveillants susceptibles d'affecter et même d'abîmer la banque de données en la détruisant ou en la rendant inaccessible. Heureusement, il existe des mécanismes de protection auxquels les professionnels de l'informatique sont familiarisés et dont doivent se doter les systèmes informatiques. Dès lors, les Fichiers d'arrondissement du casier judiciaire devraient pouvoir compter parmi leurs personnels, des informaticiens de métier.

Les inconvénients ci-dessus énumérés, quand bien même ils pourraient ne pas être exhaustifs, ne sauraient occulter les multiples avantages irréfutables de l'informatisation du système judiciaire.

§2- De la mise en place d'un dispositif d'interconnexion des fichiers de casier judiciaire

Le fonctionnement du casier judiciaire repose sur une chaîne de travail dont le credo au quotidien est la communication entre les différents maillons de travail. Les déconvenues observées surviennent habituellement dans les modes classiques de communication que sont le courrier postal et le téléphone avec tout ce qu'ils comportent comme contingences et désagréments : lourdeur, lenteurs, insécurité des documents, violation de la confidentialité...

L'interconnexion des fichiers de casier judiciaire, en ce qu'elle fait l'économie de la manipulation des documents physiques, pourrait se présenter comme une solution. En cela, est-elle une panacée ? Quelles sont les orientations d'interconnexion envisageables ? Pour quelle portée ?

A- Le bénéfice d'une interconnexion des fichiers de casier judiciaire

L'informatisation nécessaire du casier judiciaire effectuée au sein d'un service de casier judiciaire opère exclusivement en interne et en cela apparaît comme un travail inachevé au regard des contraintes d'interaction extérieures indispensables pour le casier judiciaire. En l'état, les communications dans le cadre du casier judiciaire se font soit par courrier postal dont on ne maîtrise pas les délais d'acheminement et la confidentialité des contenus des plis ; soit par réseau téléphonique qui pourrait connaître des aléas de discontinuité et d'écoutes parallèles ; soit encore par transport physique des documents par un agent ou un personnel judiciaire en déplacement. Cette formule non plus n'apporte aucune garantie au plan de la sécurité des documents.

A contrario, l'interconnexion est un transport virtuel (sans déplacement des supports physiques) d'information sans intermédiaires, avec des garanties de confidentialité et de sécurité, qui sans être absolues, sont nettement meilleures, avec un bénéfice de célérité inégalable. En cela, l'opportunité et la nécessité d'une interconnexion ne sont plus à démontrer.

B- Le Champ envisageable d'une interconnexion des casiers judiciaires

Les interactions des services de casier judiciaire sont de deux ordres. D'une part, les échanges de fiches de condamnation entre le TPI de lieu de condamnation et le TPI du lieu de naissance du condamné. Il peut arriver, par coïncidence, que le même TPI soit celui de condamnation et celui du lieu de naissance. Dans ce cas, il n'y a pas lieu à communication de fiche au fichier d'arrondissement. D'autre part, les échanges entre les fichiers d'arrondissement (les TPI) et le fichier central au ministère de la Justice.

Le Fichier central est le destinataire des fiches de condamnation de tous les TPI à l'échelle nationale, et de ce fait, est soumis à un champ de communication plutôt national. À ce titre, l'avènement de l'interconnexion des fichiers de casier judiciaire, plus qu'une nécessité, est une urgence pour le Fichier central qui en tirera le meilleur bénéfice, mieux que les fichiers d'arrondissement.

C- Portée et limites de l'interconnexion des casiers judiciaires

Il est à noter que le Cameroun est partie à plusieurs Conventions d'entraide judiciaire qui sont relatives, entre autres, au casier judiciaire. Dans ce cadre, le Cameroun a pris des engagements de réciprocité dans les échanges des avis de condamnations pénales et bulletins de casier judiciaire. Il est dès lors plausible d'envisager dans cette coopération (d'accord Parties), une interconnexion des casiers judiciaires nationaux. Au sein de l'Union européenne, l'interconnexion des casiers judiciaires nationaux des 27 États est déjà opérationnelle au titre du système ECRIS[242]

En tout état de cause, une interconnexion qui suppose un transport d'informations à l'échelle nationale ou internationale reste vulnérable aux attaques des virus malveillants et aux intrusions indésirables. De ce fait, la mise en place d'un système de protection est irréfutablement indispensable.

§3- De la dématérialisation des procédures de casier judiciaire

Au bénéfice des nouvelles technologies, les administrations ont de plus en plus recours à la dématérialisation des procédures, traitement des procédures

242 Voir développements supra.

en ligne, dans divers domaines : finances publiques, douanes, concours administratifs, marchés publics, examen et concours, obtention de passeport... Plus qu'un simple phénomène de mode, il s'agit d'une approche qui présente des avantages dans la gestion des procédures au sein de nos administrations, mais également dans le cadre spécifique du casier judiciaire.

A- La pertinence de la dématérialisation des procédures

Les administrations, indifféremment du secteur, font l'objet au quotidien des dénonciations des comportements en rupture avec les exigences morales, éthiques et déontologiques, notamment le rançonnement des usagers. Il n'est pas rare d'assister dans certaines administrations à des pourparlers suivis de monnayage à ciel ouvert, sans discrétion aucune. Plusieurs agissements d'un autre type sont aussi souvent observés, disparition des pièces de dossiers, dossiers introuvables, lenteurs inexpliquées. Sans doute, à la décharge des fonctionnaires en charge desdits dossiers, on pourrait invoquer, certes sans conviction, la faute d'inattention. Sous réserve de ce que les enquêtes pourraient révéler, l'hypothèse d'actes délibérés et intentionnels de certains agents véreux n'est pas à exclure.

La dématérialisation des procédures, qui a pour effet de mettre fin aux contacts physiques des usagers et le personnel[243], ambitionne de constituer un palliatif aux errements et manquements sus développés. Les procédures sont introduites et examinées en ligne. L'évaluation issue des rapports d'activités certes mitigés n'y apporte pas de démenti.

B- La dématérialisation des procédures dans le cadre spécifique du casier judiciaire

Dans le cadre spécifique du casier judiciaire, la dématérialisation sera à l'image de la configuration bipolaire de la structure organique du casier judiciaire au Cameroun. Les demandes des extraits de casier judiciaire sont introduites en ligne en direction du greffe du TPI du lieu de naissance soit en direction du fichier central pour les cas visés à l'article 573 (3) du CPP. Les bulletins de casier judiciaire confectionnés seront transmis aux concernés par les mêmes voies, en ligne.

Il va sans dire qu'une dématérialisation des procédures du casier judiciaire au Cameroun entrainera un désengorgement considérable des services du casier judiciaire sur 2 sites, à savoir : les bureaux habituellement pris d'assaut par les usagers et les portails d'entrée des TPI où sont embusqués les racoleurs. Tout ce monde tenu à distance du casier judiciaire sera hautement bénéfique

---

[243] Depuis le 24 septembre 2018, le service national automatisé de casier judiciaire à Nantes ne reçoit plus le public. Les demandes de bulletin de casier judiciaire sont formulées en ligne, téléphone ou télécopie. Les retraits se font aux choix par courrier ou en ligne.

pour la sérénité du personnel au travail et bienfaisant pour l'image de l'institution.

C- Les contingences dans la mise œuvre de la dématérialisation des procédures

La réussite des opérations en ligne est subordonnée à une bonne connexion internet. Ce qui n'est toujours pas le cas. La discontinuité durable du réseau internet est susceptible de mettre en doute le gain de temps attendu de la dématérialisation. La mise en ligne pourrait s'avérer inopportune si les lenteurs venaient à persister.

Par ailleurs, même avec une connexion de bonne qualité, d'autres écueils pourraient survenir. Un réseau électrique instable représente tout aussi une entrave à la fluidité des procédures, y compris lorsque le réseau internet est irréprochable.

En tout état de cause, il convient d'adjoindre à la bonne qualité des réseaux électriques et internet, un mécanisme de sécurité dans les communications en ligne.

S5- Nécessaire synergie en interne et en international

En complément des réformes suggérées ci-dessus, dans une perspective constructive accomplie, il convient de mettre en relief une dimension non négligeable des réformes, notamment l'accompagnement dynamique que requièrent certaines actions. Tant au plan interne qu'au plan international, pour plus d'efficience, des interactions nécessaires interpellent les pouvoirs publics.

§1- En interne : interaction multisectorielle sur le casier judiciaire

Le casier judiciaire, dont l'émanation et l'objet sont éminemment judiciaires, devrait pouvoir, au premier chef, être réservé à un usage circonscrit à l'espace judiciaire. Or, la pluralité des fonctionnalités du casier judiciaire prédestine ce document à revêtir un intérêt complexe vers lequel convergent diverses administrations : Police/gendarmerie, Autorités administratives, Autorités électorales, Autorités militaires. Dès lors, il serait plus commode et bénéfique pour l'administration en général que soit établie une passerelle entre ces différentes entités sectorielles et les services de la justice en vue d'un contact direct (sans intermédiaire) desdites entités avec le casier judiciaire. Dans la pratique, ce document est habituellement produit par les concernés eux-mêmes, avec tous les doutes et suspicions sous-jacents. S'en suivent des plaintes et querelles sur l'origine voire l'authenticité du B3 produit. Ce ramdam peut être évité en procédant autrement.

A- Fichier de la Police et Fichier de la Gendarmerie et casier judiciaire

Le CPP en France dispose en son article 772 qu'*« une copie de chaque fiche constatant la condamnation à une peine privative de liberté prononcée pour crime ou délit est adressée au sommier de police technique tenu par le ministère de l'Intérieur... Les condamnations effacées par une amnistie ou par la réhabilitation de plein droit ou judiciaire cessent de figurer au sommier de police et de gendarmerie. »*

Les dispositions ci-dessus, fort louables, permettent à la police et à la gendarmerie, maillons déterminants de la chaîne judiciaire, d'être arrimées au dénouement des procédures judiciaires répressives dont elles sont du reste, parties prenantes. Ainsi, Police, Gendarmerie et Juridictions devraient pouvoir en permanence, être à égale hauteur de renseignement.

Le CPP au Cameroun ne contient aucune disposition légale établissant une passerelle entre les organes en charge du casier judiciaire et les services de Police et de Gendarmerie, alors même que l'exécution des décisions de justice en matière pénale incombe au Procureur de la République dont les OPJ sont les auxiliaires. Par ailleurs, la qualité d'une procédure répressive est tributaire de la qualité du travail effectué en amont par les OPJ.

Au-delà de l'argumentation ci-dessus, vue sous l'angle de la politique répressive, la mise à la disposition de l'OPJ du casier judiciaire permet à celui-ci en amont de mettre en relief une présomption de récidive, quand bien même l'appréciation en ultime recours relèverait de la compétence du Magistrat.

Il y a lieu de relever que le CPP en son article 577 (e) vise « les avis de recherche » comme élément susceptible de figurer dans les fiches de casier judiciaire. Dès lors, il est loisible, au-delà de son rôle à l'enquête préliminaire, d'appréhender l'OPJ comme un intervenant dans le processus du casier judiciaire.

Cette approche d'échanges nécessaires d'informations Police-Gendarmerie-Justice ne saurait occulter l'autonomie fonctionnelle dont jouissent la Police et la Gendarmerie dans l'élaboration des banques de données, en interne, qui leur sont propres. Dans la pratique judiciaire en matière pénale, il s'est développé en France d'autres types de fichiers parallèles au casier judiciaire, notamment STIC[244] (Système de Traitement des Infractions Constatées) pour la Police et le JUDEX (Système judiciaire de Documentation et d'Exploitation) pour la Gendarmerie. Il s'agit dans l'un et

---

[244] Le Système de Traitement des Infractions Constatées (STIC) est créé par le Décret 2001-583 du 5 juillet 2001, pris pour l'application des dispositions du troisième alinéa de l'article 31 de la loi 78-17 du 6 janvier 1978 relative à l'informatique, aux fichiers et portant création du système de traitement des infractions constatées, *journal officiel,* 6 juillet 2001.

l'autre cas, des fichiers élaborés lors des opérations de police judiciaire pour relever tout renseignement à l'occasion des constations des infractions moyennant identification et audition de tous les protagonistes, plaignant, témoins et mis en cause. C'est un instrument d'aide à l'action policière. Ces fiches concernent à la fois les personnes condamnées pour la plupart et les personnes simplement mises en cause, à l'exclusion de toute condamnation par une juridiction. Lesdites fiches font l'objet de vives critiques en ce que les personnes fichées sur la base de simples indices d'enquête préliminaire se trouvent autant stigmatisées que les personnes condamnées, alors même que certains mis en cause, fichés, sont relaxés et parfois mis hors de cause sans poursuites judiciaires.

B- Autorités administratives et casier judiciaire

Le ministère de la Justice, à travers le casier judiciaire, entretient des rapports administratifs étroits avec diverses administrations, notamment le ministère de la Fonction publique et la Réforme administrative, le ministère des Petites et Moyennes Entreprises, de l'Économie sociale et de l'Artisanat (voir notre développement infra sur l'amélioration du climat des affaires), le ministère de l'Emploi et de la Formation professionnelle, le ministère du Travail et de la Sécurité sociale, voire le Fonds national de l'Emploi (FNE).

Le ministère de la Justice (MINJUSTICE) et le ministère des Relations extérieures (MINREX) entretiennent sur le volet casier judiciaire, des rapports sur deux versants, à savoir celui des casiers judiciaires délivrés par le ministère de la Justice, et celui des fiches de renseignement émis par les Pays étrangers et dont le Cameroun est destinataire, en application des termes des Accords de coopération judiciaire.

Sur le premier versant, le MINJUSTICE est régulièrement saisi par des Pays étrangers pour les besoins de casier judiciaire d'un de leurs compatriotes en séjour au Cameroun par le canal de leur ambassadeur. À cet effet, une demande est adressée au Garde des Sceaux sous le couvert du MINREX qui en assure la transmission par une Note verbale. Le casier judiciaire établi est retourné par lettre au MINREX qui procède à l'acheminement à son véritable destinataire.

Sur l'autre versant, les fiches de condamnation des Camerounais dans leur Pays d'accueil sont transmises aux autorités camerounaises par le canal du MINREX qui ensuite les transmet au MINJUSTICE, aux fins qu'il appartiendra. Il s'agit des documents très édifiants sur les comportements de certains de nos compatriotes à l'étranger[245].

[245] Voir supra, notre analyse sur le décryptage des fiches de casier judiciaire des Camerounais résidant à l'étranger.

C- Autorités électorales et casier judiciaire

Le Code électoral au Cameroun fixe les conditions d'éligibilité et exige des candidats « la plénitude de leurs droits civiques et politiques ». À ce titre, conformément à l'article 47 du Code électoral[246], sont frappées d'incapacité électorale et dès lors ne pouvant prétendre à une inscription sur la liste électorale :

« Les personnes condamnées pour crime même par défaut ; les personnes condamnées à une peine privative de liberté sans sursis supérieure à trois mois ; les personnes condamnées à une peine privative de liberté assortie de sursis simple ou avec probation supérieure à 6 mois ; les personnes qui ont fait l'objet d'un mandat d'arrêt ... ».

Ces causes d'exclusion à l'éligibilité font l'objet d'un contrôle dans la composition du dossier de déclaration de candidature. Les candidats sont tenus de produire, entre autres pièces, un bulletin n°3 de casier judiciaire. La sanction d'éligibilité ou d'inéligibilité qui en découle peut faire l'objet d'un recours en contentieux préélectoral devant le Conseil constitutionnel, à la diligence de toute personne intéressée ou du ministère public.

Il découle de ce qui précède que la charge de la preuve de l'éligibilité incombe au candidat qui doit produire un bulletin de casier judiciaire. Le document produit peut à tort ou à raison susciter des doutes quant à sa source et quant à la crédibilité des informations qui y sont contenues. Certes, les services judiciaires, saisis, pourraient attester la régularité ou non du document querellé. Il apparaît que les autorités électorales au Cameroun sont renseignées sur le passé pénal des candidats par ces derniers. Cette analyse interroge sur les rapports entre les autorités électorales au Cameroun et les services judiciaires.

Le passé pénal d'un candidat à une élection est un renseignement crucial au regard des responsabilités auxquelles il aspire et les enjeux institutionnels des fonctions convoitées. Dès lors, il est incohérent de laisser au candidat l'initiative de documenter son propre passé pénal qu'il peut travestir et orienter à sa guise. Au regard des enjeux susvisés, il conviendrait de mettre en place une passerelle de communication entre autorités judiciaires et autorités électorales, moyennant un dispositif configuré pour fournir des renseignements actualisés sur le passé pénal des candidats aux élections, à l'insu des concernés. Cette approche aurait l'avantage de la confidentialité et de l'économie des litiges précontentieux.

Le CPP français en son article 773 nous donne un exemple édifiant :

---

[246] Loi n° 2012/001 du 19 avril 2012 portant Code électoral, modifiée et complétée par la loi 2019/005 du 25 avril 2019.

« Le casier judiciaire national automatisé communique à l'institut national de la statistique et des études économiques, l'identité des personnes qui ont fait l'objet d'une décision entrainant la privation de leurs droits électoraux ». Le législateur ivoirien est allé dans le même sens dans le Code de Procédure pénale en son article 729[247].

Advenue l'élection, la preuve de la privation ou non des droits électoraux échappe aux concernés. Le renseignement est acheminé à l'autorité électorale à l'insu du candidat au scrutin, dès lors celui-ci ne peut travestir la vérité ou procéder par trafic d'influence. Cette démarche, fort valorisante, constitue à notre sens un modèle d'école.

D- Autorités militaires et casier judiciaire

Nos précédents développements ont pu établir que les Autorités militaires devraient être mises au courant des fiches de casier judiciaire susceptibles d'influencer le service sous le drapeau aussi bien pour le personnel déjà enrôlé que les postulants. À ce titre, les fiches de casier judiciaire devraient pouvoir être communiquées directement aux Autorités militaires. Plusieurs législations à la suite de celle de la France sont arrimées à cette vision. C'est le cas de la Côte d'Ivoire dont les dispositions du CPP en son 728 vont dans ce sens :

« Il est donné connaissance aux autorités militaires, par l'envoi d'une fiche de casier judiciaire, des condamnations ou des décisions de nature à modifier les conditions d'incorporation des individus soumis à l'obligation de service militaire ». Le Législateur sénégalais[248] est allé dans le même sens que son homologue ivoirien.

Il est à noter que cette illustration louable de la transmission de la fiche de casier judiciaire à l'autorité militaire n'est subordonnée à aucune demande préalable de cette Autorité.

E- Autorités des Marchés publics et casier judiciaire

La connaissance du passé pénal tant des personnes physiques que des personnes morales est déterminante dans le processus des Marchés publics, notamment dans la phase de l'examen des offres des soumissionnaires et surtout à celle de l'adjudication. À ce titre, il serait plus judicieux et plus crédible que l'autorité des Marchés publics s'abreuve à la source de

---

[247] Article 729 du CPP ivoirien *« une copie de chaque fiche constatant une décision entrainant la privation des droits électoraux est adressée par le Greffier compétent à l'autorité chargée d'établir les listes électorales »*

[248] Article 733 du CPP sénégalais : le bulletin de casier judiciaire est délivré *« aux autorités militaires pour les appelés des classes et l'inscription maritime et pour les jeunes gens qui demandent à contracter un engagement »*

l'information, notamment en se faisant communiquer l'extrait de casier judiciaire par les autorités judiciaires elles-mêmes. À la suite du législateur français, le CPP sénégalais prescrit en son article 733, alinéa 1 que le bulletin de casier judiciaire n° 2 est délivré *« ... aux administrations publiques des propositions relatives à des adjudications de travaux ou de marchés publics... »*. Cette communication de document fortement recommandable est susceptible de procurer un regain de santé au secteur des Marchés publics au Cameroun.

F- Secteur privé et casier judiciaire

Il est avéré que le processus d'immatriculation au Registre du Commerce et du Crédit mobilier (RCCM) intègre la production d'un extrait de casier judiciaire par le service du greffe détaché auprès du Centre des formalités de création des entreprises. Ce formalisme en amont ne vaut que pour la période de l'immatriculation sollicitée et ne saurait constituer une caution à durée indéterminée.

Advenues les transactions d'affaires, la précaution de vérification du passé pénal reste de mise. Cette précaution renfermerait toute sa crédibilité si la source de l'information était celle des autorités judiciaires. À ce titre, le patronat doit pouvoir avoir des facilités d'accès direct (sans intermédiaire) au casier judiciaire au regard de l'enjeu que représente le casier judiciaire dans l'amélioration du climat des affaires[249]. Les rencontres périodiques Secteur Justice/ Secteur privé au sein du ministère de la Justice[250] devraient pouvoir s'y pencher.

Il est essentiel de relever que l'interaction multisectorielle prônée en interne dans cette rubrique vise un double but, à savoir : d'une part, conscientiser les autorités des diverses administrations quant au privilège que leur reconnait la loi, de pouvoir solliciter et obtenir directement des services judiciaires un bulletin de casier judiciaire n°2 d'une personne, sans intermédiaire, fut-il le plus concerné. D'autre part, atténuer la systématisation dans notre administration, de la production des bulletins de casier judiciaire N°3 par les usagers eux-mêmes, pratique très discutable ; le B2 obtenu par l'administration constituant une alternative plus pertinente, le contenu du B2 est plus riche que celui du B3. À la vérité, il est superfétatoire pour une

[249] Voir développements, Titre II, Chapitre 3 Portée utilitaire du casier judiciaire au regard du droit comparé, section 3, Casier judiciaire et amélioration du climat des affaires.

[250] Les rencontres Secteur justice/Secteur privé sont périodiquement organisées au ministère de la Justice. Elles constituent un cadre approprié pour des échanges en vue de l'amélioration des rapports entre le secteur privé et la Justice. Y prennent part le GICAM (aujourd'hui GCAM), la chambre de commerce, les représentants des Banques, Assureurs, le barreau, la chambre nationale des Notaires, la chambre nationale des Huissiers de Justice. Les réunions sont présidées par le Secrétaire général du ministère de la Justice. Les comptes rendus des réunions assortis des recommandations sont adressés au ministre de la Justice Garde des Sceaux.

administration qui a pu accéder directement au B2 d'un individu, de s'encombrer du B3 de ce dernier[251].

§2- En international : Interaction judiciaire accrue avec des États

Il se dégage des développements ci-dessus, que dans un contexte de recrudescence planétaire de la criminalité, l'on observe une expansion de la coopération et de l'entraide judiciaire entre États[252]. Même les États universellement reconnus comme "Grandes puissances", sous les projecteurs des caméras et des médias internationaux, renoncent à la vie en autarcie, notamment au plan sécuritaire. Le phénomène criminel dans sa complexité et devenu insaisissable, commande des initiatives de solidarité inter-États tant au niveau des outils que de la stratégie d'action. Pour plus d'efficience, il importe que les supports normatifs y relatifs soient élaborés en adéquation avec le contexte, soient explicites dans leurs dispositions et reçoivent une application dans le cadre conceptuel prévu, qu'il soit bilatéral ou multilatéral.

A- Mise à jour des instruments internationaux existants

Force est de constater que les Conventions et Accords qui engagent le Cameroun remontent à plusieurs décennies : Convention de coopération judiciaire entre le Cameroun et le Mali signée le 16 juin 1964 ; Convention de Tananarive signée le 12 septembre 1961 ; Convention de coopération judiciaire entre la France et le Cameroun signée le 21 février 1974 ; Accord de coopération judiciaire entre les États CEMAC, signée le 28 janvier 2004. Après autant d'années, il est très peu probable que ces instruments,

---

[251] Pour mieux comprendre, il conviendrait de revisiter les notions de B1, B2 et B3 élucidées par l'article 581 du CPP : le bulletin de casier judiciaire n°1 est « est le relevé intégral des fiches de casier judiciaire concernant une personne donnée. Il contient toutes les condamnations, mesures de sûreté et arrêté d'expulsion prononcées contre cette personne » ; le Bulletin de casier judiciaire n°2 « comporte les mêmes mentions que le bulletin n°1, à l'exclusion des décisions effacées par l'amnistie et la réhabilitation » ; le bulletin de casier judiciaire n°3 « ne mentionne que les condamnations à des peines privatives de liberté non effacées par l'amnistie ou la réhabilitation. Il mentionne en outre toutes les condamnations relatives à la circulation routière ». Les B1 et B2 sont délivrés aux autorités administratives et judiciaires sur leur demande. Le B3 n'est délivré qu'au titulaire du casier judiciaire. Il en découle que les B2 ne sont pas loin d'être un relevé intégral au même titre que le B1, tous les deux étant accessibles aux administrations qui en formulent la demande. En revanche, le B3 qui ne porte pas toutes les informations contenues dans B1 et B2. Par conséquent, il est incongru pour une administration d'exiger d'un usager la production du B3 (document moins exhaustif) plutôt que d'obtenir directement des services judiciaires un B2 (document plus exhaustif) du même usager. Dès lors qu'une administration est en possession du B2 d'un individu, il est superfétatoire de réclamer le B3 du même individu.

[252] Il s'agit d'une exhortation de l'Office des Nations Unies contre la Drogue et le Crime (ONUDC) en direction des États.

manifestement obsolètes, soient adaptés aux interpellations du contexte actuel. Dès lors, leur teneur appelle une profonde mise à jour.

La mise à jour suppose non seulement un consensus des États parties sur le principe, mais également sur le contenu de ladite mise à jour, notamment la prise en compte des points de convergence des États parties. Le recours aux nouvelles technologies est admis dans l'élaboration des Conventions modernes[253], pour autant que cet apport comporte une valeur ajoutée.

B- renforcement des échanges bilatéraux

Les Accords de coopération judiciaire à caractère bilatéral traitant du casier judiciaire et dont le Cameroun est partie, ont été examinés dans les précédents développements. Ces Accords sont concernés par le préalable de la mise à jour évoqué ci-dessus. À la suite de la mise à jour, il conviendra de veiller à leur application effective.

Au-delà des Conventions existantes, il conviendra d'explorer et d'envisager de nouvelles Conventions avec d'autres États. À ce sujet, tirant les enseignements des faits sociaux occidentaux sus relatés (affaire Michel FOURNIER), un accent doit être mis sur les États voisins du Cameroun *(Tchad, République centrafricaine, Gabon, Guinée équatoriale, Congo-Brazzaville et Nigéria)* comme partenaires à privilégier dans les Accords de coopération judiciaire intégrant les échanges d'informations sur le passé pénal des personnes avec communication de casier judiciaire.

En dehors des pays voisins, une autre approche inspirée des faits qui meublent abondamment l'actualité, consiste à identifier les Pays, à travers le monde, devenus des destinations privilégiées pour les Camerounais, y compris (malheureusement) ceux de nos compatriotes indélicats, potentiels justiciables, ayant fait le choix de se mettre à l'abri des poursuites judiciaires en trouvant refuge hors du pays. À ce sujet, la ruée des Camerounais vers le Canada, certes pour diverses raisons, interroge sur les cas dont le mobile judiciaire pourrait être volé par d'autres prétextes. Dès lors, ce pays se présente aujourd'hui le profil tout indiqué d'un État avec lequel le Cameroun gagnerait à conclure prestement un Accord de coopération judiciaire traitant entre autres (exécution des Mandats d'arrêts, extradition, transfèrement...) des échanges d'informations sur les antécédents judiciaires. Il y a véritablement du grain à moudre de ce côté.

C- Renforcer les échanges multilatéraux

Le Cameroun est partie de quelques Accords de coopération judiciaire qui ne demandent qu'une mise à jour et une saine application, notamment,

[253] Dans ce sens, la convention d'entraide judiciaire en matière pénale entre la République française et la République du Sénégal, signée le 7 septembre 2021, op cit.

l'Accord de coopération judiciaire susvisé entre les États de la CEMAC. Cet Accord est un important outil de travail dans l'espace CEMAC, mais l'on est droit de douter du degré d'appropriation et d'application de ce corpus normatif par les États parties. Il s'agit d'un engagement collectif qui commande une implication tout aussi collective.

Dans la mouvance de la globalisation, l'on observe une montée des initiatives de coopération entre États dans divers domaines. Le critère de proximité géographique ou d'appartenance au même continent n'est en rien une exigence et dès lors, ne constitue pas un élément bloquant. Il est loisible pour le Cameroun, prenant en compte les intérêts de ses nationaux, de faire le choix souverain d'étendre le champ de ses engagements multilatéraux.

CONCLUSION DU TITRE II

Le casier judiciaire, appréhendé sous l'angle d'une analyse comparative, révèle toute sa complexité et une vaste portée utilitaire. Les ordres législatifs explorés mettent en relief autant des points de divergence que des points de convergence qui du reste, offrent des solutions édifiantes à de multiples questionnements et problématiques.

Les données contraignantes qui s'imposent aux sociétés contemporaines de nos jours, marquées par la violence (sous toutes ses formes) et la montée de l'insécurité, constituent irréfutablement un challenge pour la justice pénale, une interpellation régalienne pour les gouvernants et une invite réflexive à la communauté universitaire. Le casier judiciaire dans ce contexte se prête comme un outil déterminant de renseignement indispensable pour scruter à titre préventif ou conservatoire, dans le passé de ceux qui nous côtoient.

En tout état de cause, à brève échéance, le casier judiciaire est appelé, d'une part, à relever le défi communicationnel moyennant le recours aux outils technologiques dans les divers formats des rapports sociaux : entre particuliers, entre entités administratives et entrepreneuriales et entre États. À ce sujet, la coopération judiciaire a du grain à moudre et devrait se donner des moyens d'une nouvelle dynamique dans ce champ en friche. D'autre part, le casier judiciaire, dont la perception sociale reste brouillée par des contingences diverses, devrait gagner en crédibilité pour pouvoir assumer les multiples fonctionnalités utilitaires que lui prêtent les analystes et restituées dans les précédents développements.

Dans le contexte camerounais, il se dégage de l'analyse comparative ci-dessus que le casier judiciaire est susceptible d'apporter des réponses efficientes à de multiples préoccupations d'ordre sécuritaire, économique, administratif, politique… Ce, moyennant une cure de réformes appropriées de plusieurs ordres, tant à l'échelle nationale qu'internationale, assortie de nécessaires interactions avec les États voisins et les États amis. Ceci permettrait de mettre en place un casier judiciaire plus aguerri et plus contributif à l'édification d'une société camerounaise immergée dans un environnement complexe et en pleine mutation.

CONCLUSION GÉNÉRALE

Indifféremment des variantes de définitions, des nuances sémantiques et des régimes juridiques associés, le casier judiciaire, dans une acception de compromis, celle de "mémoire judiciaire" est consacré par plusieurs systèmes législatifs à travers le monde dans le sillage de la justice répressive à titre principal et subsidiairement sur quelques jugements non répressifs. Cette expansion rejaillit sur la valeur utilitaire du casier judiciaire qui, au-delà de la justice pénale, revêt un intérêt qui lui assigne des fonctions multiples au plan administratif, politique, économique et social, voire diplomatique. Ceci pour autant ne garantit pas au concept du casier judiciaire une adhésion universelle sans querelle.

Le casier judiciaire au banc des accusés n'est pas qu'une simple métaphore. La Commission européenne des droits de l'Homme, plusieurs fois saisie pour des récriminations contre le casier judiciaire, sur plainte de la Ligue des droits de l'homme, a rendu plusieurs décisions rejetant les griefs imputés au casier judiciaire. Vidant sa saisine dans l'une des espèces, elle a jugé et dit *« conforme à la Convention, le fait de constituer des casiers judiciaires sur des personnes condamnées*[254] *»*, rappelant, par ailleurs, l'importance du casier judiciaire *«dans une société démocratique moderne pour la prévention du crime et donc, les intérêts de la sécurité publique*[255] *»*. Cette décision, plusieurs fois visée en référence dans les jurisprudences et conférences internationales, revêt les qualités d'une décision de principe qui du reste, confère au casier judiciaire des lettres d'agrément. La consécration juridique du casier judiciaire dans le dispositif législatif de plusieurs pays à travers le monde est irréfutable. Le casier judiciaire se meut désormais dans un environnement sociojuridique certes non pas vidé des récriminations, mais tout au moins apaisé.

Le colloque international organisé à Bruxelles le 24 Octobre 2008 sur le casier judiciaire qui visait examiner le document dans tous ses aspects et

---

[254] Comm. Eur. D. H. req n° 1307/61, X.c. Allemagne, décision du 4 octobre 1962, publiée in *Year book of the European Convention on Human Rights 1962,* La Haye, Martinus nijhoffPublishers 1963, vol,5 pp. 230-237 ; D.R. 9, p. 53. Voy aussi J. FAWCETT, The application of the European Convention on Human rights, Oxford, Clarendon Press, 1969, p. 187.

[255] Comm. Eur. D. H. X, C, Allemagne req. N° 1307/61, décision du 4 octobre 1962, publiée in *Year book of the European Convention on Human Rights 1962,* La Haye, Martinus nijhoffPublishers 1963, Vol 5, pp. 234.

sonder les projets politiques en la matière a permis de mettre en relief les enjeux, le besoin d'actualisation et de partage des connaissances sur le casier judiciaire.

Au Cameroun, le casier judiciaire repose sur un cadre normatif composite constitué des instruments internationaux, d'une législation interne jadis bijuridique héritée de la colonisation, mais aujourd'hui substituée par un dispositif normatif unifié par le Code de Procédure pénale en vigueur. À ce cadre juridique, il convient d'adjoindre la jurisprudence bien que relativement maigre au plan national, mais suffisamment étoffé par des décisions étrangères.

L'état des lieux à ce jour du casier judiciaire au Cameroun laisse comprendre qu'en dépit de quelques spécificités louables, le système fait face à quelques écueils de divers ordres : normatif, conceptuel, structurel, infrastructurel, fonctionnel et technologique. L'examen critique du casier judiciaire au Cameroun, sous le prisme du droit comparé, a permis, au moyen des regards et analyses croisés, de mettre en évidence des insuffisances et pesanteurs, ensuite de dégager un faisceau de pistes pertinentes de réformes constructives en vue d'une rénovation du casier judiciaire au Cameroun.

Le droit comparé devenu incontournable et dont il est juste de faire l'apologie[256], nous donne d'appréhender le casier judiciaire sur deux versants, à savoir : d'une part, le versant fonctionnalité qui repose sur un dispositif normatif assez dense, soumis à une mise à jour régulière, un déploiement infrastructurel, logistique approprié et une machinerie informatique et communicationnelle arrimée aux nouvelles technologies. D'autre part, le versant utilitaire qui ne remet aucunement en cause la fonction éminemment judiciaire de ce document, notamment, dans l'appréciation de la récidive dans un procès pénal. La dynamique du droit pénal des affaires qui se délecte de la responsabilité pénale des personnes morales déjà affirmée par diverses législations, questionne sur l'opportunité d'un casier judiciaire des personnes morales et sa consécration légale, du reste, déjà effective dans certains pays comme la France ou la Belgique. Cette effectivité vide-t-elle définitivement le débat sur l'opportunité du casier judiciaire des personnes morales ?

Au-delà de la sphère pénale, le casier judiciaire, dans un autre champ aussi fécond, hélas peu exploré au Cameroun, s'affirme comme levier déterminant du portefeuille économique des pouvoirs publics et du secteur privé notamment, s'agissant du milieu des affaires ou du domaine des Marchés publics confrontés à des préoccupations d'ordre éthique et moral avec des acteurs au passé judiciaire trouble et dont il conviendrait, dans une démarche

---

[256] Bruno de LYONES de F., « Le droit comparé contribue à la fois à l'amélioration, à l'harmonisation et à la construction du droit », Introduction au droit comparé, Sorbonne, Université Paris I, 2013.

d'assainissement de faire tomber le masque. Dans ce contexte, le recours systématique au casier judiciaire, du reste encore minimaliste, pourrait être déterminant[257]. À l'avenir, un focus sur les antécédents judiciaires sur la foi du casier judiciaire tant des personnes physiques que des personnes morales est susceptible de procurer plus d'assurance et de garantie voire, une nouvelle dynamique à ces secteurs, névralgique de notre économie.

La montée de l'insécurité à l'échelle planétaire met en évidence, une société fébrile, apeurée et hantée par les syndromes de suspicion et du soupçon du voisin, la phobie de l'"autre". La criminalité nationale, dans ses diverses formes, y compris économiques, côtoie une criminalité transnationale devenue androïde et invasive. Les rapports sociaux ont perdu en repères et gagné en méfiance. Le phénomène du criminel en col blanc en expansion devenu banal conforte l'expression "l'habit ne fait pas le moine". Dans ce contexte complexe d'illisibilité, comme l'indique Marie Sophie DEVRESSE *« le casier en tant que base de données représente un outil privilégié ».* Au surplus, cette auteure observe fort pertinemment que *« la lutte contre l'insécurité est devenue le leitmotiv des politiques publiques contemporaines tant au niveau national qu'international*[258] *».* C'est dire combien l'enjeu sécuritaire, crucial au plan national et d'envergure transnationale, interpelle les gouvernants des États. Au-delà des mesures internes aux États, des initiatives d'entraide judiciaire et coopération judiciaire incluant des échanges inter-États sur le casier judiciaire, devraient être amplifiées[259].

Un des challenges majeurs qui interpelle prestement le casier judiciaire est celui d'une part, de l'informatisation entendue comme numérisation, conservation et sécurisation des données ainsi que le traitement sur ordinateur de la chaîne de travail aux fins de délivrance des bulletins de casier judiciaire. D'autre part, de l'interconnexion des fichiers pour les besoins de transport et de communication des données judiciaires à trois niveaux : interconnexion des différents pools de travail au sein de la juridiction, interconnexion entre les fichiers d'arrondissement des différents TPI et interconnexion du Fichier central du ministère de la Justice avec tous les fichiers d'arrondissement de tous les TPI du territoire national. Le défi technologique constitue pour le

---

[257] La bonne gouvernance dont les résultats restent mitigés dans notre administration, pourrait utilement intégrer le casier judiciaire dans ses mécanismes

[258] Marie Sophie DEVRESSE, *Traces et Justice pénale : À Neverending Story,* in Le Casier judiciaire : Approche critique et perspectives comparées, sous la direction de Vanessa de Greef et Juline Pieret, édition Larcier, 2011, pp. 440 et 441.

[259] Le contexte de globalisation judiciaire suggère quelques outils conceptuels dans la mise en œuvre de la coopération judiciaire à savoir : le dépassement du territoire dans la pensée du droit, le recul du monopole de l'État dans la production normative et l'émergence de la théorie novatrice du "droit en réseau". Voir supra, titre III, chapitre 3.

casier judiciaire une exigence pressante appelant une mise en route des solutions intégratives de fond[260] et non palliatives à brève échéance.

La mise en place de cette machinerie est exposée aux autres formes d'insécurité dans un univers de science-fiction où les outils technologiques ont broyé les barrières de l'ordre privé, du confidentiel, du secret et de l'intimité[261]. Les clés d'accès à tout, en tout lieu, sont à la portée des internautes. Sur ce champ, il est fort à craindre que le casier judiciaire ne soit en même temps servi (facilité de connexion et célérité dans le travail) et desservi (facilité d'accès aux banques de données, intrusion des tiers dans les casiers judiciaires). Dès lors, les techniques de sauvegarde et de protection des données à mettre en place, à défaut d'instrument juridique[262], requièrent le déploiement des mains expertes en informatique et en cyber sécurité, en appui des personnels judiciaires dans les services de casier judiciaire.

Il demeure qu'à la vérité, le casier judiciaire aujourd'hui est resté otage des schèmes surannés qui le confinent dans un rôle réducteur passif de simple mémoire pénale, mouchard mal aimé et "maudit" des antécédents judiciaires. Ceci expliquant cela, le mauvais sort qui hanterait le casier judiciaire au propre comme au figuré pourrait justifier le peu d'égards dont il fait l'objet dans la mise en œuvre de la justice pénale ? Les maux dont souffre le casier judiciaire seraient-ils illustratifs du bulletin de santé de la Justice en général ? Nombreux sont ceux des auteurs qui pensent que l'institution judiciaire en général connait une crise[263]. Pour certains auteurs, dans un système judiciaire donné, le bulletin de santé de la Justice se mesure à l'état de fonctionnement du casier judiciaire et, a contrario, le mal-être dont souffrirait le casier judiciaire ne serait qu'une manifestation opportuniste du mal-être de la justice elle-

---

260 L'informatisation du casier judiciaire, sujet dense, sensible, technique et urgent, repose sur quatre (4) clés fondamentales que sont : le financement, les équipements, l'expertise, et des ressources humaines exercées. Au regard de la complexité de ces préalables, la voie du salut réaliste quasi-incontournable est celle d'un recours à la coopération avec un ou des pays en occidents et notamment la France. Il est à noter que des jalons ont été déjà posés dans ce sens. Du 5 au 10 novembre 2010 une mission du ministère de la Justice conduite par le Directeur des Affaires pénales et des Grâces d'alors, sur invitation de la France a séjourné à Nantes au siège du casier judiciaire national français. Il ressort du rapport de mission de ladite mission que le Cameroun et la France devraient œuvrer à poursuivre et à renforcer la coopération sur le casier judiciaire.

261 S. TISSERON, *l'intimité surexposée,* Coll. Pluriel, Paris, Hachette, 2002. Voir à cet égard également le concept d'« intimité » proposé par le psychanalyste Serge Tisseron pour évoquer ce qu'il nomme la « passion de l'exposition de soi ».

262 La convention de Strasbourg du 28 janvier 1981 sur la protection des personnes dans le traitement automatisé des données à caractère personnel, signé par les États membres du Conseil de l'Europe.

263 Roger PERROT, *INSTITUTIONS JUDICIAIRES,* Précis DOMAT Droit Privé, 16e édition LGDJ 2017, France-Jouve, rue du Docteur Sauvé, 53100 Mayenne, p.479-481.

même[264]. L'inverse de ce postulat pourrait être pris pour vrai : la nécessaire et indispensable crédibilité du casier judiciaire serait tout aussi tributaire de la crédibilité de la Justice elle-même. Irait-il du casier judiciaire comme il y va de la Justice elle-même ? La consubstantialité du casier judiciaire et du système judiciaire d'attache incline à répondre par l'affirmative.

Des considérations qui précèdent, il se dégage que dans le contexte actuel, l'usage fait du casier judiciaire est plutôt minimaliste en contraste flagrant avec ses riches fonctionnalités réelles. La perspective d'un usage optimal, est fortement tributaire d'un mieux-être nécessaire de ce document qui, bien que d'émanation pénale, est d'une portée tentaculaire qui échappe à la seule sphère judiciaire et dont le potentiel utilitaire est souvent mal apprécié.

Il est urgent que soit mise en place, sur le casier judiciaire, une pédagogie épurée des préjugés et des cancans, intégrative dans son approche, harmonisée dans sa substance, en ancrage avec les mutations de l'écosystème pénal et les interpellations sociétales contemporaines. De multiples pistes de réformes ont été suggérées en vue d'une renaissance du casier judiciaire avec un rayonnement à la fois multisectoriel en interne, et transnational avec d'autres États au-delà des frontières nationales. Il y va de l'édification d'un casier judiciaire rénové qui appelle en l'état, une mue fondamentale.

---

[264] Marie Sophie DEVRESSE, « un casier judiciaire en dit long sur la Justice elle-même », in *Le casier judiciaire, Approches critiques et perspectives comparées,* Éditions LARCIER 2011, Bruxelles, op.cit, p. 431.

POSTFACE

Les rayons des bibliothèques s'enrichissent d'un nouvel ouvrage au titre évocateur "**LE CASIER JUDICIAIRE AU CAMEROUN ET EN DROIT COMPARÉ**", que commet monsieur Charlem Clautaire KAMDEM FEUTSEU, Magistrat, Sous-directeur du casier judiciaire central à la Direction des Affaires pénales et des Grâces au ministère de la Justice.

A priori, une réflexion sur le casier judiciaire peut paraître anodine, tellement la familiarité des administrations et des citoyens avec ce document est courante et évidente. Cependant, avec du recul, le casier judiciaire, à la fois anxiogène et redouté de par ses effets incommensurables, est bien plus complexe qu'on ne le pense. Le présent ouvrage suggère de précieuses clés de compréhension et des repères pertinents pour des réformes.

L'auteur procède d'abord par un rendu de l'état des lieux assorti d'une analyse critique en s'interrogeant sur la place du casier judiciaire au Cameroun. Il poursuit en jetant un regard évaluatif et prospectif sur le casier judiciaire, dans une approche comparative avec d'autres systèmes judiciaires en Afrique et en Europe.

Le descriptif de l'état des lieux du casier judiciaire au Cameroun met en relief une dichotomie entre d'une part, les constructions illusoires échafaudées par l'imaginaire populaire autour de ce document et d'autre part, les prescriptions légales en vigueur dont les dispositions, souvent perdues de vue, sont rappelées à juste titre. Avec objectivité et discernement, l'auteur met en exergue certes des spécificités louables du casier judiciaire au Cameroun ; cependant, il en relève aussi des insuffisances.

Aux termes d'une démarche comparative de divers systèmes législatifs nationaux, l'auteur balise quelques voies de réformes constructives pour le casier judiciaire au Cameroun au plan des règles de procédure sur lesquelles la législation nationale est susceptible d'être améliorée, notamment : l'identification des personnes, les délais légaux d'élaboration et de transmission des fiches de casier judiciaire, les mentions substantielles sur les fiches de casier judiciaire ainsi que la transcription des décisions seulement et dès lors qu'elles sont devenues définitives.

Hors du champ pénal, dans lequel d'aucuns à tort, réduisent le casier judiciaire au "confinement", le recours nécessaire au passé pénal d'un individu trouve un champ en friche à explorer dans l'amélioration du climat des affaires ainsi que dans l'assainissement combien indispensable de l'environnement des Marchés publics. Dans le prolongement de cette extension du champ du casier judiciaire, il apparaît au regard des dispositions légales dont la teneur échappe souvent aux juristes, que certaines décisions de justice bien que non répressives, sont éligibles au casier judiciaire, en l'occurrence, les jugements déclaratifs de faillite ou de liquidation *(voir, article 576 (f) du Code de procédure pénale).*

Au rang des suggestions formulées par l'auteur, certaines méritent d'être mises en exergue en raison de leur caractère innovant et de la valeur ajoutée potentielle qu'elles pourraient procurer dans la mise en œuvre de la politique criminelle. Il s'agit de :

- L'institution d'un casier judiciaire pour les personnes morales au même titre que celui des personnes physiques ; ceci, au bénéfice de la consécration légale déjà affirmée de la responsabilité pénale des personnes morales qui en est le précurseur. Cette innovation s'inscrit dans la dynamique du droit pénal des affaires en expansion et l'éclosion d'une délinquance des personnes morales qui s'invitent dans le champ combien polymorphe de la criminalité contemporaine ;
- L'institution d'un casier judiciaire spécial pour des groupes à risque catégorisés à l'instar des auteurs de vol à main armée, de crime de sang, de terrorisme, de violences sexuelles sur mineurs ; la liste n'étant pas exhaustive. Les personnes identifiées comme telles pourraient être soumises à une mobilité réduite et sous contrôle avec restriction des droits civiques, entre autres... Le casier judiciaire spécial communiqué sous le couvert du parquet aux OPJ de la gendarmerie et de la police, à la police des frontières, aux autorités administratives, voire municipales, pourrait constituer un soulagement pour la sécurité des populations et la tranquillité publique ;
- La communication systématique des bulletins de casier judiciaire n°2 à l'administration pénitentiaire de manière à permettre à ce maillon important de la chaîne judiciaire de pouvoir personnaliser et moduler la prise en charge carcérale et les perspectives de resocialisation des personnes incarcérées ;
- L'élaboration d'une législation pénale spéciale propre aux infractions sur le casier judiciaire. Cette mesure à vocation dissuasive et pédagogique aura l'avantage de soumettre les dérives infractionnelles observées autour du casier judiciaire, à un corpus normatif répressif autonome, assorti, s'il échet, d'éléments aggravants spécifiques.

S'agissant de la mise en place d'une plateforme d'échanges préconisée entre les services du casier judiciaire et certaines administrations dont le ministère de la Fonction publique et de la Réforme administrative (MINFOPRA), le ministère de l'Administration territoriale (MINAT), le ministère des Marchés publics (MINMAP), le ministère des Petites et

Moyennes Entreprises de l'Économie sociale et de l'Artisanat (MINPMEESA) et certains organismes parapublics *(Élections Cameroon (ELECAM)*, le Bureau national de l'État civil (BUNEC), un tel dispositif interactif rendrait les échanges d'informations combien nécessaires, plus fluides avec un gain significatif de temps dans le traitement des procédures au sein de ces entités.

L'informatisation du casier judiciaire dans ses divers paliers figure au rang des réformes majeures préconisées. Cette réforme s'inscrit dans le sillage plus général de l'informatisation du système judiciaire et du système pénitentiaire dont l'acronyme est JUSTIC@M, déjà opérationnelle dans certains Tribunaux et Prisons, sous l'impulsion de Monsieur Laurent ESSO, ministre d'État, ministre de la Justice, Garde des Sceaux. Au regard de ces prémisses technologiques, l'informatisation du casier judiciaire trouverait dans certaines juridictions dont celles de Douala et de Yaoundé, un dispositif d'informatisation existant et dont elle ne serait qu'un heureux attelage.

À l'évidence, la réflexion dense et riche qui se dégage de l'œuvre de Monsieur Charlem Clautaire KAMDEM FEUTSEU met en relief ses qualités de chercheur, sa riche expérience dans la pratique judiciaire en général et son expertise avérée dans les dédales du casier judiciaire dont il a la charge au ministère de la Justice. Ce profil de métier avéré n'est pas innocent dans la pertinence et l'acuité des analyses proposées.

En somme, **"LE CASIER JUDICIAIRE AU CAMEROUN ET EN DROIT COMPARÉ"** est un ouvrage agréable à lire ; l'auteur y mène une réflexion dense, fouillée et étayée, adossée sur une abondante documentation présentée en neuf (9) annexes qui en font un vivier d'informations et d'enseignements. À ce titre, ce livre constitue un précieux outil de travail pour apprenants, enseignants d'université, chercheurs, chefs d'entreprise, juristes, praticiens du droit et administrations diverses. Il est également un document de référence à l'adresse des pouvoirs publics dans la perspective de la mise en œuvre des pertinentes réformes préconisées, en vue d'un système de casier judiciaire rénové.

Jean Fils NTAMACK

Magistrat Hors-Hiérarchie Premier groupe

Procureur général près la Cour d'Appel du Centre-Yaoundé

ANNEXES

1-Aperçu comparé de cinq (5) législations nationales sur le casier judiciaire (Cameroun, France, Côte d'Ivoire, Sénégal et Togo)

2-Statistiques sur le casier judiciaire au Cameroun

3-Extraits des dispositions du CPP du Cameroun sur le Casier judiciaire

4-Extraits des dispositions du CPP du Sénégal sur le casier judiciaire

5- Extraits des dispositions du CPP de la Cote d'Ivoire sur le casier judiciaire

6- Extraits des dispositions du CPP du Togo sur le casier judiciaire

7-Extraits des dispositions du CPP de la France sur le casier judiciaire

8-Accord de coopération judiciaire entre la France et le Cameroun

9-Accord de coopération judiciaire entre États de la CEMAC

ANNEXE 1

APERÇUE DE CINQ (5) LÉGISLATIONS NATIONALES COMPARÉES SUR LE CASIER JUDICIAIRE (CAMEROUN, TOGO, CÔTE D'IVOIRE ET SÉNÉGAL ET FRANCE)

		CAMEROUN	TOGO	COTE D'IVOIRE	SENEGAL	FRANCE
1	**Cadres légaux nationaux**	Loi n° 2005/007 du 27 juillet 2005 portant Code de Procédure pénale ***Articles 573 à 583***	Loi n° 83-01 du 2 mars 1983 portant Code de Procédure pénale ***Articles 540 à 549***	Loi n°98-45 du 23 décembre 1998 portant Code de Procédure pénale ***articles 724 à 737***	Loi n° 85-25 du 2 février 1985 portant Code de Procédure pénale ***Articles 726 à 738***	Loi n° 2021-218 du 26 février 2021 (entre autres lois) ***articles 768 à 781 et R.62 à R.90*** Décret 59-18 du 23 février 1959
2	**Fichier central**	Ministère de la Justice***(article.573)***	Cour d'Appel de Lomé ***Article 543***	Ministère de la Justice ***(article.727)***	Cour d'Appel de Dakar ***Article 729***	Fichier national à Nantes
3	**Fichiers décentralisés / Juridictions compétentes pour les nationaux**	TPI du lieu de naissance ***(article. 573)***	TPI du lieu de naissance ***Article 540***	Tribunal du lieu de naissance ***(article.724)***	Tribunal régional du lieu de naissance ***Article 726***	TGI du lieu de résidence
4	**Décisions éligibles à la transcription dans les fiches de casier judiciaire**	Les décisions sont transcrites sur les fiches de casier judiciaire dès le prononcé, indifféremment de leur caractère définitif ***(article 574)***	Seules les décisions définitives sont susceptibles d'être transcrites sur les fiches ***article.540 in fine***	Silence de la loi sur le caractère définitif ou pas de la décision	Décision définitive ***article 726 du CPP***	Décision définitive ***Article R. 66***

5	**Délais de transmission des fiches de casier judiciaire**	Silence de la loi	Silence de la loi	Silence de la loi	Silence de la loi	Transmission 15 jours après décision devenue définitive ***a. R 66***
6	**Mode d'Identification des personnes au casier judiciaire**	À la charge des greffiers : photographie empreintes digitales ***(article 577)***	Vérification registres état-civil (***article. 540)***	Vérification registres état-civil ***(article 724)***	Vérification registres état-civil ***(article.726)***	Vérification au répertoire national d'identification des personnes physiques ***(article.768).***
7	**Casier judiciaire des personnes morales**	Non prévu	Non prévu	Non prévu	Non prévu	Prévu aux ***articles 768, 769, 777-2***
8	**Retrait des extraits de casier après confection**	Les B3 ne sont délivrés « qu'aux personnes concernées » ***(a. 580)***, « qu'au titulaire du casier judiciaire » ***(a.581)***	Conformément à l'***article 546*** du CPP du Togo, le B3 « ne doit en aucun cas être remis à un tiers »	Conformément à l'***article 733*** du CPP de la Côte d'Ivoire, le B3 « ne doit en aucun cas être remis à un tiers »	Conformément à l'***article 734*** du CPP du Sénégal, le B3 « ne doit en aucun cas être délivré à un tiers »	Aux concernés « il ne doit en aucun cas être délivré à un tiers » ***(a. 777)***
9	**Mesures de protection des mineurs à travers le casier judiciaire,**	la mention des condamnations à l'encontre des mineurs n'est inscrite que sur les extraits délivrés aux magistrats et aux administrations publiques ***(a.741)***	**5 ans après la condamnation d'un mineur**, lorsque sa rééducation apparaît comme acquise, la fiche de casier judiciaire peut faire l'objet d'une suppression, à la demande du mineur/	**5 ans après la condamnation d'un mineur,** lorsque sa rééducation apparaît comme acquise, la fiche de casier judiciaire peut faire l'objet d'une suppression, à la demande du mineur/ son parent ou d'office à la	**5 ans après la condamnation d'un mineur,** lorsque sa rééducation apparaît comme acquise, la fiche de casier judiciaire peut faire l'objet d'une suppression, à la demande du mineur/	**3 ans après la condamnation d'un mineur,** lorsque sa rééducation apparaît comme acquise, la fiche de casier judiciaire peut faire l'objet d'une suppression, à la demande du mineur/

			son parent ou d'office à la requête du ministère public ***(a.542)***	requête du ministère public ***(a.726)***	son parent ou d'office à la requête du ministère public ***(a.769-2)***	son parent ou d'office à la requête du ministère public ***(a.769-2)***
10	**Dispositions pénales spéciales pour la répression des comportements infractionnels perpétrés dans le processus du casier judiciaire**	Non prévu dans les dispositions relatives au casier judiciaire. Toutefois, les actes répréhensibles : sont réprimés au moyen des qualifications de portée générale contenues dans le Code pénal : faux et usage de faux, déclarations mensongères…	Prévues articles. ***548 et 549*** , emprisonnement de six mois à cinq ans et de 20 000F à 500.000 F d'amende, « celui qui par de fausses déclarations relatives à l'état civil d'un inculpé a été la cause de l'inscription d'une condamnation sur le casier judiciaire d'une personne autre que l'inculpé »	Prévues à l'***article 736*** du CPP « est puni d'un emprisonnement de six mois à cinq ans et de 20 000F à 500. 000 F d'amende, « celui qui par de fausses déclarations relatives à l'état civil d'un inculpé a été la cause de l'inscription d'une condamnation sur le casier judiciaire d'une personne autre que l'inculpé »	Prévues ***aux articles 737 et 738*** le législateur sénégalais paraît moins répressif « quiconque en prenant un faux nom ou une fausse qualité se fait délivrer un extrait de casier judiciaire d'un tiers est puni de deux mois d'emprisonnement au plus et 20.000 FCFA à 100.000 FCFA d'amende »	Prévues ***(a. 781)*** : amendes exclusivement 7500 Euro/ se faire délivrer un bulletin de casier judiciaire sous une fausse identité
11	**Action (individuelle) en suppression des fiches**	Non prévue	Prévue ***(a ; 542)*** Suite condamnation d'un mineur au jour de la condamnation	Prévue à l'***article 726*** Suite condamnation dans le cadre de l'enfance délinquante	Prévue à l'***article 728*** Suite condamnation d'un mineur au jour de la condamnation	Prévue ***(a. 770)***
12	**Retrait des fiches du casier judiciaire (purge du casier judiciaire)**	Sont retirées du casier judiciaire, les fiches relatives aux condamnations ou mesures de sûreté annulées par une décision de relaxe	Suivant l'***article 541***, « Sont retirés du casier judiciaire les bulletins n°1 relatifs à des condamnations effacées par une amnistie ou réformées	***Article 725*** du CPP ivoirien « Sont retirées du casier judiciaire les fiches relatives à des condamnations effacées par une amnistie ou	***Article 727*** « Sont retirées du casier judiciaire, les fiches relatives à des condamnations effacées par une amnistie ou réformées	Prévu à ***l'article 768***

		ou d'acquittement ou suite à une procédure de révision, devenue irrévocable ou une décision effacée par l'amnistie ou la réhabilitation. ***(a ; 578)***	en conformité d'une décision de rectification du casier judiciaire » Quid des cas de relaxes, acquittements et réhabilitations ?	réformées en conformité d'une décision de rectification du casier judiciaire » Quid des cas de relaxes, acquittements et réhabilitations ?	en conformité d'une décision de rectification du casier judiciaire » Quid des cas de relaxes, acquittements et réhabilitations ?	
13	**Action en rectification des mentions sur le casier judiciaire**	Oui : toute personne qui voudrait faire rectifier une mention sur son casier judiciaire peut adresser une requête à cette fin au Président de la juridiction qui a rendu la décision ***(a.582)***	***Article 547*** La rectification est demandée par requête au Président de la juridiction qui a rendu la décision. Si la décision a été rendue par la Cour d'Assis, la requête est soumise à la chambre d'accusation	***Article 734*** La rectification est demandée par requête au Président de la juridiction qui a rendu la décision. Si la décision a été rendue par la Cour d'Assises, la requête est soumise à la chambre d'accusation	***Article 735*** la rectification peut être demandée par requête adressée au Président du Tribunal ou de la Cour ayant rendu la décision	Oui : requête adressée au Président du tribunal ou de la Cour ayant rendu la décision ***(a.778)***
14	**Délais de péremption des condamnations**	Dispositions sur la réhabilitation de plein droit ***(articles 676 et suivants)***	Dispositions sur la réhabilitation de plein droit ***(a. 550 et suivants)***	Dispositions sur la réhabilitation de plein droit	Dispositions sur la réhabilitation de plein droit	***incorporées dans les dispositions sur le casier judiciaire a. 769***
15	**Administrations destinataires d'office (sans demande) des bulletins n°2**	Autorités administratives et judiciaires **sur leur demande (article 581)**	**Transmission d'office :** - administrations publiques saisies des demandes d'emploi	**Transmission d'office :** - Autorités électorales - Autorités militaires	**Transmission d'office :** - administrations publiques saisies des demandes d'emploi	**Transmission d'office :** - autorités administratives

		NB : Il n'est pas légalement prévu de transmission d'office de bulletin n°2	- administrations en charge distinctions honorifiques - Autorités électorales - Autorités militaires - Autorités des Marchés publics - administrations saisies de demandes d'ouverture d'école ; **(article 545)**	**(articles 728 et 729)**	- administrations en charge distinctions honorifiques - Autorités électorales - Autorités militaires - Autorités des Marchés publics - personnes morales déterminées par la loi **(article 733)**	- Administration pénitentiaire - Autorités électorales - Autorités militaires - Autorités des Marchés publics
16	**Informatisation du casier judiciaire**	En cours	En cours	effective	effective	Remonte à plusieurs décennies (1980)
17	**Interconnexion des fichiers et services du casier judiciaire**	En projet	effectif	effective		***R 66-1*** « transmission les fiches nationales automatisées, soit sur support papier, magnétique, soit par voie électronique sécurisé.
18	**Obtention en ligne des extraits de casier judiciaire (dématérialisation des procédures)**	En projet	2 août 2021 lancement par le 1er ministre togolais de la Plateforme automatisé pour l'obtention des bulletins casier judiciaire en ligne	Demande en ligne effective en remplissant un formulaire sur https://casier-judiciaire.justice.gouv.fr.	Un site est mis à la disposition des usagers pour les demandes d'extrait de casier judiciaire en ligne	Casier judiciaire automatisé, a été inauguré par le garde des Sceaux français Robert BADINTER en 1980

ANNEXE 2

STATISTIQUES SUR LE CASIER JUDICIAIRE DES PERSONNES PHYSIQUES : APERÇU DANS LES COURS D'APPEL DU CENTRE ET DU LITTORAL

	2021			2022			2023 (au 30/08/2023)		
C. d'Appel	Condamnations	B2 émis	B3 émis	Condamnations	B2 émis	B3 émis	Condamnations	B2 émis	B3 émis
Centre	**12.114**	**87**	**83.112**	**19. 317**	**92**	**75.729**	**9.968**	**39**	**63.959**
Littoral	**11.304**	**74**	**80.667**	**13.776**	**69**	**61.632**	**8.129**	**65**	**50.161**

STATISTIQUES SUR LES POURSUITES ET CONDAMNATIONS PÉNALES DES PERSONNES MORALES : APERÇU DANS LES COURS D'APPEL DU CENTRE ET DU LITTORAL

	Année 2020		**Année 2021**		**Année 2022**		**Année 2023**	
	Affaires vidées	Aff. pendantes	Affaires vidées	Aff. pendantes	Affaires vidées	Aff. pendantes	Affaires vidées	Aff. pendantes
COUR D'APPEL DU CENTRE								
TPI C.A Yaoundé			/	/	/	/	00	09
TPI Ekounou			05	06	05	04	00	06
TPI Ngoumou			01	03	01	00	00	07
TGI Mfoundi			07	01	00	04	00	18
COUR D'APPEL DU LITTORAL								
TPI Douala Bonandjo			00	50	01	113	06	129
TPI Douala Bonassama			05	05	04	04	01	08
TGI Wouri			*Statistiques indisponibles*		*Statistiques indisponibles*		*Statistiques indisponibles*	

STATISTIQUES SUR LE FICHIER CENTRAL AU MINISTÈRE DE LA JUSTICE

Bulletins de casier judiciaire n°3 (B3) délivrés

	Année 2021	Année 2022	Année 2023
Natifs Régions du NW/SW	31.926	28.672	30.450
Natifs Arrondissement de Foumbot	1675	214	00
Nationaux de la Diaspora	214	232	201
Expatriés résidents	334	351	309
TOTAL			

NB/ En raison du sinistre survenu au TPI de Foumbot dont les locaux ont été ravagés par les flammes, ensemble le fichier du casier judiciaire, le Fichier central du ministère de la Justice, sur instruction du Garde des Sceaux, a provisoirement délivré des bulletins de casier judiciaire aux natifs de Foumbot. À ce titre 1889 B3 ont été délivrés pendant la période de 25 juin 2021 au 28 février 2022.

Natifs Régions NW/SW : Natifs de la Région du Nord-Ouest et natifs de la Région du Sud-Ouest.

Bulletins de casier judiciaire n°2 (B2) délivrés

ADMINISTRATIONS DESTINATAIRES	ANNÉE 2021	ANNÉE 2022	ANNÉE 2023
Ministère de la Justice (DANRS)	43	47	32
MINREX/ Consulat du Bénin	02	01	/
MINREX/ Consulat du Canada	01	02	/
MINREX/ Consulat de Korée	01	/	/

DANRS : Direction des affaires non répressives et sceau au ministère de la Justice

MINREX : ministère des Relations extérieures

Avis de condamnations des nationaux à l'étranger, parvenus au ministère de la Justice - fichier central

	2020	2021	2022	2023
Pays expéditeur				
FRANCE	165	68	71	13

DONNÉES SUR LE CASIER JUDICIAIRE DANS LA COUR D'APPEL DU CENTRE AU TITRE DE 2022 ET 2023

Nombre / Juridictions	Nombre de décisions de condamnation pénale		Nombre de Fiches de casier judiciaire établies		Nombre de fiches de casier judiciaire transmises au Fichier central		Nombre de fiches de casier judiciaire transmises aux Fichiers d'Arrondissement		Nombre de bulletins n°2 du casier judiciaire délivré		Nombre de bulletins n°3 du casier judiciaire délivré	
	2022	2023 (20 août)	2022	2023 (20 août)	2022	2023 (20 août)	2022	2023 (20 août)	2022 (20 août)	2023 (20 août	2022	2023 (20 août)
CA Centre	811	706	97	60	34	63	34	63	00	00	00	00
TGI Mfoundi	685	475	523	320	365	180	365	158	00	00	00	00
TPGI Akonolinga	768	460	218	174	218	175	00	137	14	00	5097	2450
TPGI Bafia	1454	590	7270	2950	2908	1180	2908	1180	05	01	8123	6933
TPGI Eseka	3049	2386	7235	5810	4585	2442	1487	1010	02	01	4290	2851
TPGI Mbalmayo	1076	642	1076	642	905	632	1051	817	35	06	7206	6654
TPGI Monatélé	545	344	545	344	545	344	297	223	01	00	2500	3067
TPGI Mfou	763	37	763	537	763	537	00	00	05	12	6443	8133
TPGI Nanga-Eboko	491	267	460	325	389	00	389	00	02	00	4549	3046
TPGI Ngoumou	517	436	251	58	00	00	00	00	22	16	2084	1196
TPGI Ntui	79	127	428	651	428	524	428	524	00	03	00	00
TPI Ydé-CA	6940	3159	3371	3140	3371	3140	3371	3140	07	00	35767	28014
TPI Ydé-Ekounou	2600	1582	2370	938	1093	675	856	514	01	00	4219	4661
TOTAL	**19317**	**9968**	**24.218**	**15649**	**15215**	**9891**	**10962**	**7766**	**92**	**39**	**75.729**	**63.959**

DONNÉES SUR LE CASIER JUDICIAIRE DANS LA COUR D'APPEL DU LITTORAL AU TITRE DE 2022 ET 2023

Nombre / Juridictions	Nombre de décisions de condamnation prévues à l'article 577 du CPP		Nombre de Fiches de casier judiciaire établies		Nombre de fiches de casier judiciaire transmises au Fichier central		Nombre de bulletin n°2 du casier judiciaire délivré		Nombre de bulletin n°3 du casier judiciaire délivré		Observations
	2022	2023 (20 août)	2022	2023 (20 août)	2022	2023 (20 août)	2022	2023 (20 août)	2022	2023 (20 août)	
CA Littoral	1126	433	86	11	00	00	/	/	/	/	
TGI Wouri	587	680	939	861	576	382	/	/	/	/	
TGI Moungo	109	76	128	109	128	109	/	/	/	/	
TPGI Edéa	2459	1124	1117	1049	689	705	27	24	6694	5553	
TPGI Yabassi	216	133	122	149	122	85	05	04	1208	976	
TPI Douala-Bonabéri	1152	608	881	550	517	565	01	01	5471	4532	
TPI Douala-Bonanjo	326	170	326	170	00	00	01	09	14.397	14.400	
TPI Douala-Ndokoti	3198	2770	889	538	380	400	00	00	22.391	19.147	
TPI Nkongsamba	2459	1124	1117	1049	689	705	27	24	6694	5553	
TPI Mbanga	2144	2023	282	209	582	209	08	03	5865	4442	
TOTAL	**13.776**	**8129**	**5887**	**4695**	**3683**	**3075**	**69**	**65**	**61.632**	**50.161**	

TABLEAU SYNOPTIQUE DE COLLECTE DES DONNÉES SUR LE CASIER JUDICIAIRE EN 2022 ET EN 2023

Nombre / Juridictions	Nombre de décisions de condamnation prévues à l'article 577 du CPP		Nombre de Fiches de casier judiciaire établies		Nombre de fiches de casier judiciaire transmises au Fichier central		Nombre de bulletin n°2 du casier judiciaire délivré		Nombre de bulletin n°3 du casier judiciaire délivré		Observations
	2022	2023 (20 août)	2022	2023 (20 août)	2022	2023 (20 août)	2022	2023 (20 août)	2022	2023 (20 août)	
CA Littoral	1126	433	86	11	00	00	/	/	/	/	
TGI Wouri	587	680	939	861	576	382	/	/	/	/	
TGI Moungo	109	76	128	109	128	109	/	/	/	/	
TPGI Edéa	2459	1124	1117	1049	689	705	27	24	6694	5553	
TPGI Yabassi	216	133	122	149	122	85	05	04	1208	976	
TPI Douala-Bonabéri	1152	608	881	550	517	565	01	01	5471	4532	
TPI Douala-Bonanjo	326	170	326	170	00	00	01	09	14.397	14.400	
TPI Douala-Ndokoti	3198	2770	889	538	380	400	00	00	22.391	19.147	
TPI Nkongsamba	2459	1124	1117	1049	689	705	27	24	6694	5553	
TPI Mbanga	2144	2023	282	209	582	209	08	03	5865	4442	
TOTAL	**13.776**	**8129**	**5887**	**4695**	**3683**	**3075**	**69**	**65**	**61.632**	**50.161**	

ANNEXE 3

EXTRAITS DES DISPOSITIONS DU CODE DE PROCÉDURE PÉNALE DU CAMEROUN SUR LE CASIER JUDICIAIRE

CAMEROUN

Loi N° 2005/007 du 27 juillet 2005

portant Code de Procédure pénale

L'Assemblée nationale a délibéré et adopté,

Le Président de la République promulgue la loi dont la teneur suit :

Article 573 :

(1) In est institué un casier judiciaire :

a) Au greffe de chaque Tribunal de Première Instance ;

b) Au ministère chargé de la justice

(2) Le casier judiciaire institué au greffe du Tribunal de Première Instance est appelé fichier d'arrondissement et concerne les personnes nées dans le ressort dudit Tribunal.

(3) Le casier judiciaire institué au ministère chargé de la Justice est appelé fichier central. Il centralise notamment :

a) les fiches du casier judiciaire des personnes de nationalité camerounaise ou étrangère nées à l'étranger

b) Les fiches du casier judiciaire des personnes de nationalité étrangères nées au Cameroun, dont la naissance n'a pas été déclarée à l'état civil camerounais et qui résident au Cameroun ;

c) Les fiches du casier judiciaire des personnes de nationalité camerounaise dont le lieu de naissance est inconnu ou dont l'identité est douteuse.

Article 574 : Lorsqu'une juridiction répressive camerounaise a prononcé une condamnation ou une mesure de sûreté, le Greffier en Chef de cette juridiction transcrit le dispositif de la décision sur une fiche appelée « fiche de casier judiciaire », établie en cinq (5) exemplaires.

Deux (2) exemplaires de cette fiche sont adressés au greffe du Tribunal de Première Instance du lieu de naissance du condamné pour classement à son casier.

Deux (2) exemplaires sont adressés au casier central aux fins d'un classement nominal et dactyloscopique, par ordre alphabétique.

Le cinquième exemplaire est classé au dossier de procédure.

Article 575 :

(1) Les exemplaires de la fiche adressés au fichier d'arrondissement et au fichier central portent, s'il y lieu, la mention de l'exercice des voies de recours.

(2) Lorsqu'une voie de recours a été exercée postérieurement à la diffusion de ces exemplaires,

le Greffier en Chef de la juridiction qui a statué adresse une copie de l'acte de recours aux différents fichiers en vue de la mention visée à l'alinéa précédent.

Article 576 : Le casier judiciaire de chaque personne comporte autant de fiches que de condamnations ou mesures de sûreté prononcées séparément à son encontre par une juridiction répressive camerounaise ou étrangère.

Article 577 : La fiche de casier judiciaire comporte :

a) Les renseignements d'identité, la photographie, les empreintes digitales et les signalements morphologiques et anthropométriques ;

b) Les condamnations et mesures de sûreté prononcées par les juridictions répressives nationales ou étrangères ;

c) Les condamnations pour contraventions ;

d) Les mesures spéciales prononcées en application des articles 46, 48 et 49 du Code pénal ;

e) Les avis de recherche ;

f) Les jugements déclaratifs de faillite ou de liquidation judiciaire ;

g) Les décisions de grâce ;

h) Les décisions de réhabilitation.

Article 578 :

(1) Sont retirées du casier judiciaire les fiches relatives aux condamnations ou mesures de sûreté annulées par une décision de relaxe ou d'acquittement devenue irrévocable.

(2) Il est de même des condamnations :

a) Annulées à la suite d'une procédure de révision ;

b) Effacées par l'amnistie ou la réhabilitation.

(3) Les fiches retirées du casier judiciaire en application des alinéas (1) et (2) sont classées aux archives du casier judiciaire. Aucune information ne peut y être puisée sans autorisation écrite du ministère public.

Article 579 :

(1) En cas de modification de la condamnation ou de la mesure de sûreté à la suite d'un recours, mention en est portée sur la fiche correspondante du casier judiciaire.

(2) Lorsque la modification ne laisse subsister qu'une peine accessoire ou une mesure de sûreté, une nouvelle fiche est établie mentionnant cette peine ou cette mesure, la fiche initiale étant retirée et classée aux archives du casier judiciaire.

(3) Lorsqu'à la suite de l'amnistie ou de la réhabilitation, une peine accessoire ou une mesure de sûreté subsiste, la fiche initiale est retirée et classée aux archives du casier judiciaire.

Article 580 :

(1) Des renseignements tirés des fiches, appelés « extrait de casier judiciaire», sont délivrés, sur leur demande, aux autorités administratives et judiciaires ou à la personne concernée, sous la forme d'un bulletin de casier judiciaire.

(2)

a) Le bulletin délivré par le Greffier en Chef du Tribunal de Première Instance est signé du Procureur de la République ;

b) Le bulletin délivré par le service central du casier judiciaire est signé du ministre chargé de la Justice ou de son représentant.

CHAPITRE II

DES BULLETINS DU CASIER JUDICIAIRE

Article 581 :

(1) Il existe trois sortes de bulletins du casier judiciaire à savoir, le bulletin n° 1, le bulletin n° 2 et le bulletin n° 3 :

a) Le bulletin n° 1 est un relevé intégral des fiches du casier judiciaire concernant une personne donnée. Il contient toutes les condamnations, mesures de sûreté et arrêté d'expulsion prononcées contre cette personne ;

b) Le bulletin n° 2 comporte les mêmes mentions que le bulletin n° 1, à l'exclusion des décisions effacées par l'amnistie et la réhabilitation ;

c) Le bulletin n° 3 n'est délivré qu'au titulaire du casier judiciaire. Il ne mentionne que les condamnations à des peines privatives de liberté non effacées par l'amnistie ou la réhabilitation. Il mentionne en outre toutes les condamnations relatives à la circulation routière.

Les bulletins n°s 1 et 2 sont délivrés aux autorités administratives et judiciaires sur leur demande.

(2) Lorsque le casier judiciaire est vierge ou que les condamnations et mesures de sûreté inscrites sur les fiches ne sont pas devenues irrévocables, le bulletin délivré porte la mention «néant. »

Article 582 :

(1) Toute personne qui veut faire rectifier une mention portée sur son casier judiciaire, adresse en double exemplaire une requête au Président de la juridiction qui a rendu la décision.

(2) Le ministère public a le droit d'agir d'office, dans la même forme, en rectification du casier judiciaire.

(3) Le Président statue en Chambre du Conseil après avoir entendu le requérant, le ministre public et toute autre personne dont le témoignage paraît utile.

(4) En cas de rejet de la requête, le requérant est condamné aux frais.

(5) Si la requête est admise, les frais sont supportés par le Trésor public.

(6) Mention de la décision ordonnant la rectification est portée sur la fiche du casier judiciaire.

Article 583 : Les dispositions de l'article 582 sont applicables en cas de contestation sur la réhabilitation de droit ou l'application d'une loi d'amnistie.

ANNEXE 4

EXTRAITS DES DISPOSITIONS DU CODE DE PROCÉDURE PÉNALE DU SÉNÉGAL SUR LE CASIER JUDICIAIRE

TITRE VIII : DU CASIER JUDICIAIRE

Article 726 (Loi n° 85-25 du 27 /02/85)

Le greffier de chaque tribunal reçoit, en ce qui concerne les personnes nées dans la circonscription du tribunal, et après vérification de leur identité aux registres de l'état civil, des fiches constatant :

1. Les condamnations contradictoires ou par contumace et les condamnations par défaut non frappées d'opposition prononcées pour crime ou délit par toute juridiction répressive y compris les condamnations avec sursis ;
2. Les décisions prononcées par application des textes relatifs à l'enfant délinquant ;
3. Les décisions prononcées par l'autorité judiciaire ou par une autorité administrative lorsqu'elles entraînent ou édictent des incapacités ;
4. Les jugements déclaratifs de faillite ou de liquidation judiciaire ;
5. Tous les jugements prononçant la déchéance de la puissance paternelle ou le retrait de tout ou partie des droits y attachés ;
6. Les arrêtés d'expulsion pris contre les étrangers.

Les condamnations et décisions récitées ne font l'objet d'une fiche que lorsqu'elles sont devenues définitives.

Article 727

Il est fait mention sur les fiches du casier judiciaire, des grâces, commutations ou réductions de peines, des décisions qui suspendent ou qui ordonnent l'exécution d'une première condamnation, des arrêtés de mise en liberté conditionnelle et de révocation, des décisions de suspension de peine, des réhabilitations, des décisions qui rapportent ou suspendent les arrêtés d'expulsion, ainsi que de la date de l'expiration de la peine et du paiement de l'amende.

Sont retirées du casier judiciaire les fiches relatives à des condamnations effacées par une amnistie ou réformées en conformité d'une décision de rectification du casier judiciaire.

Article 728

Lorsqu'à la suite d'une décision prise en vertu des dispositions du titre premier du livre IV relatives à l'enfance délinquante, la rééducation du mineur apparaît comme acquise, le tribunal pour enfants peut, après l'expiration d'un délai de cinq ans à compter de ladite décision et même si le mineur a atteint sa majorité, décider à sa requête, à celle du ministère public ou d'office, la suppression du casier judiciaire de la fiche concernant la décision dont il s'agit.

Le tribunal pour enfants statue en dernier ressort. Lorsque la suppression de la fiche a été prononcée, la mention de la décision initiale ne doit plus figurer au casier judiciaire de l'intéressé. La fiche afférente à ladite décision est détruite.

Le tribunal du lieu de la poursuite initiale, celui du lieu du domicile actuel du mineur et celui du lieu de sa naissance sont compétents pour connaître de la requête.

Article 729

Il est tenu au greffe de la Cour d'appel de Dakar un casier judiciaire central qui reçoit les fiches concernant les personnes nées hors du territoire de la République et celles dont l'acte de naissance n'est pas retrouvé ou dont l'identité est douteuse.

Article 730

Une copie de chaque fiche constatant une décision entraînant la privation des droits électoraux est adressée par le greffe compétent à l'autorité chargée d'établir les listes électorales.

Article 731

Le relevé intégral des fiches du casier judiciaire applicables à la même personne est porté sur un bulletin appelé bulletin n° 1.

Le bulletin n° 1 n'est délivré qu'aux autorités judiciaires.

Lorsqu'il n'existe pas de fiche au casier judiciaire, le bulletin n° 1 porte la mention «néant».

Article 732 (Loi n° 66-18 du 1er /02/66)

Le bulletin n° 2 est le relevé des fiches du casier judiciaire applicables à la même personne, à l'exclusion de celle concernant les décisions suivantes :

1. Les décisions prononcées en vertu des textes relatifs à l'enfance délinquante ;

2. Les condamnations assorties du bénéfice du sursis, lorsqu'elles doivent être

considérées comme non-avenues ;

3. Les condamnations effacées par la réhabilitation de plein droit ou judiciaire ;

4. Les condamnations auxquelles sont applicables les dispositions de l'article 45, alinéa 4 de la Loi n° 63-21 du 5 février 1963 remplaçant le titre premier du Code de justice militaire.

5. Les jugements de faillite effacés par la réhabilitation ;

6. Les décisions disciplinaires effacées par la réhabilitation ;

7. Les décisions d'expulsion abrogées ou rapportées.

Les bulletins n° 2 fournis en cas de contestation concernant l'inscription sur les listes électorales ne comprennent que les décisions entraînant des incapacités en matière d'exercice du droit de vote.

Lorsqu'il n'existe pas au casier judiciaire de fiches concernant des décisions à relever sur le

bulletin n° 2, celui-ci porte la mention «néant».

Article 733

Le bulletin n° 2 du casier judiciaire est délivré :

1. Aux gouverneurs de régions, aux préfets et aux administrations publiques de l'État

saisis de demandes d'emplois publics, de propositions relatives à des adjudications de travaux ou de marchés publics, en vue de poursuites disciplinaires ou de l'ouverture d'une école privée ;

2. Aux autorités militaires pour les appelés des classes et de l'inscription maritime et pour les jeunes gens qui demandent à contracter un engagement ainsi qu'aux autorités compétentes en cas de contestation sur l'exercice des droits électoraux ;

3. Aux administrations et personnes morales dont la liste sera déterminée par le décret prévu par l'article «736» ;

4. Aux présidents des tribunaux pour être joint aux procédures de faillite et de liquidation judiciaire ainsi qu'aux juges commis à la surveillance du registre du commerce à l'occasion des demandes d'inscription audit registre.

Article 734

Le bulletin n° 3 est le relevé des condamnations à des peines privatives de liberté prononcées par une juridiction sénégalaise pour crime ou délit.

Il indique expressément que tel est son objet. N'y sont inscrites que les condamnations de la nature ci-dessus précisée autres que celles mentionnées du 1° au 7° de l'article «732» et pour lesquelles le sursis n'a pas été ordonné, sauf révocation de cette mesure. Le bulletin n° 3 peut être réclamé par la personne qu'il concerne. Il ne doit, en aucun cas, être délivré à un tiers.

Article 735

Lorsque, au cours d'une procédure quelconque, le Procureur de la République ou le juge d'instruction constate qu'un individu a été condamné sous une fausse identité ou a usurpé un état civil, il est immédiatement procédé d'office, à la diligence du Procureur de la République, aux rectifications nécessaires avant la clôture de la procédure.

La rectification est demandée par requête au président du tribunal ou de la cour qui a rendu la décision. Si la décision a été rendue par une cour d'assises, la requête est soumise à la Chambre d'accusation.

Le président communique la requête au ministère public, le cas échéant, et commet un magistrat pour faire le rapport.

Les débats ont lieu et le jugement est rendu en chambre du conseil. Le tribunal ou la cour peut ordonner d'assigner la personne objet de la condamnation.

Si la requête est admise, les frais sont supportés par celui qui a été la cause de l'inscription reconnue erronée s'il a été appelé dans l'instance.

Dans le cas contraire ou dans celui de son insolvabilité, ils sont supportés par le Trésor.

Toute personne qui veut faire rectifier une mention portée à son casier judiciaire peut agir dans la même forme. Dans le cas où la requête est rejetée, le requérant est condamné aux frais.

Mention de la décision est faite en marge du jugement ou de l'arrêt visé par la demande en rectification. La même procédure est applicable au cas de contestation sur la réhabilitation de droit, ou de difficultés soulevées par l'interprétation d'une loi d'amnistie, dans les termes de l'article «727» alinéa 2.

Article 736

Un décret détermine les mesures nécessaires à l'exécution des articles « 729 » à « 735 », et notamment les conditions dans lesquelles doivent être demandés, établis et délivrés les bulletins nos 1, 2 et 3 du casier judiciaire.

Article 737

Quiconque a pris le nom d'un tiers, dans les circonstances qui ont déterminé ou auraient pu déterminer l'inscription d'une condamnation au casier judiciaire de celui-ci, est puni de six mois à cinq ans d'emprisonnement et de 25.000 à 500.000 francs d'amende, sans préjudice des poursuites à exercer éventuellement du chef de faux.

La peine ainsi prononcée est subie immédiatement après celle encourue pour l'infraction à l'occasion de laquelle l'usurpation de nom a été commise.

Est puni des peines prévues à l'alinéa premier celui qui, par de fausses déclarations relatives à l'état civil d'un inculpé a sciemment été la cause de l'inscription d'une condamnation sur le casier judiciaire d'un autre que cet inculpé.

Article 738

Quiconque, en prenant un faux nom ou une fausse qualité, s'est fait délivrer un extrait de casier judiciaire d'un tiers est puni de deux mois d'emprisonnement au plus et de 20.000 francs à 100.000 francs d'amende.

Est puni des peines prévues à l'article «737» celui qui aura fourni les renseignements d'identité imaginaire qui ont provoqué ou auraient pu provoquer des mentions erronées au casier judiciaire.

ANNEXE 5

EXTRAITS DES DISPOSITIONS DU CODE DE PROCÉDURE PÉNALE DE LA CÔTE D'IVOIRE SUR LE CASIER JUDICIAIRE

A

CODE DE PROCEDURE PENALE (LOI N° 60-366 DU 14 NOVEMBRE 1960)

LOI 60-366 DU 14 NOVEMBRE 1960

PORTANT INSTITUTION D'UN CODE DE PROCÉDURE PÉNALE

Modifiée par les Lois :

62-231 du 29 juin 1962

63-2 du 11 janvier 1963

63-526 du 26 décembre 1963

69-371 du 12 août 1969

81-640 du 31 juillet 1981

96-673 du 25 juillet 1996

97-401 du 11 juillet 1997.

98-745 / 746 / 747 du 23 décembre 1998

TITRE VIII - DU CASIER JUDICIAIRE

Article 724

(Loi 98-745 du 23 /12/ 1998)

Le Greffe de chaque Tribunal ou Section de tribunal reçoit, en ce qui concerne les personnes nées dans la Circonscription du Tribunal ou de la Section du Tribunal et après vérification de leur identité aux registres de l'état civil, des fiches constatant :

1- Les condamnations contradictoires ou par contumace et les condamnations par défaut non frappées d'opposition, prononcées pour crime ou délit par toute juridiction répressive, y compris les condamnations avec sursis;

2- Les décisions prononcées par application des textes relatifs à l'enfance délinquante ;

3- Les décisions disciplinaires prononcées par l'autorité judiciaire ou par une autorité administrative lorsqu'elles entraînent ou édictent des incapacités ;

4- Les jugements déclaratifs de faillite ou de règlement judiciaire :

5- Tous les jugements prononçant la déchéance de la puissance paternelle ou le retrait de tout ou partie des droits y attachés,

6– Les arrêtés d'expulsion pris contre les étrangers ;

7– Les procès-verbaux de transaction.

Article 725

Il est fait mention sur les fiches du casier judiciaire des grâces, commutations ou réductions de peines, des décisions qui suspendent ou qui ordonnent l'exécution d'une première condamnation, des arrêtés de mise en liberté conditionnelle et de révocation, des décisions de suspension de peine, des réhabilitations, des décisions qui rapportent ou suspendent les arrêtés d'expulsion, ainsi que la date de l'expiration de la peine et du paiement de l'amende.

Sont retirées du casier judiciaire les fiches relatives à des condamnations effacées par une amnistie ou réformées en conformité d'une décision de rectification du casier judiciaire.

Article 726

Lorsque, à la suite d'une décision prise en vertu des articles 757, 758, 774, 781, 782, 784 et 798, relatifs à l'enfance délinquante, la rééducation du mineur apparaît comme acquise, le Tribunal pour enfants peut, après l'expiration d'un délai de cinq ans à compter de ladite décision et même si le mineur a atteint sa majorité, décider, à sa requête, à celle du ministère public ou d'office, la suppression du casier judiciaire de la fiche concernant la décision dont il s'agit.

Le Tribunal pour enfants statue en dernier ressort. Lorsque la suppression de la fiche a été prononcée, la mention de la décision initiale ne doit plus figurer au casier judiciaire du mineur. La fiche afférente à ladite décision est détruite.

Le Tribunal de la poursuite initiale, celui du lieu du domicile actuel du mineur et celui du lieu de sa naissance sont compétents pour connaître de la requête.

Article 727

Le ministre de la Justice fait tenir un casier judiciaire central qui reçoit les fiches concernant les personnes nées hors du territoire de la République de Côte d'Ivoire et celles dont l'acte de naissance n'est pas retrouvé ou dont l'identité est douteuse.

Article 728

(Loi n° 62-231 du 29 /06/ 1962)

Il est donné connaissance aux Autorités militaires, par l'envoi d'une copie de la fiche du casier judiciaire, des condamnations ou des décisions de nature à modifier les conditions d'incorporation des individus soumis à l'obligation du service militaire, par référence à la loi n° 61-210 du 12 juin 1961 sur le recrutement des Forces armées.

Il est donné avis également aux mêmes Autorités de toutes modifications apportées à la fiche ou au casier judiciaire en vertu des articles 725 et 726.

Article 729

Une copie de chaque fiche constatant une décision entraînant la privation des droits électoraux est adressée par le Greffe compétent à l'Autorité chargée d'établir les listes électorales.

Article 730

Le relevé intégral des fiches du casier judiciaire applicables à la même personne est porté sur un bulletin appelé bulletin n°1.

Le bulletin n° 1 n'est délivré qu'aux Autorités judiciaires.

Lorsqu'il n'existe pas de fiche au casier judiciaire, le bulletin n°1 porte la mention " néant ".

Article 731

(Loi n° 62-231 du 29 /06/ 1962)

Le bulletin n°2 est le relevé des fiches du casier judiciaire applicables à la même personne, à l'exclusion de celles concernant les décisions suivantes :

1° Les décisions prononcées en vertu des textes relatifs à l'enfance délinquante ;

2° Les condamnations assorties du bénéfice du sursis, lorsqu'elles doivent être considérées comme non-avenues ;

3° Les condamnations effacées par la réhabilitation de plein droit ou

judiciaire ;

4° Les jugements de faillite effacés par la réhabilitation ;

5° Les décisions disciplinaires effacées par la réhabilitation.

Les bulletins n°2 fournis en cas de contestation concernant l'inscription sur les listes électorales ne comprennent que les décisions entraînant des incapacités en matière d'exercice du droit de vote.

Lorsqu'il n'existe pas au casier judiciaire de fiches concernant des décisions à relever sur le bulletin n°2, celui-ci porte la mention : “ néant ”.

ARTICLE 732

Le bulletin n°2 du casier judiciaire est délivré :

1° Aux Préfets et aux Administrations publiques de l'État saisis de demandes d'emplois publics, de propositions relatives à des distinctions honorifiques ou de soumissions pour des adjudications de travaux ou de marchés publics ou en vue de poursuites disciplinaires ou de l'ouverture d'une école privée ;

2° Aux Autorités militaires pour les appelés des classes et de l'inscription maritime et pour les jeunes gens qui demandent à contracter un engagement ainsi qu'aux Autorités compétentes en cas de contestation sur l'exercice des droits électoraux.

3° Aux Administrations et personnes morales dont la liste sera déterminée par le décret prévu par l'article 735 ;

4° Aux Présidents des tribunaux de commerce pour être joint aux procédures de faillite et de liquidation judiciaire.

Article 733

(Loi n° 69-371 du 12 /08/ 1969)

Le bulletin n° 3 est le relevé des condamnations à des peines privatives de liberté prononcées par une juridiction ivoirienne pour crime ou délit. Il indique expressément que tel est son objet. N'y sont inscrites que les condamnations de la nature ci-dessus précisée autres que celles mentionnées du 1° au 6° de l'article 731 et pour lesquelles le sursis n'a pas été ordonné, sauf révocation de cette mesure.

Le bulletin n° 3 peut être réclamé par la personne qu'il concerne. Il ne doit, en aucun cas, être délivré à un tiers.

Article 734

Lorsqu'au cours d'une procédure quelconque le Procureur de la République ou le juge d'Instruction constate qu'un individu a été condamné sous une fausse identité ou a usurpé un état civil, il est immédiatement, procédé d'office, à la diligence du Procureur de la République, aux rectifications nécessaires avant la clôture de la procédure.

La rectification est demandée par requête au Président du Tribunal ou de la Cour qui a rendu la décision. Si la décision a été rendue par une Cour d'Assises, la requête est soumise à la Chambre d'Accusation.

Le Président communique la requête au ministère public et commet le cas échéant un magistrat pour faire le rapport. Les débats ont lieu et le jugement est rendu en Chambre du conseil. Le Tribunal ou la Cour peut ordonner d'assigner la personne objet de la condamnation.

Si la requête est admise, les frais sont supportés par celui qui a été la cause de l'inscription reconnue erronée s'il a été appelé dans l'instance. Dans le cas contraire ou dans celui de son insolvabilité, ils sont supportés par le Trésor.

Toute personne qui veut faire rectifier une mention portée à son casier judiciaire peut agir dans la même forme. Dans le cas où la requête est rejetée, le requérant est condamné aux frais.

Mention de la décision est faite en marge du jugement ou de l'arrêt visé par la demande en rectification.

La même procédure est applicable au cas de contestation sur la réhabilitation de droit, ou de difficultés soulevées par l'interprétation d'une loi d'amnistie, dans les termes de l'article 725, alinéa 2.

Article 735

Un décret pris en Conseil des ministres détermine les mesures nécessaires à l'exécution des articles 724 à 734, et notamment les conditions dans lesquelles doivent être demandés, établis et délivrés les bulletins n°s1, 2 et 3 du casier judiciaire.

Article 736

Quiconque a pris le nom d'un tiers, dans des circonstances qui ont déterminé ou auraient pu déterminer l'inscription d'une condamnation au casier judiciaire de celui-ci est puni de six mois à cinq ans d'emprisonnement et de 50.000 à 1.000.000 de francs d'amende, sans préjudice des poursuites à exercer éventuellement du chef de faux.

La peine ainsi prononcée est subie immédiatement après celle encourue pour l'infraction à l'occasion de laquelle l'usurpation de nom a été commise.

Est puni des peines prévues à l'alinéa premier celui qui, par de fausses déclarations relatives à l'état civil d'un inculpé, a sciemment été la cause de l'inscription d'une condamnation sur le casier judiciaire d'un autre que cet inculpé.

Article 737

Quiconque, en prenant un faux nom ou une fausse qualité, s'est fait délivrer un extrait de casier judiciaire d'un tiers, est puni de dix jours à deux mois d'emprisonnement et de 40.000 à 200.000 francs d'amende.

Est puni des mêmes peines celui qui aura fourni des renseignements d'identité imaginaires qui ont provoqué ou auraient pu provoquer des mentions erronées au casier judiciaire.

ANNEXE 6

EXTRAITS DES DISPOSITIONS DU CODE DE PROCÉDURE PÉNALE DU TOGO SUR LE CASIER JUDICIAIRE

TITRE IV DU CASIER JUDICIAIRE

1- **Art. 540 -** Le greffe de chaque juridiction de première instance reçoit en ce qui concerne les personnes nées dans la circonscription de la juridiction et après vérification de leur identité aux registres de l'État civil ou selon les prescriptions réglementaires, des bulletins dits bulletins n°1 constatent : les condamnations contradictoires et les condamnations par défaut non frappées d'opposition prononcée pour crime ou délit par toute juridiction répressive y compris les condamnations avec sursis ;

2- les décisions prononcées par application des textes relatifs à l'enfance délinquante ;

3- les décisions disciplinaires prononcées par l'autorité judiciaire ou par une autorité administrative lorsqu'elles entraînent ou édictent des incapacités ;

4- les jugements déclaratifs de faillite ou de liquidation judiciaire ;

5- les arrêtés d'expulsion pris contre les étrangers ;

6- tous les jugements prononçant la déchéance paternelle ou le retrait de tout ou partie des droits y attachés.

Les condamnations et décisions précitées ne font l'objet d'un bulletin que lorsqu'elles sont devenues définitives.

Art. 541 – Il est fait mention, sur les bulletins n°1 de grâces, commutations ou réductions de peines, des décisions qui suspendent ou qui ordonnent l'exécution d'une première condamnation, des arrêtés de mise en liberté conditionnelle et de révocation, des décisions de suspension de peines, des réhabilitations, des décisions qui rapportent ou suspendent les arrêtés d'expulsion, ainsi que la date de l'expiration de la peine et du paiement de l'amende.

Sont retirés du casier judiciaire les bulletins n°1 relatifs à des condamnations effacées par une amnistie ou réformées en conformité d'une décision de rectification du casier judiciaire.

Art. 542 – Lorsque, à la suite d'une décision prise en vertu des dispositions du Titre X du livre III relatives à l'enfance délinquante, la rééducation du mineur apparaît comme acquise, le Tribunal pour enfants peut, après l'expiration d'un délai de cinq ans à compter de ladite décision et même si le mineur a atteint sa majorité, décider à sa requête, à celle du ministère public ou d'office, la suppression du casier judiciaire du bulletin concernant la décision du bulletin concernant la décision dont il s'agit.

Le juge des mineurs statue en dernier ressort. Lorsque la suppression du bulletin a été prononcée, la mention de la décision initiale ne doit plus figurer au casier judiciaire de l'intéressé. Le bulletin afférent à ladite décision est détruit ;

Le Tribunal de la poursuite initiale, celui du domicile actuel du mineur et celui du lieu de sa naissance sont compétents pour connaître de la requête.

Art. 543 – Il est tenu au greffe de la Cour d'Appel de Lomé un casier judiciaire central qui reçoit les bulletins concernant :

1- les Togolais nés hors du territoire de la République ;

2- les étrangers ;

3- les personnes dont l'acte de naissance n'est pas retrouvé ou dont l'identité est douteuse.

Art. 544 - Une copie de chaque bulletin n°1, constatant une décision entraînant la privation des droits électoraux est adressée à l'autorité administrative du domicile de la personne condamnée, afin que cette autorité puisse faire procéder à la rectification des listes électorales.

Art. 545 – Le relevé intégral des bulletins n°1 applicable à la même personne est porté sur un bulletin appelé bulletin n°2 .

Le bulletin n°2 est délivré :

1- aux autorités judiciaires ;

2- aux Administrations publiques saisies de demandes d'emplois publics, de propositions relatives à des distinctions honorifiques ou de soumissions pour des adjudications de travaux ou de marchés publics ou en vue de poursuites disciplinaires ou de l'ouverture d'une école privée.

3- aux autorités militaires pour les appels des classes et pour les jeunes gens qui demandent à contracter un engagement ;

4- aux autorités compétentes en cas de contestations sur l'exercice des droits électoraux.

Les bulletins n°2 fournis en cas de contestations concernant l'inscription sur les listes électorales ne comprennent que les décisions entraînant des incapacités en matière d'exercice du droit de vote.

Lorsqu'il n'existe pas de bulletin au casier judiciaire, le bulletin n°2 porte la mention néant.

Art. 546 – Le bulletin n°3 est le relevé des condamnations à des peines privatives de liberté prononcées pour crime ou délit. Il indique expressément que tel est son objet. N'y sont inscrites que les condamnations de la nature ci-dessous précisée, non effacées par la réhabilitation et pour lesquelles le juge n'a pas ordonné qu'il serait sursis à l'exécution de la peine à moins, dans ce dernier cas, qu'une nouvelle condamnation n'ait privé l'intéressé du bénéfice de cette mesure.

Un bulletin n° 3 ne peut être réclamé que par la personne qu'il concerne. Il ne doit, dans aucun cas, être délivré à un tiers.

Art. 547 – lorsqu'au cours d'une procédure quelconque, le Procureur de la République ou le juge d'instruction constate qu'un individu a été condamné sous une fausse identité ou a usurpé u État civil, il est immédiatement procédé d'office à la diligence du Procureur de la République ou du juge chargé du ministère public, selon le cas, aux rectifications nécessaires avant la clôture de la procédure.

La rectification est demandée par requête au Président de la juridiction qui a rendu la décision. Si la décision a été rendue par la Cour d'Assises, la requête est soumise à la Chambre d'Accusation.

Le Président communique la requête au ministère public et commet un magistrat pour faire le rapport. Les juges chargés du ministère public, toutefois, ne sont pas tenus de communiquer la requête au Procureur de la République Les Conseils. Le Tribunal peut ordonner d'assigner la personne objet de la condamnation.

Si la requête est admise, les frais sont supportés par celui qui a été la cause de l'inscription reconnue erronée s'il a été appelé dans l'instance. Dans le cas contraire ou dans celui de son insolvabilité, ils sont supportés par le trésor.

Toute personne qui veut faire rectifier une mention portée à son casier judiciaire peut agir dans la même forme. Dans le cas où la requête est rejetée, le requérant est condamné aux frais.

Art. 548 – Quiconque a pris le nom d'un tiers dans des circonstances qui ont déterminé ou auraient déterminé l'inscription d'une condamnation au casier judiciaire de celui-ci est puni de six mois à cinq ans d'emprisonnement et de 20 000 à 500 000 francs d'amende sans préjudice des poursuites à exercer éventuellement du chef de faux.

La peine ainsi prononcée est subie immédiatement après celle encourue pour l'infraction à l'occasion de laquelle l'inscription de faux nom a été commise.

Est puni des peines prévues à l'alinéa 1er celui qui, par de fausses déclarations relatives à l'État civil d'un inculpé, a sciemment été la cause de l'inscription d'une condamnation sur le casier judiciaire d'une personne autre que l'inculpé.

Art. 549 – Quiconque en prenant un faux nom ou une fausse qualité s'est fait délivrer un extrait du casier judiciaire d'un tiers est puni de dix jours à deux mois d'emprisonnement et de 20 000 à 200 000 francs d'amende.

Est puni des mêmes peines celui qui aura fourni des renseignements d'identité imaginaires qui ont provoqué ou auraient pu provoquer de mentions erronées au casier judiciaire

ANNEXE 7

EXTRAITS DES DISPOSITIONS DU CODE DE PROCÉDURE PÉNALE DE LA FRANCE SUR LE CASIER JUDICIAIRE

Code de procédure pénale

Dernière modification : 2022-10-27

Édition : 2022-10-27

Titre VIII : Du casier judiciaire

Le casier judiciaire national automatisé, qui peut comporter un ou plusieurs centres de traitement, est tenu sous l'autorité du ministre de la Justice. Il reçoit, en ce qui concerne les personnes nées en France et après contrôle de leur identité au moyen du répertoire national d'identification des personnes physiques, le numéro d'identification ne pouvant en aucun cas servir de base à la vérification de l'identité :

1° Les condamnations contradictoires ainsi que les condamnations par défaut, non frappées d'opposition, prononcées pour crime, délit ou contravention de la cinquième classe, ainsi que les déclarations de culpabilité assorties d'une dispense de peine ou d'un ajournement du prononcé de la peine sauf si la mention de la décision au bulletin n° 1 a été expressément exclue en application de l'article *132-59* du Code pénal ;

2° Les condamnations contradictoires ou par défaut, non frappées d'opposition, pour les contraventions des quatre premières classes dès lors qu'est prise, à titre principal ou complémentaire, une mesure d'interdiction, de déchéance ou d'incapacité ;

3° Les décisions prononçant à l'égard d'un mineur une mesure éducative, une dispense de mesure éducative ou une déclaration de réussite éducative en application du titre Ier du livre Ier du code de la justice pénale des mineurs ;

4° Les décisions disciplinaires prononcées par l'autorité judiciaire ou par une autorité administrative lorsqu'elles entraînent ou édictent des incapacités ;

5° Les jugements prononçant la faillite personnelle ou l'interdiction prévue par l'article *L. 653-8* du code de commerce ;

6° Tous les jugements prononçant la déchéance de l'autorité parentale ou le retrait de tout ou partie des droits y attachés ;

7° Les arrêtés d'expulsion pris contre les étrangers ;

8° Les condamnations prononcées par les juridictions étrangères qui, en application d'une convention ou d'un accord internationaux, ont fait l'objet d'un avis aux autorités françaises ou ont été exécutées en France à la suite du transfèrement des personnes condamnées ;

9° Les compositions pénales, dont l'exécution a été constatée par le procureur de la République ;

10° Les jugements ou arrêts de déclaration d'irresponsabilité pénale pour cause de trouble mental, lorsqu'une hospitalisation d'office a été ordonnée en application de l'article ***706-135*** ou lorsqu'une ou plusieurs des mesures de sûreté prévues par l'article ***706-136*** ont été prononcées ;

11° Les amendes forfaitaires pour les délits et pour les contraventions de la cinquième classe ayant fait l'objet d'un paiement ou à l'expiration des délais mentionnés au second alinéa de l'article ***495-19*** et au deuxième alinéa de l'article ***530***. 768-1

LOI n°2019-222 du 23 mars 2019 - art. 58

Le casier judiciaire national automatisé reçoit, en ce qui concerne les personnes morales et après contrôle de leur identité au moyen du répertoire national des entreprises et des établissements :

1° Les condamnations contradictoires et les condamnations par défaut non frappées d'opposition, prononcées pour crime, délit ou contravention de la cinquième classe par toute juridiction répressive ;

2° Les condamnations contradictoires ou par défaut non frappées d'opposition pour les contraventions des quatre premières classes, dès lors qu'est prise, à titre principal ou complémentaire, une mesure d'interdiction, de déchéance, d'incapacité, ou une mesure restrictive de droit ;

3° Les déclarations de culpabilité assorties d'une dispense de peine ou d'un ajournement, avec ou sans injonction, du prononcé de la peine ;

4° Les condamnations prononcées par les juridictions étrangères qui, en application d'une convention ou d'un accord internationaux, ont fait l'objet d'un avis aux autorités françaises ;

5° Les amendes forfaitaires pour les délits et pour les contraventions de la cinquième classe ayant fait l'objet d'un paiement ou à l'expiration des délais mentionnés au second alinéa de l'article ***495-19*** et au deuxième alinéa de l'article ***530*** ;

6° Les compositions pénales dont l'exécution a été constatée par le procureur de la République.

Les modalités d'application du présent article sont déterminées par décret en Conseil d'État.

769 LOI n°2021-218 du 26 février 2021 - art. 18 (V)

Il est fait mention sur les fiches du casier judiciaire des peines ou dispenses de peines prononcées après ajournement du prononcé de la peine, des grâces, commutations ou réductions de peines, des décisions qui suspendent ou qui ordonnent l'exécution d'une première condamnation, des décisions prises en application du deuxième alinéa de l'article

728-4 ou du premier alinéa de l'article ***728-7***, des décisions de libération conditionnelle et de révocation, des décisions de surveillance judiciaire et de réincarcération prises en application de l'article ***723-35***, des décisions de surveillance de sûreté, des décisions de rétention de sûreté, des décisions de suspension de peine, des réhabilitations, des décisions qui rapportent ou suspendent les arrêtés d'expulsion, ainsi que la date de l'expiration de la peine, la date du paiement de l'amende et la date d'émission du titre exécutoire de l'amende forfaitaire majorée non susceptible de réclamation.

Il est fait mention, sur les fiches du casier judiciaire relatives à des décisions de rétention de sûreté ou de surveillance de sûreté, des décisions de renouvellement de ces mesures.

Sont retirées du casier judiciaire les fiches relatives à des condamnations effacées par une amnistie ou réformées en conformité d'une décision de rectification du casier judiciaire. Il en est de même, sauf en ce qui concerne les condamnations prononcées pour des faits imprescriptibles ou par une juridiction étrangère, des fiches relatives à des condamnations prononcées depuis plus de quarante ans et qui n'ont pas été suivies d'une nouvelle condamnation à une peine criminelle ou correctionnelle.

Sont également retirés du casier judiciaire :

1° Les jugements prononçant la faillite personnelle ou l'interdiction prévue par *l'article L. 653-8 du code de commerce* lorsque ces mesures sont effacées par un jugement de clôture pour extinction du passif, par la réhabilitation ou à l'expiration du délai de cinq ans à compter du jour où ces condamnations sont devenues définitives.

Toutefois, si la durée de la faillite personnelle ou de l'interdiction est supérieure à cinq ans, la condamnation relative à ces mesures demeure mentionnée sur les fiches du casier judiciaire pendant la même durée ;

2° Les décisions disciplinaires effacées par la réhabilitation ;

3° (Supprimé)

4° Les dispenses de peines, à l'expiration d'un délai de trois ans à compter du jour où la condamnation est devenue définitive ;

5° Les condamnations pour contravention, à l'expiration d'un délai de trois ans à compter du jour où ces condamnations sont devenues définitives ; ce délai est porté à quatre ans lorsqu'il s'agit d'une contravention dont la récidive constitue un délit ;

6° Les mentions relatives à la composition pénale, à l'expiration d'un délai de trois ans à compter du jour où l'exécution de la mesure a été constatée, si la personne n'a pas, pendant ce délai, soit subi de condamnation à une peine criminelle ou correctionnelle, soit exécuté une nouvelle composition pénale ;

7° Les fiches relatives aux mesures éducatives, aux dispenses de mesure éducative et aux déclarations de réussite éducative prononcées à l'encontre d'un mineur à l'expiration d'un délai de trois ans à compter du jour où la décision est devenue définitive ;

8° Les condamnations ayant fait l'objet d'une réhabilitation judiciaire, lorsque la juridiction a expressément ordonné la suppression de la condamnation du casier judiciaire conformément au deuxième alinéa de l'article ***798*** ;

9° Les fiches relatives aux jugements ou arrêts de déclaration d'irresponsabilité pénale pour cause de trouble mental, lorsque l'hospitalisation d'office ordonnée en application de l'article

706-135 a pris fin ou lorsque les mesures de sûreté prévues par l'article ***706-136*** ont cessé leurs effets ;

10° Les condamnations prononcées par les juridictions étrangères, dès réception d'un avis d'effacement de l'État de condamnation ou d'une décision de retrait de mention ordonnée par une juridiction française. Toutefois, si la condamnation a été prononcée par une juridiction d'un État membre de l'Union européenne, le retrait ordonné par une juridiction française ne fait pas obstacle à sa retransmission aux autres États membres de l'Union européenne ;

11° Les fiches relatives aux amendes forfaitaires mentionnées au 11° de l'article

768, à l'expiration d'un délai de trois ans à compter de leur paiement ou à l'expiration du délai mentionné au second alinéa de l'article ***495-19***, si la personne n'a pas, pendant ce délai, soit subi de condamnation à une peine criminelle ou correctionnelle, soit fait de nouveau l'objet d'une amende forfaitaire délictuelle.

769-1

LOI n°2010-242 du 10 mars 2010 - art. 16

Il est fait mention, sur les fiches du casier judiciaire des personnes morales, des décisions modificatives prévues au premier alinéa de l'article ***769***.

Le troisième alinéa de l'article ***769*** s'applique aux condamnations prononcées à l'encontre des personnes morales.

770

LOI n°2021-218 du 26 février 2021 - art. 18 (V)

Le retrait du casier judiciaire d'une décision concernant un mineur peut être décidé dans les conditions prévues à l'article L. 631-4 du code de la justice pénale des mineurs.

Le retrait du casier judiciaire d'une condamnation prononcée pour des faits commis par une personne âgée de dix-huit à vingt-et-un ans peut également, si le reclassement du condamné paraît acquis, être prononcé à l'expiration d'un délai de trois ans à compter de la condamnation. Ce retrait ne peut cependant intervenir qu'après que les peines privatives de liberté ont été subies et que les amendes ont été payées et, si des peines complémentaires ont été prononcées pour une durée déterminée, après l'expiration de cette durée.

Dans le cas prévu à l'alinéa qui précède, le retrait du casier judiciaire de la fiche constatant la condamnation est demandé par requête, selon les règles de compétence et de procédure fixées par les deuxième et troisième alinéas de l'article ***778***.

Lorsque le retrait du casier judiciaire de la décision a été prononcé, la mention de cette décision ne doit plus figurer au bulletin n° 1 du casier judiciaire.

770-1

LOI n°2012-409 du 27 mars 2012 - art. 14 (V)

Si un ressortissant français a été condamné par une juridiction étrangère et que cette condamnation figure au bulletin n° 1 de son casier judiciaire, il peut demander le retrait de cette mention au tribunal correctionnel de son domicile, ou de Paris s'il réside à l'étranger.

La requête ne peut être portée devant la juridiction compétente, sous peine d'irrecevabilité, qu'à l'issue des délais prévus à *l'article 133-16-1* du Code pénal.

La requête est instruite et jugée conformément à l'article ***703*** du présent code.

Si la condamnation émane d'une juridiction d'un État membre de l'Union européenne, le retrait de sa mention au bulletin n° 1 ne fait pas obstacle à sa retransmission aux autres États membres.

771

Loi 80-2 1980-01-04 art. 2 JORF 5 janvier 1980

Le casier judiciaire national automatisé reçoit également les condamnations, décisions, jugements ou arrêtés visés à l'article ***768*** du présent code, concernant les personnes nées à l'étranger et les personnes dont l'acte de naissance n'est pas retrouvé ou dont l'identité est douteuse.

772

Ordonnance 58-1296 1958-12-23

Il est donné connaissance aux autorités militaires, par l'envoi d'une copie de la fiche du casier judiciaire, des condamnations ou des décisions de nature à modifier les conditions d'incorporation des individus soumis à l'obligation du service militaire.

Il est donné avis également aux mêmes autorités de toutes modifications apportées à la fiche ou au casier judiciaire en vertu des articles ***769*** et ***770***.

773

Loi 80-2 1980-01-04 art. 3 JORF 5 janvier 1980

Le casier judiciaire national automatisé communique à l'Institut national de la statistique et des études économiques l'identité des personnes qui ont fait l'objet d'une décision entraînant la privation de leurs droits électoraux.

773-1

Loi 80-2 1980-01-04 art. 2 JORF 5 janvier 1980

Une copie de chaque fiche constatant une condamnation à une peine privative de liberté prononcée pour crime ou délit est adressée au sommier de police technique tenu par le ministre de l'Intérieur. La consultation de ce fichier est exclusivement réservée aux autorités judiciaires et aux services de police et de gendarmerie.

Les condamnations effacées par une amnistie ou par la réhabilitation de plein droit ou judiciaire cessent de figurer au sommier de police technique.

774

LOI n°2016-731 du 3 juin 2016 - art. 78

Le relevé intégral des fiches du casier judiciaire applicables à la même personne est porté sur un bulletin appelé bulletin n° 1.

Le bulletin n° 1 n'est délivré qu'aux autorités judiciaires.

Lorsqu'il n'existe pas de fiche au casier judiciaire, le bulletin n° 1 porte la mention "Néant".

Le bulletin n° 1 peut également être délivré aux greffes des établissements pénitentiaires afin de compléter les dossiers individuels des personnes incarcérées, ainsi qu'aux directeurs des services pénitentiaires d'insertion et de probation, afin de leur permettre d'individualiser les modalités de prise en charge des personnes condamnées, notamment de proposer, pour les personnes incarcérées, un aménagement de peine ou une libération sous contrainte.

774-1

Loi n°92-1336 du 16 décembre 1992 - art. 119 () JORF 23 décembre 1992 en vigueur le 1er mars 1994 Le relevé intégral des fiches du casier judiciaire applicables à la même personne morale est porté sur le bulletin n° 1, qui n'est délivré qu'aux autorités judiciaires nationales, sauf accord de réciprocité.

Lorsqu'il n'existe pas de fiche au casier judiciaire, le bulletin n° 1 porte la mention "Néant".

775

Ordonnance n° 2019-950 du 11 septembre 2019 - art. 4

Le bulletin n° *2* est le relevé des fiches du casier judiciaire applicables à la même personne, à l'exclusion de celles concernant les décisions suivantes :

1° Les condamnations, les déclarations de culpabilité assorties d'une dispense de peine ou d'une dispense de mesure éducative ou d'une déclaration de réussite éducative, les compositions pénales et les mesures éducatives prononcées au stade de la sanction à l'égard d'un mineur ;

2° Les condamnations dont la mention au bulletin n°

2 a été expressément exclue en application de l'article

775-1 ;

3° Les condamnations prononcées pour contraventions de police ;

4° Les condamnations assorties du bénéfice du sursis, avec ou sans probation, lorsqu'elles doivent être considérées comme non-avenues ; toutefois, si a été prononcé le suivi socio-judiciaire prévu par

l'article

131-36-1 du Code pénal ou la peine d'interdiction d'exercer une activité professionnelle ou bénévole impliquant un contact habituel avec des mineurs, la décision continue de figurer au bulletin n°

2 pendant la durée de la mesure. Il en va de même des interdictions, incapacités ou déchéances prononcées, comme peine complémentaire, à titre définitif ainsi que de la peine complémentaire d'inéligibilité prévue au *2*° de l'article

131-26 et aux articles 131-26-1 et 131-26-*2* du même code, pendant la durée de la mesure ;

5° Les condamnations ayant fait l'objet d'une réhabilitation de plein droit ou judiciaire ;

6° Les condamnations auxquelles sont applicables les dispositions de l'article

L. 263-4 du code de justice militaire ;

7° et 8° (Abrogés) ;

9° Les dispositions prononçant la déchéance de l'autorité parentale ;

10° Les arrêtés d'expulsion abrogés ou rapportés ;

11° Les condamnations prononcées sans sursis en application *des articles 131-5 à*

131-11 du Code pénal, à l'expiration d'un délai de cinq ans à compter du jour où elles sont devenues définitives. Le délai est de trois ans s'il s'agit d'une condamnation à une peine de jour-amende.

Toutefois, si la durée de l'interdiction, déchéance ou incapacité, prononcée en application des *articles*

131-10 et 131-11, est supérieure à cinq ans, la condamnation demeure mentionnée au bulletin n° ***2*** pendant la même durée ;

12° Les déclarations de culpabilité assorties d'une dispense de peine ou d'un ajournement du prononcé de celle-ci;

13° Les condamnations prononcées par des juridictions étrangères concernant un mineur ou dont l'utilisation à des fins autres qu'une procédure pénale a été expressément exclue par la juridiction de condamnation ;

14°Les compositions pénales mentionnées à l'article ***768*** ;

15°Sauf décision contraire du juge, spécialement motivée, les condamnations prononcées pour les délits prévus Au titre IV du livre IV du code de commerce ;

16° Les amendes forfaitaires mentionnées au 11° de l'article ***768*** du présent code.

Les bulletins n° ***2*** fournis en cas de contestation concernant l'inscription sur les listes électorales, ne comprennent que les décisions entraînant des incapacités en matière d'exercice du droit de vote.

Lorsqu'il n'existe pas au casier judiciaire de fiches concernant des décisions à relever sur le bulletin n° ***2***, celui-ci porte la mention " Néant ".

775-1 A.

LOI n°2019-222 du 23 mars 2019 - art. 58

Le bulletin n° 2 d'une personne morale est le relevé des fiches qui lui sont applicables, à l'exclusion de celles concernant les décisions suivantes :

1° Les condamnations dont la mention sur l'extrait de casier a été expressément exclue, en application de l'article ***775-1*** ;

2° Les condamnations prononcées pour contravention de police et les condamnations à des peines d'amende d'un montant inférieur à 30 000 euros ;

3° Les condamnations assorties du bénéfice du sursis lorsqu'elles doivent être considérées comme non-avenues ;

4° Les déclarations de culpabilité assorties d'une dispense de peine ou d'un ajournement, avec ou sans injonction, du prononcé de la peine ;

5° Les condamnations prononcées par les juridictions étrangères ;

6° Les amendes forfaitaires mentionnées au 5° de l'article ***768-1*** ;

7° Les compositions pénales mentionnées à l'article ***768-1***.

Lorsqu'il n'existe pas au casier judiciaire de fiches concernant des décisions à relever sur ce bulletin n° 2, il porte la mention " Néant ".

775-1

LOI n°2012-409 du 27 mars 2012 - art. 14 (V)

Le tribunal qui prononce une condamnation peut exclure expressément sa mention au bulletin n° 2 soit dans le jugement de condamnation, soit par jugement rendu postérieurement sur la requête du condamné instruite et jugée selon les règles de compétence et procédure fixées par les articles ***702-1*** et ***703***. Les juridictions compétentes sont alors composées conformément aux dispositions du dernier alinéa de l'article ***702-1***.

L'exclusion de la mention d'une condamnation au bulletin n° 2 emporte relèvement de toutes les interdictions, déchéances ou incapacités de quelque nature qu'elles soient résultantes de cette condamnation.

Les dispositions du présent article ne sont pas applicables aux personnes condamnées pour l'une des infractions mentionnées à l'article ***706-47***.

Le présent article est également applicable aux jugements ou arrêts de déclaration d'irresponsabilité pénale pour cause de trouble mental.

Si un ressortissant français a été condamné par une juridiction étrangère, il peut également, selon la même procédure, demander au tribunal correctionnel de son domicile, ou de Paris s'il réside à l'étranger, que la mention soit exclue du bulletin n°2.

775-2

Loi 88-828 1988-07-20 art. 34 JORF 21 juillet 1988

Les condamnés à une peine ne pouvant donner lieu à réhabilitation de plein droit bénéficient, sur simple requête, de l'exclusion de la mention de leur condamnation au bulletin n° 2, selon les règles de compétence fixées par l'article précédent, à l'expiration d'un délai de vingt années à compter de leur libération définitive ou de leur libération conditionnelle non suivie de révocation, s'ils n'ont pas, depuis cette libération, été condamnés à une peine criminelle ou correctionnelle.

775-3

LOI n°2012-409 du 27 mars 2012 - art. 14 (V)

Les informations contenues au bulletin n° 2 du casier judiciaire d'une personne, lorsqu'elles sont relatives à une condamnation prononcée par une juridiction étrangère, sont retirées à l'expiration des délais prévus à *l'article 133-16-1* du Code pénal.

776

LOI n°2021-1317 du 11 octobre 2021 - art. 1

Le bulletin n° 2 du casier judiciaire est délivré :

1° Aux préfets et aux administrations publiques de l'État, saisis de candidatures aux fonctions de juge d'un tribunal de commerce, de demandes d'emplois publics, de propositions relatives à des distinctions honorifiques ou de soumissions pour des adjudications de travaux ou de marchés publics ou en vue de poursuites disciplinaires ou de l'ouverture d'une école privée, ainsi que de demandes d'agrément destinées à permettre la constatation par procès-verbal d'infractions à la loi pénale ;

2° Aux autorités militaires pour les appelés des classes et de l'inscription maritime et pour les jeunes qui demandent à contracter un engagement ainsi qu'aux autorités publiques compétentes en cas de contestation sur l'exercice des droits électoraux ou sur l'existence de l'incapacité d'exercer une fonction publique élective prévue par *l'article 194 de la loi n° 85-98 du 25 janvier 1985* précitée (1) ;

3° Aux administrations et personnes morales dont la liste sera déterminée par le décret en Conseil d'État prévu à l'article ***779***, ainsi qu'aux administrations ou organismes chargés par la loi ou le règlement du contrôle de l'exercice d'une activité professionnelle ou sociale lorsque cet exercice fait l'objet de restrictions expressément fondées sur l'existence de condamnations pénales ou de sanctions disciplinaires.

4° Aux présidents des tribunaux de commerce pour être joint aux procédures de faillite et de règlement judiciaire, ainsi qu'aux juges commis à la surveillance du registre du commerce à l'occasion des demandes d'inscription audit registre ;

5° Aux présidents de conseils départementaux saisis d'une demande d'agrément en vue d'adoption prévue à l'article

L. 225-2 du code de l'action sociale et des familles ;

6° Aux autorités compétentes désignées par arrêté du ministre de la Justice, lorsque celles-ci reçoivent, en application d'une convention internationale ou d'un acte pris sur le fondement du traité sur le fonctionnement de l'Union européenne, une demande de communication des sanctions pénales ou disciplinaires prononcées à l'encontre d'un professionnel, de la part d'une autorité compétente d'un autre État partie à ladite convention, d'un État membre de l'Union européenne ou d'un État partie à l'accord sur l'Espace économique européen chargée d'appliquer des mesures restreignant l'exercice d'une activité, fondées, dans cet État, sur l'existence de sanctions pénales ou disciplinaires prononcées à l'encontre de ce professionnel ;

7° Aux autorités compétentes pour recevoir les déclarations de candidatures à une élection afin de vérifier si la peine prévue au 2° de l'article *131-26* et aux articles *131-26-1 et 131-26-2* du Code pénal y est mentionnée.

Les dirigeants de personnes morales de droit public ou privé exerçant auprès des mineurs une activité culturelle, éducative ou sociale au sens de l'article *L. 312-1* du code de l'action sociale et des familles peuvent obtenir la délivrance du bulletin n° 2 du casier judiciaire, pour les seules nécessités liées au recrutement d'une personne, lorsque ce bulletin ne porte la mention d'aucune condamnation. La liste de ces personnes morales est déterminée par décret du ministre de la Justice et du ou des ministres intéressés.

Le bulletin n° 2 du casier judiciaire est transmis, en application d'une convention internationale ou d'un acte pris sur le fondement du traité sur le fonctionnement de l'Union européenne, aux autorités compétentes d'un autre État visées au 6° du présent article.

776-1

LOI n°2010-853 du 23 juillet 2010 - art. 34

Le bulletin n° 2 du casier judiciaire des personnes morales est délivré :

1° Aux préfets, aux administrations de l'État et aux collectivités locales, saisis de propositions ou de soumissions pour des adjudications de travaux ou de marchés publics ;

2° Aux administrations chargées de l'assainissement des professions agricoles, commerciales, industrielles ou artisanales ;

3° Aux présidents des tribunaux de commerce en cas de redressement ou de liquidation judiciaires, ainsi qu'aux juges commis à la surveillance du registre du commerce et des sociétés à l'occasion des demandes d'inscription audit registre ;

4° A l'Autorité des marchés financiers en ce qui concerne les personnes morales demandant l'admission de leurs titres financiers aux négociations sur un marché réglementé ;

5° Aux autorités compétentes désignées par arrêté du ministre de la Justice, lorsque celles-ci reçoivent, en application d'une convention internationale ou d'un acte pris sur le fondement du traité sur le fonctionnement de l'Union européenne, une demande de communication des sanctions pénales ou disciplinaires prononcées à l'encontre d'une personne morale, de la part d'une autorité compétente d'un autre État partie à ladite convention, d'un État membre de l'Union européenne ou d'un État partie à l'accord sur l'Espace économique européen chargée d'appliquer des mesures restreignant l'exercice d'une activité, fondées, dans cet État, sur l'existence de sanctions pénales ou disciplinaires prononcées à l'encontre de cette personne morale.

Le bulletin n° 2 du casier judiciaire des personnes morales est transmis, en application d'une convention internationale ou d'un acte pris sur le fondement du traité sur le fonctionnement de l'Union européenne, aux autorités compétentes d'un autre État visées au 5°.

777

LOI n°2012-409 du 27 mars 2012 - art. 14 (V)

Le bulletin n° 3 est le relevé des condamnations suivantes prononcées par une juridiction nationale pour crime ou délit, lorsqu'elles ne sont pas exclues du bulletin n° 2 :

1° Condamnations à des peines privatives de liberté d'une durée supérieure à deux ans qui ne sont assorties d'aucun sursis ou qui doivent être exécutées en totalité par l'effet de révocation du sursis ;

2° Condamnations à des peines privatives de liberté de la nature de celles visées au 1° ci-dessus et d'une durée inférieure ou égale à deux ans, si la juridiction en a ordonné la mention au bulletin n° 3 ;

3° Condamnations à des interdictions, déchéances ou incapacités prononcées par une juridiction nationale sans sursis, en application des *articles 131-6 à 131-11*du code pénal, pendant la durée des interdictions, déchéances ou incapacités ;

4° Décisions prononçant le suivi socio-judiciaire prévu par *l'article 131-36-1* du Code pénal ou la peine d'interdiction d'exercer une activité professionnelle ou bénévole impliquant un contact habituel avec des mineurs, pendant la durée de la mesure.

Le bulletin n° 3 contient également les condamnations prononcées par les juridictions étrangères à des peines privatives de liberté d'une durée supérieure à deux ans qui ne sont assorties d'aucun sursis.

Le bulletin n° 3 peut être réclamé par la personne qu'il concerne, il ne doit, en aucun cas, être délivré à un tiers, sauf s'il s'agit de l'autorité centrale d'un État membre de l'Union européenne, saisie par la personne concernée.

Si le demandeur est un étranger ressortissant d'un État membre de l'Union européenne, toute demande de bulletin n° 3 est adressée à l'autorité centrale de cet État, afin que celle-ci communique les mentions qui apparaissent sur le bulletin qui lui est délivré.

777-1

LOI n°2012-409 du 27 mars 2012 - art. 14 (V)

La mention d'une condamnation au bulletin n° 3 peut être exclue dans les conditions fixées par l'article ***775-1***.

777-2

Ordonnance n°2019-964 du 18 septembre 2019 - art. 35 (VD)

Toute personne justifiant de son identité obtient, sur demande adressée au procureur de la République près le tribunal judiciaire dans le ressort duquel elle réside, communication du relevé intégral des mentions du casier judiciaire la concernant.

Lorsqu'il s'agit d'une personne morale, la demande est adressée au procureur de la République près le tribunal judiciaire dans le ressort duquel elle a son siège, par son représentant légal justifiant de sa qualité.

Si la personne réside ou a son siège à l'étranger, la communication est faite par l'intermédiaire de l'agent diplomatique ou du consul compétent.

La communication ne vaut pas notification des décisions non définitives et ne fait pas courir les délais de recours.

Aucune copie de ce relevé intégral ne peut être délivrée.

Les dispositions du présent article sont également applicables au sommier de police technique.

777-3 Ordonnance n°2018-1125 du 12 décembre 2018 - art. 16

Aucune interconnexion au sens du *3° du I de l'article 33 de la loi n° 78-17 du 6 janvier 1978* relative à l'informatique, aux fichiers et aux libertés ne peut être effectuée entre le casier judiciaire national automatisé et tout autre fichier ou traitement de données à caractère personnel détenus par une personne quelconque ou par un service de l'État ne dépendant pas du ministère de la Justice. Le casier judiciaire national peut toutefois recevoir les données d'un fichier ou traitement de données à caractère personnel détenu par un service de l'État pour l'exercice des diligences prévues au présent titre.

Aucun fichier ou traitement de données à caractère personnel détenu par une personne quelconque ou par un service de l'État ne dépendant pas du ministère de la Justice ne pourra mentionner, hors les cas et dans les conditions prévus par la loi, des jugements ou arrêts de condamnation.

Toutefois, une condamnation pénale pourra toujours être invoquée en justice par la victime de l'infraction.

Toute infraction aux dispositions qui précèdent sera punie des peines encourues pour le délit prévu à l'*article226-21 du Code pénal.*

778 LOI n°2019-222 du 23 mars 2019 - art. 56

Lorsqu'au cours d'une procédure quelconque le procureur de la République ou le juge d'instruction constate qu'un individu a été condamné sous une fausse identité ou a usurpé un état civil, il est immédiatement procédé d'office, à la diligence du procureur de la République, aux rectifications nécessaires avant la clôture de la procédure.

La rectification est demandée par requête au président du tribunal ou de la cour qui a rendu la décision. Si la décision a été rendue par une cour d'assises, la requête est soumise au président de la chambre de l'instruction ou à la chambre de l'instruction.

Partie législative - Livre V : Des procédures d'exécution - Titre VIII : Du casier judiciaire

Le président communique la requête au ministère public et commet un magistrat pour faire le rapport. Les débats ont lieu et le jugement est rendu en chambre du conseil. Le tribunal ou la cour peut ordonner d'assigner la personne objet de la condamnation.

Si la requête est admise, les frais sont supportés par celui qui a été la cause de l'inscription reconnue erronée s'il a été appelé dans l'instance. Dans le cas contraire ou dans celui de son insolvabilité, ils sont supportés par le Trésor.

Toute personne qui veut faire rectifier une mention portée à son casier judiciaire peut agir dans la même forme.

Dans le cas où la requête est rejetée, le requérant est condamné aux frais.

Mention de la décision est faite en marge du jugement ou de l'arrêt visé par la demande en rectification.

La même procédure est applicable au cas de contestation sur la réhabilitation de droit, ou de difficultés soulevées par l'interprétation d'une loi d'amnistie, dans les termes du troisième alinéa de l'article ***769***.

779 Loi n°92-1336 du 16 décembre 1992 - art. 126 () JORF 23 décembre 1992 en vigueur le 1er mars 1994 Un décret en Conseil d'État détermine les mesures nécessaires à l'exécution des articles

768 à ***778***, et notamment les conditions dans lesquelles doivent être demandés, établis et délivrés les bulletins n° ***1***, ***2*** et ***3*** du casier judiciaire.

Ce règlement détermine également les conditions dans lesquelles les informations enregistrées par le casier judiciaire national automatisé peuvent être utilisées pour l'exécution des sentences pénales.

Ce décret organise en outre les modalités de transmission des informations entre le casier judiciaire national automatisé et les personnes ou services qui y ont accès.

Le décret en Conseil d'État susvisé est pris après avis de la Commission nationale de l'informatique et des libertés.

781 Ordonnance n°2000-916 du 19 septembre 2000 - art. 3 (V) JORF 22 septembre 2000 en vigueur le 1er janvier 2002 Quiconque en prenant un faux nom ou une fausse qualité, s'est fait délivrer un extrait du casier judiciaire d'un tiers est puni de 7 500 euros d'amende.

Est puni des mêmes peines celui qui aura fourni des renseignements d'identité imaginaires qui ont provoqué ou auraient pu provoquer des mentions erronées au casier judiciaire.

Est puni des mêmes peines celui qui se sera fait délivrer par l'intéressé tout ou partie des mentions du relevé intégral visé à l'article *777-2* du présent code.

Titre IX : De la réhabilitation des condamnés

782 Loi n°70-643 du 17 juillet 1970 - art. 32 () JORF 19 juillet 1970

Toute personne condamnée par un tribunal français à une peine criminelle, correctionnelle ou contraventionnelle peut être réhabilitée.

783 LOI n°2012-409 du 27 mars 2012 - art. 13 (V)

La réhabilitation est soit acquise de plein droit dans les conditions prévues par les

articles 133-13 et suivants du code pénal, soit accordée par la chambre de l'instruction dans les conditions prévues au présent titre.

Dans tous les cas, elle produit les effets prévus à *l'article* 133-16 du code pénal.

ANNEXE 8

ACCORD DE COOPÉRATION JUDICIAIRE ENTRE LA FRANCE ET LE CAMEROUN

ACCORD DE COOPÉRATION

EN MATIÈRE DE JUSTICE ENTRE LE GOUVERNEMENT DE LA RÉPUBLIQUE FRANÇAISE ET LE GOUVERNEMENT DE LA RÉPUBLIQUE UNIE DU CAMEROUN, FAIT À YAOUNDÉ LE 21 FÉVRIER 1974

Le Gouvernement de la République française et le Gouvernement de la République Unie du Cameroun, désireux de poursuivre leur coopération judiciaire dans un esprit de compréhension mutuelle et de confiance réciproque, ont résolu de conclure le présent Accord.

TITRE I

ENTRAIDE JUDICIAIRE

CHAPITRE I

Transmission et remise des actes judiciaires et extrajudiciaires.

Article 1

Les actes judiciaires et extrajudiciaires, tant en matière civile, sociale ou commerciale qu'en matière pénale et administrative, destinés à des personnes résidant sur le territoire de l'une des parties contractantes sont transmis directement par l'autorité compétente au parquet dans le ressort duquel se trouve le destinataire de l'acte.

Les dispositions du présent article n'excluent pas la faculté pour les parties contractantes de faire remettre directement par leurs représentants ou les délégués de ceux-ci les actes judiciaires et extrajudiciaires destinés à leurs propres ressortissants. En cas de conflit de législation, la nationalité du destinataire de l'acte sera déterminée par la loi de l'État où la remise doit avoir lieu.

Article 2

Si l'autorité requise est incompétente, elle transmet d'office l'acte à l'autorité compétente et en informe immédiatement l'autorité requérante.

L'autorité requise se borne à faire effectuer la remise de l'acte au destinataire par la voie la plus appropriée.

Si celui-ci l'accepte volontairement, la preuve de la remise se fait au moyen soit d'un récépissé daté et signé par le destinataire, soit d'une attestation de l'autorité requise constatant le fait, le mode et la date de la remise.

L'un ou l'autre de ces documents est envoyé directement à l'autorité requérante.

Si le destinataire refuse de recevoir l'acte, l'autorité requise renvoie immédiatement celui-ci à l'autorité requérante en indiquant le motif pour lequel la remise n'a pu avoir lieu.

Article 3

La remise ou la tentative de remise des actes judiciaires et extrajudiciaires ne donne lieu au remboursement d'aucuns frais.

Toutefois, la remise ou la tentative de remise des actes judiciaires par un officier ministériel peut être faite soit aux frais de l'État requérant, soit aux frais de la partie requérante.

Article 4

Les dispositions des articles qui précèdent ne s'opposent pas, en matière civile ou commerciale, à la faculté pour les personnes résidant sur le territoire de l'une des deux parties contractantes de faire effectuer dans l'autre État, par les soins des officiers ministériels, des significations ou remises d'actes aux personnes y demeurant.

CHAPITRE II

Transmission et exécution des commissions rogatoires.

Article 5

Les commissions rogatoires en matière civile, commerciale ou sociale, à exécuter sur le territoire de l'une des parties contractantes sont exécutées par les autorités judiciaires.

Elles sont adressées directement au parquet compétent. Si l'autorité requise est incompétente, elle transmet d'office la commission rogatoire à l'autorité compétente et en informe immédiatement l'autorité requérante.

Article 6

Les commissions rogatoires en matière pénale ou administrative à exécuter sur le territoire de l'une des deux parties contractantes sont transmises par la voie diplomatique et exécutées par les autorités judiciaires.

En cas d'urgence, elles peuvent être adressées directement par les autorités judiciaires de l'État requérant aux autorités judiciaires de l'État requis. Si l'autorité requise est incompétente, elle transmet d'office la commission rogatoire à l'autorité compétente et en informe immédiatement l'autorité requérante. Les commissions rogatoires sont renvoyées accompagnées de pièces relatives à leur exécution par la voie prévue à l'alinéa 1er du présent article.

Article 7

Les dispositions des articles 5 et 6 n'excluent pas la faculté pour les parties contractantes de faire exécuter directement par leurs représentants ou les délégués de ceux-ci les commissions rogatoires relatives à l'audition de leurs ressortissants. En cas de conflit de législation, la nationalité de la personne dont l'audition est requise est déterminée par la loi de l'État où la commission rogatoire doit être exécutée.

Article 8

L'autorité requise peut refuser d'exécuter une commission rogatoire si, d'après la loi de son pays, celle-ci est de nature à porter atteinte à la souveraineté, à la sécurité ou à l'ordre public.

Article 9

Les personnes dont le témoignage est demandé sont invitées à comparaître par simple avis administratif ; si elles refusent de déférer à cet avis, l'autorité requise doit user des moyens de contrainte prévus par la loi de son pays, sous réserve des immunités diplomatiques.

Article 10

L'autorité requise accomplit tous les actes visés par la commission rogatoire, y compris la notification d'une inculpation.

Sur la demande de l'autorité requérante, l'autorité requise fait toute diligence pour informer en temps utile l'autorité requérante de la date et du lieu où il sera procédé à l'exécution de la commission rogatoire.

Article 11

L'exécution des commissions rogatoires ne donne lieu au remboursement d'aucun frais, sauf en ce qui concerne les honoraires d'experts.

CHAPITRE III

Comparution des témoins en matière pénale.

Article 12

Si, dans une cause pénale, la comparution personnelle d'un témoin est nécessaire, le Gouvernement de l'État où réside le témoin l'invite à se rendre à la convocation qui lui est adressée. Dans ce cas, les indemnités de voyage et de séjour, calculées depuis la résidence du témoin, sont au moins égales à celles accordées d'après les tarifs et règlements en vigueur dans l'État où l'audition doit avoir lieu ; il lui est fait, sur sa demande, par les soins des autorités consulaires de l'État requérant, l'avance de tout ou partie des frais du voyage.

Aucun témoin qui, cité dans l'un des deux États, comparaît volontairement devant les juges de l'autre État ne peut y être poursuivi ou détenu pour des faits ou condamnations antérieurs à son départ du territoire de l'État requis. Cette immunité cesse quarante-cinq jours après la date à laquelle la déposition a pris fin et où le retour du témoin a été possible.

Article 13

Les demandes d'envoi de témoins détenus sont adressées directement au parquet compétent.

Il est donné suite à la demande, à moins que des considérations particulières ne s'y opposent et sous la condition de renvoyer lesdits détenus dans un bref délai.

CHAPITRE IV

Casier judiciaire.

Article 14

Les deux Parties contractantes se donnent réciproquement avis des condamnations pour crimes et délits prononcées par les juridictions de l'une d'elles à l'encontre des ressortissants de l'autre et des personnes nées dans le territoire de l'autre État.

Article 15

En cas de poursuite devant une juridiction de l'une des Parties contractantes, le parquet de ladite juridiction peut obtenir directement des autorités compétentes de l'autre partie un bulletin de casier judiciaire concernant la personne faisant l'objet de la poursuite.

Article 16

Lorsque les autorités judiciaires de l'une des parties contractantes, hors le cas de poursuites, ou les autorités administratives désirent se faire délivrer un bulletin du casier judiciaire tenu par l'autre Partie, elles peuvent l'obtenir directement des autorités compétentes dans les cas et les limites prévus par la législation de l'État requis.

CHAPITRE V

État civil et légalisation.

Article 17

1° Le Gouvernement de la République française remet au Gouvernement de la République Unie du Cameroun une expédition ou un original des actes de reconnaissance d'enfants naturels, des actes de mariage, des actes de décès et des avis de légitimation dressés en France, ainsi que des extraits des jugements et arrêts rendus en France, en matière de divorce, de séparation de corps, de filiation, d'état civil et d'interdiction judiciaire concernant les personnes nées au Cameroun.

2° Les extraits de jugements et arrêts rendus en matière de divorce et de séparation de corps sont également transmis au Gouvernement de la République Unie du Cameroun lorsqu'ils concernent des personnes qui se sont mariées au Cameroun.

3° Tous les six mois, les expéditions et extraits desdits actes, avis, jugements et arrêts, dressés ou rendus pendant le semestre précédent, sont remis par le Gouvernement de la République française au Gouvernement de la République Unie du Cameroun.

Le Gouvernement de la République Unie du Cameroun fait opérer, au vu de ces expéditions et extraits, sur les registres de l'état civil, les mentions adéquates en marge des actes de naissance ou de mariage des intéressés.

La mention des jugements et arrêts est, sous réserve de vérification par les autorités compétentes ou à défaut d'exequatur, faite à tire de simple renseignement.

Article 18

1° Le Gouvernement de la République Unie du Cameroun française remet au Gouvernement de la République Unie du Cameroun une expédition ou un original des actes de reconnaissance d'enfants naturels, des actes de mariage, des actes de décès et des avis de légitimation dressés au Cameroun, ainsi que des extraits des jugements et arrêts rendus au Cameroun, en matière de divorce, de séparation de corps, de filiation, d'état civil et d'interdiction judiciaire concernant les personnes nées en France.

2° Les extraits de jugements et arrêts rendus en matière de divorce et de séparation de corps sont également transmis au Gouvernement de la République française lorsqu'ils concernent des personnes qui se sont mariées en France.

3° Tous les six mois, les expéditions et extraits desdits actes, avis, jugements et arrêts, dressés ou rendus pendant le semestre précédent, sont remis par le Gouvernement de la République Unie du Cameroun au Gouvernement de la République française.

Le Gouvernement de la République française fait opérer, au vu de ces expéditions et extraits, sur les registres de l'état civil, les mentions adéquates en marge des actes de naissance ou de mariage des intéressés.

La mention des jugements et arrêts est, sous réserve de vérification par les autorités compétentes ou à défaut d'exequatur, faite à tire de simple renseignement.

Article 19

1° Le Gouvernement de la République française et le Gouvernement de la République Unie du Cameroun délivrent sans frais des expéditions des actes de l'état civil dressés sur leurs territoires respectifs lorsque la demande en est faite dans un intérêt administratif dûment spécifié ou en faveur de leurs citoyens indigents.

2° Ils délivrent également sans frais des expéditions des actes de l'état civil dressés sur leurs territoires respectifs lorsque ces actes concernent des étrangers de nationalité tierce et sont demandés dans un intérêt administratif dûment spécifié.

3° Les actes de l'état civil dressés ou transcrits dans les postes diplomatiques et consulaires sont assimilés aux actes de l'état civil dressés sur les territoires respectifs des deux États.

4° Le fait de l'établissement ou de la délivrance des actes ou expéditions des actes de l'état civil ne préjuge en rien la nationalité de l'intéressé au regard des deux États.

Article 20

1° Les demandes faites par les autorités camerounaises sont transmises aux autorités locales françaises par le représentant des États du Cameroun ou son délégué territorialement compétent.

2° Les demandes faites par les autorités françaises sont transmises aux autorités locales camerounaises par le représentant de l'État de la France ou son délégué territorialement compétent.

La demande spécifiera sommairement le motif invoqué.

Article 21

Par acte de l'état civil, au sens des articles 17, 18 et 19 ci-dessus, il faut entendre :

- les actes de naissance ;
- les actes de déclaration d'un enfant sans vie ;

- les actes de reconnaissance des enfants naturels dressés par les officiers de l'état civil ;
- les avis de légitimation ;
- les actes de mariage ;
- les actes de décès ;
- les transcriptions des ordonnances, jugements ou arrêts en matière d'état civil ;
- les transcriptions des jugements ou arrêts de divorce et de séparation de corps.

Article 22

1° Sont admis, sans légalisation, sur les territoires respectifs de la République française et de la République Unie du Cameroun les documents suivants établis par les autorités de chacun des deux États :

- les expéditions des actes de l'état civil tels qu'ils sont énumérés à l'article 21 ci-dessus;
- les expéditions des décisions, ordonnances, jugements, arrêts et autres actes judiciaires des tribunaux français et camerounais ;
- les affidavits, déclarations écrites ou autres documents judiciaires enregistrés ou déposés dans ces tribunaux ;
- les actes notariés ;
- les certificats de vie des rentiers viagers.

2° Les documents énumérés ci-dessus doivent être revêtus de la signature et du sceau officiel de l'autorité ayant qualité pour les délivrer et, s'il s'agit d'expéditions, être certifiés conformes à l'original par ladite autorité. En tout état de cause, ils sont établis matériellement de manière à faire apparaître leur authenticité.

CHAPITRE VI

Caution judicatum solvi et assistance judiciaire.

Article 23

Les ressortissants de l'une des parties contractantes ont, sur le territoire de l'autre, un libre accès aux juridictions pour la poursuite et la défense de leurs droits.

Il ne leur est imposé aucune caution ni dépôt sous quelque forme que ce soit à raison soit de leur qualité d'étranger, soit du défaut de domicile ou de résidence dans le pays considéré.

Les dispositions qui précèdent s'appliquent aux personnes morales constituées ou autorisées suivant les lois de l'un ou de l'autre des deux États.

Article 24

Les condamnations aux frais et dépens du procès, prononcées dans l'un des deux États contre le demandeur ou l'intervenant dispensé de la caution en vertu de l'article précédent ou de la loi de l'État où l'action est intentée, sont, sur une demande faite par la voie diplomatique, rendues gratuitement exécutoires dans l'autre État.

Article 25

1° Les ressortissants de l'un des deux États jouissent sur le territoire de l'autre du bénéfice de l'assistance judiciaire comme les nationaux eux-mêmes, conformément à la loi de l'État dans lequel l'assistance est demandée.

2° Le certificat attestant l'insuffisance des ressources est délivré au requérant par les autorités de sa résidence habituelle s'il réside sur le territoire de l'un des deux États. Si l'intéressé réside dans un État tiers, ce certificat est délivré par le consul de son État territorialement compétent.

3° Lorsque l'intéressé réside dans l'État où la demande est formée, des renseignements peuvent, à titre complémentaire, être pris auprès des autorités de l'État dont il est ressortissant.

CHAPITRE VII

Exécution des peines.

Article 26

1° Les services financiers compétents de la République française et de la République Unie du Cameroun effectuent le recouvrement des condamnations pécuniaires prononcées contre les condamnés résidant sur leur territoire, ou exercent des voies d'exécution sur les biens sis sur leur territoire à la demande des services financiers de l'État où a été prononcée la condamnation et au bénéfice de cet État.

2° L'exécution peut être refusée si la partie requise estime qu'elle est de nature à porter atteinte à sa souveraineté, à sa sécurité ou à son ordre public.

3° La contrainte par corps est exercée et sa durée est calculée suivant la réglementation en vigueur dans l'État où réside le condamné.

Article 27

1° Les peines sont exécutées sur le territoire de l'État où elles ont été prononcées.

2° Toutefois, chaque État peut, à la demande de l'autre, accorder, dans les conditions énoncées ci-après, le transfèrement d'un condamné ressortissant de l'État requérant :

a) Le condamné doit avoir exécuté une partie de la peine dans l'État requis du transfèrement ;

b) Le condamné exécute dans l'État requérant le reste de la peine prononcée dans l'État requis du transfèrement ;

c) Le condamné doit consentir à son transfèrement.

3° Les frais de transfèrement sont à la charge de l'État requérant.

Article 28

Sont décidées selon la législation de l'État où la peine est exécutée, sur l'avis du parquet près la juridiction qui a prononcé la condamnation, les commutations, réductions et remises gracieuses, libérations conditionnelles et autres modalités d'exécution des peines.

Ces décisions sont notifiées au parquet établi près la juridiction ayant prononcé la condamnation.

Article 29

Lorsque la peine capitale est prononcée par une juridiction d'un des deux États contre un ressortissant de l'autre État, un recours en grâce est toujours instruit d'office et la représentation diplomatique de cet État en est immédiatement avisée.

Article 30

1° Les deux États se notifient, dans le mois de leur promulgation, les lois d'amnistie.

2° Leurs ressortissants où qu'ils résident, bénéficient d'office des lois d'amnistie promulguées dans l'État dont dépend la juridiction qui a prononcé la condamnation amnistiée.

Article 31

1° Aucune poursuite n'est exercée en France contre une personne jugée au Cameroun pour une infraction commise au Cameroun lorsque cette personne justifie qu'elle a été jugée définitivement, et en cas de condamnation, qu'elle a subi ou prescrit sa peine ou obtenu sa grâce.

2° Aucune poursuite n'est exercée au Cameroun contre une personne jugée en France pour une infraction commise en France lorsque cette personne justifie qu'elle a été jugée définitivement, et en cas de condamnation, qu'elle a subi ou prescrit sa peine ou obtenu sa grâce.

CHAPITRE VIII

Exercice de la profession d'avocat.

Article 32

Les ressortissants de chacun des deux États peuvent demander leur inscription à un barreau de l'autre État, sous réserve de satisfaire aux conditions légales requises pour ladite inscription dans l'État où l'inscription est demandée. Ils ont accès à toutes les fonctions du conseil de l'ordre à l'exclusion de celles de bâtonnier.

Article 33

Les avocats français inscrits aux barreaux français peuvent assister ou représenter les parties devant toutes les juridictions camerounaises. À titre de réciprocité, les avocats camerounais inscrits à un barreau camerounais peuvent assister ou représenter les parties devant toutes les juridictions françaises.

L'avocat constitué pour assister ou représenter les parties devant une juridiction de l'autre État doit, au préalable, obtenir l'autorisation du président de la juridiction saisie et faire élection de domicile chez un avocat dudit État.

TITRE II

EXEQUATUR EN MATIÈRE CIVILE, SOCIALE OU COMMERCIALE

Article 34

En matière civile, sociale ou commerciale, les décisions contentieuses ou gracieuses rendues par une juridiction siégeant en France ou au Cameroun sont reconnues de plein droit sur le territoire de l'autre État si elles réunissent les conditions suivantes :

a) Les parties ont été régulièrement citées, représentées ou déclarées défaillantes ;

b) Le litige entre les mêmes parties, fondé sur les mêmes faits et ayant le même objet :

- n'est pas pendant devant une juridiction de l'État requis, ou
- n'a pas donné lieu à une décision rendue dans l'État requis, ou
- n'a pas donné lieu à une décision rendue dans un État et réunissant les conditions nécessaires à son exequatur dans l'État requis ;

c) La décision, d'après la loi de l'État où elle a été rendue, ne peut plus faire l'objet d'un recours ordinaire ou d'un pourvoi en cassation ;

d) La décision émane d'une juridiction compétente d'après les règles de conflit de l'État requis, sauf renonciation de la partie intéressée ;

e) La décision n'est pas contraire à une décision judiciaire prononcée dans cet État et possédant à son égard l'autorité de la chose jugée ;

f) Elle ne contient rien de contraire à l'ordre public de l'État où elle est invoquée ou aux principes de droit public applicables dans cet État.

L'exequatur ne peut être refusé pour la seule raison que la juridiction d'origine a appliqué une loi autre que celle qui aurait été applicable d'après les règles de conflit de l'État requis, sauf en ce qui concerne l'état ou la capacité des personnes. Dans ces derniers cas, l'exequatur ne peut être refusé si l'application de la loi désignée par ces règles eût abouti au même résultat.

Article 35

Les décisions visées à l'article précédent et qui sont susceptibles d'exécution dans l'État d'origine, ne peuvent donner lieu à aucune exécution forcée par les autorités de l'autre État ni faire l'objet, de la part de ces autorités, d'aucune formalité publique telle que l'inscription, la transcription ou la rectification sur les registres publics qu'après y avoir été déclarées exécutoires.

Toutefois, en matière d'état des personnes, les jugements étrangers peuvent être transcrits sans exequatur sur les registres de l'état civil si le droit de l'État où les registres sont tenus ne s'y opposent pas.

Article 36

1° L'exequatur est accordé à la demande de toute partie intéressée par l'autorité compétente d'après la loi de l'État où il est requis.

2° La procédure de la demande en exequatur est régie par la loi de l'État dans lequel l'exécution est demandée.

Article 37

La partie admise à l'assistance judiciaire dans l'État d'origine en bénéficie sans nouvel examen, dans les limites prévues par la législation de l'État requis, pour les actes et procédures tendant à rendre la décision exécutoire, ainsi que pour les actes et procédures d'exécution de la décision d'exequatur.

Article 38

L'autorité compétente se borne à vérifier si la décision dont l'exequatur est demandé remplit les conditions prévues à l'article 34. Elle procède d'office à cet examen et doit en constater les résultats dans la décision.

En accordant l'exequatur, l'autorité compétente ordonne, s'il y a lieu, les mesures nécessaires pour que la décision reçoive la même publicité que si elle avait été rendue dans l'État où elle est déclarée exécutoire.

L'exequatur peut être accordé partiellement pour l'un ou l'autre seulement des chefs de la décision invoquée.

Article 39

La partie à l'instance qui invoque l'autorité d'une décision judiciaire ou qui en demande l'exécution doit produire :

a) Une expédition de la décision réunissant les conditions nécessaires à son authenticité ;

b) L'original de l'exploit de signification de la décision ou de tout autre acte qui tient lieu de signification ;

c) Un certificat de greffier constatant qu'il n'existe contre la décision ni opposition, ni appel, ni pourvoi en cassation ;

d) Le cas échéant, une copie de la citation de la partie qui a fait défaut à l'instance, copie certifiée conforme par le greffier de la juridiction qui a rendu la décision.

Article 40

La décision d'exequatur a effet entre toutes les parties à l'instance en exequatur et sur toute l'étendue du territoire de l'État où celui-ci a été requis.

Les décisions rendues conformément à l'article 35 deviennent exécutoires à compter de la date de l'obtention de l'exequatur.

Article 41

Les sentences arbitrales rendues dans l'un des deux États sont reconnues dans l'autre État et peuvent y être déclarées exécutoires si elles satisfont aux conditions des articles 34 et 35 pour autant que ces conditions soient applicables. L'exequatur est accordé dans les formes fixées aux articles qui précèdent.

Article 42

Les actes authentiques, notamment les actes notariés, exécutoires dans l'un des deux États, sont déclarés exécutoires dans l'autre par l'autorité compétente d'après la loi de l'État où l'exécution doit être poursuivie.

Cette autorité vérifie seulement si les actes réunissant les conditions nécessaires à leur authenticité dans l'État où ils ont été reçus et si les dispositions dont l'exécution est poursuivie n'ont rien de contraire à l'ordre public ou aux principes du droit public applicables dans cet État.

TITRE III
EXTRADITION

Article 43

Les Parties contractantes s'engagent à se livrer réciproquement, selon les règles et sous les conditions déterminées par les articles suivants, les individus qui, se trouvant sur le territoire de l'un des deux États, sont poursuivis ou condamnés par les autorités judiciaires de l'autre État.

Article 44

1° Les Parties contractantes n'extradent pas leurs nationaux respectifs. La qualité de national s'apprécie à l'époque de l'infraction pour laquelle l'extradition est requise.

2° Si la personne dont l'extradition est demandée est un national de l'État requis, cet État, à la demande de l'État requérant, soumet l'affaire aux autorités judiciaires compétentes afin que des poursuites soient exercées s'il y a lieu. À cet effet l'État requérant adresse à l'État requis, par la voie diplomatique, une demande de poursuite accompagnée des dossiers, documents, objets et informations en sa possession.

3° La Partie requérante est tenue informée de la suite qui aura été donnée à sa demande dans les six mois de la saisine de la Partie requise.

Article 45

Sont sujets à extradition :

1- Les individus qui sont poursuivis pour crimes ou pour les délits punis par les lois de l'une et l'autre des Parties contractantes d'une peine d'au moins deux ans d'emprisonnement ;

2- Les individus qui, pour des crimes ou délits punis par la loi de l'État requis, sont condamnés contradictoirement ou par défaut par les tribunaux de l'État requérant à une peine d'au moins six mois d'emprisonnement.

Article 46

L'extradition n'est pas accordée si l'infraction pour laquelle elle est demandée est considérée par la Partie requise comme une infraction politique ou comme une infraction connexe à une telle infraction.

Toutefois, l'attentat à la vie du chef de l'État de l'une des Parties contractantes ou d'un membre de sa famille n'est pas considéré comme infraction politique.

Article 47

L'extradition peut être refusée si l'infraction pour laquelle elle est demandée consiste uniquement dans la violation d'obligations militaires.

Article 48

En matière de taxes et d'impôts, de douane et de change, l'extradition n'est accordée dans les conditions prévues par le présent accord, que s'il en a été ainsi décidé par échanges de lettres entre les Gouvernements des Parties contractantes pour chaque infraction ou catégorie d'infractions.

Article 49

L'extradition est refusée :

a) Si les infractions à raison desquelles elle est demandée ont été commises dans l'État requis ;

b) Si la prescription de l'action ou de la peine est acquise d'après la législation de l'État requérant ou de l'État requis lors de la réception de la demande par l'État requis ;

c) Si les infractions ont été jugées définitivement dans l'État requis ;

d) Si, les infractions ayant été commises hors du territoire de l'État requérant par un étranger à cet État, la législation du pays requis n'autorise pas la poursuite des mêmes infractions commises hors de son territoire par un étranger ;

e) Si une amnistie est intervenue dans l'État requérant ou dans l'État requis, à la condition que dans ce dernier cas l'infraction soit au nombre de celles qui peuvent être poursuivies dans cet État lorsqu'elles ont été commises hors du territoire de cet État par un étranger à cet État.

L'extradition peut être refusée si les infractions font l'objet de poursuites dans l'État requis ou ont été jugées dans un État tiers.

Article 50

1° La demande d'extradition est adressée par la voie diplomatique.

2° Elle est accompagnée de l'original ou de l'expédition authentique, soit d'une décision de condamnation exécutoire, soit d'un mandat d'arrêt ou de tout autre acte ayant la même force et décerné dans les formes prescrites par la loi de l'État requérant.

3° Les circonstances des faits pour lesquels l'extradition est demandée, le temps et le lieu où ils ont été commis, la qualification légale et les références aux dispositions qui leur sont applicables sont indiqués le plus exactement possible. Il est joint également une copie des dispositions légales applicables, ainsi que, dans la mesure du possible, le signalement de l'individu réclamé et toute indication de nature à déterminer son identité et sa nationalité.

Article 51

1° En cas d'urgence, sur la demande des autorités compétentes de l'État requérant, il est procédé à l'arrestation provisoire, en attendant l'arrivée de la demande d'extradition et des documents mentionnés à l'alinéa 2 de l'article 50.

2° La demande d'arrestation provisoire sera transmise aux autorités compétentes de l'État requis, soit directement par la voie postale ou télégraphique, soit par tout autre moyen laissant une trace écrite. Elle est en même temps confirmée par la voie diplomatique.

3° Elle doit mentionner l'existence d'une des pièces prévues à l'alinéa 2 de l'article 50 et fait part de l'intention d'envoyer une demande d'extradition.

4° Elle mentionne l'infraction pour laquelle l'extradition est demandée, le temps et le lieu où elle a été commise, ainsi que le signalement aussi précis que possible de l'individu réclamé. L'autorité requérante est informée, sans délai, de la suite donnée à sa demande.

Article 52

1° Il est mis fin à l'arrestation provisoire si, dans le délai de trente jours après l'arrestation, les autorités requises n'ont pas été saisies de l'un des documents mentionnés à l'alinéa 2 de l'article 50.

2° Toutefois, ce délai peut être porté à quarante-cinq jours si des circonstances particulières le nécessitent ou si l'individu réclamé est poursuivi pour un fait puni d'une peine privative de liberté égale ou supérieure à cinq ans ou condamné à une telle peine.

3° La mise en liberté ne s'oppose pas à l'arrestation et à l'extradition si la demande d'extradition parvient ultérieurement.

Article 53

Lorsque des renseignements complémentaires lui sont indispensables pour s'assurer que les conditions requises par le présent accord sont réunies, l'État requis, dans le cas où l'omission lui apparaît susceptible d'être réparée, avertit l'État requérant par la voie diplomatique avant de rejeter la demande. Un délai peut être fixé par l'État requis pour l'obtention de ces renseignements.

Article 54

Si l'extradition est demandée concurremment par plusieurs États, soit pour les mêmes faits, soit pour des faits différents, l'État requis statuera librement, compte tenu de toutes circonstances, et notamment de la possibilité d'une extradition ultérieure entre les États requérants, des dates respectives des demandes, de la gravité relative et du lieu des infractions.

Article 55

Lorsqu'il y a lieu à extradition, tous les objets provenant de l'infraction ou pouvant servir de pièces à conviction qui sont trouvés en la possession de l'individu réclamé au moment de son arrestation ou qui sont découverts ultérieurement sont, sur la demande de l'État requérant, saisis et remis aux autorités de cet État.

Article 56

1° L'État requis fait connaître à l'État requérant, par la voie diplomatique, sa décision sur l'extradition.

2° Tout rejet complet ou partiel est motivé.

3° Si l'extradition est accordée, l'État requérant est informé du lieu et de la date de la remise.

4° Faute d'acceptation du lieu et de la date ainsi fixés, l'individu extradé est conduit par les soins de l'État requis au lieu que désigne la mission diplomatique de l'État requérant.

5° Sous réserve du cas prévu au dernier paragraphe du présent article, l'État requérant doit faire recevoir l'individu à extrader par ses agents dans un délai d'un mois à compter de la date déterminée conformément aux dispositions du paragraphe 3 du présent article. Passé ce délai, l'individu est remis en liberté et ne peut plus être réclamé pour le même fait.

6° Dans le cas de circonstances exceptionnelles empêchant la remise ou la réception de l'individu à extrader, l'État intéressé en informe l'autre État avant l'expiration du délai. Les deux États se mettent d'accord sur une nouvelle date de remise et les dispositions de l'alinéa précédent sont applicables.

Article 57

1° Si l'individu est poursuivi ou condamné dans l'État requis pour une infraction autre que celle motivant la demande d'extradition, ce dernier État doit néanmoins statuer sur cette demande et faire connaître à l'État requérant sa décision sur l'extradition dans les conditions prévues aux deux premiers paragraphes de l'article précédent. La remise est toutefois, dans le cas d'acceptation, différée jusqu'à ce qu'il soit satisfait à la justice de l'État requis.

2° Elle est effectuée à une date qui sera déterminée conformément aux dispositions de l'article précédent.

3° Les dispositions du présent article ne font pas obstacle à ce que l'intéressé puisse être envoyé temporairement pour comparaître devant les autorités judiciaires de l'État requérant sous la condition expresse qu'il soit renvoyé dès que ces autorités auront statué.

Article 58

L'individu qui a été livré ne pourra être ni poursuivi, ni jugé contradictoirement, ni détenu en vue de l'exécution d'une peine pour une infraction antérieure à la remise autre que celle ayant motivé l'extradition excepté dans les cas suivants :

1- Lorsque, ayant eu la liberté de le faire, l'individu extradé n'a pas quitté, dans les trente jours qui suivent son élargissement définitif, le territoire de l'État auquel il a été livré ou y est retourné, après l'avoir quitté ;

2- Lorsque l'État qui l'a livré y consent. Une demande est présentée à cet effet, accompagnée des pièces prévues au paragraphe 2 de l'article 50 et d'un procès-verbal judiciaire consignant les déclarations de l'extradé sur l'extension de l'extradition et mentionnant la possibilité qui lui a été donnée d'adresser un mémoire en défense aux autorités de l'État requis. Lorsque la qualification donnée au fait incriminé est modifiée au cours de la procédure, l'individu extradé n'est poursuivi ou jugé que dans la mesure où les éléments constitutifs de l'infraction, nouvellement qualifiée, permettraient l'extradition.

Article 59

L'extradition par voie de transit à travers le territoire de l'une des parties contractantes d'un individu livré à l'autre partie est accordée sur la demande présentée par l'État requérant. À l'appui de cette demande sont fournies les pièces nécessaires pour établir qu'il s'agit d'une infraction donnant lieu à extradition. Il n'est pas tenu compte des conditions prévues à l'article 45 et relatives au montant des peines. En cas d'utilisation de la voie aérienne, il est fait application des dispositions suivantes :

1° Lorsqu'aucune escale n'est prévue, l'État requérant avertit l'État dont le territoire doit être survolé et atteste l'existence d'une des pièces prévues au paragraphe 2 de l'article 50. Dans le cas d'escale fortuite, cette notification produit les effets de la demande d'arrestation provisoire visée à l'article 51 et l'État requérant adresse une demande de transit dans les conditions prévues ci-dessus ;

2° Lorsqu'une escale est prévue, l'État requérant adresse une demande de transit. Lorsque l'État requis du transit demande aussi l'extradition, il peut être sursis au transit jusqu'à ce que l'individu ait satisfait à la justice de cet État.

Article 60

Les frais occasionnés par les procédures prévues au présent titre sont à la charge de l'État requérant, étant entendu que ne peuvent être réclamés ni les frais de procédure ni les frais d'incarcération.

TITRE IV
ÉCHANGES D'INFORMATIONS

Article 61

Chacune des Parties contractantes fournit à l'autre, sur demande, des informations sur son organisation judiciaire, sa législation et sa jurisprudence.

TITRE V
DISPOSITIONS FINALES

Article 62

Le présent Accord demeurera en vigueur jusqu'à l'expiration d'une année à compter du jour où l'une des Parties contractantes aura notifié par la voie diplomatique sa décision d'en faire cesser les effets.

Article 63

Le présent Accord entrera en vigueur le premier jour du deuxième mois suivant l'échange des instruments constatant l'accomplissement des procédures constitutionnelles requises dans chacun des deux États. Cet échange aura lieu à Paris aussitôt que faire se pourra.

Fait à Yaoundé, le 21 février 1974, en double original.

Pour le Gouvernement de la République française :
Jean-François DENIAU.

ANNEXE 9

ACCORD DE COOPÉRATION JUDICIAIRE DES ÉTATS DE LA COMMUNAUTÉ ÉCONOMIQUE MONÉTAIRE DE L'AFRIQUE CENTRALE (CEMAC).

COMMUNAUTE ECONOMIQUE ET MONETAIRE DE L'AFRIQUE CENTRALE

CEMAC

ACCORD DE COOPERATION JUDICIAIRE ENTRE LES ETATS MEMBRES DE LA CEMAC

PREAMBULE

Le gouvernement de la République du Cameroun,

Le gouvernement de la République Centrafricaine,

Le gouvernement de la République du Congo,

Le gouvernement de la République Gabonaise,

Le gouvernement de la République de Guinée Equatoriale,

Le gouvernement de la République du Tchad,

Ci-**après désignés « hautes parties contractantes »** ;

Considérant le Traité instituant la Communauté Economique et Monétaire de l'Afrique Centrale (CEMAC) du 16 mars 1994 et les textes subséquents ;

Convaincus que l'adoption de règles communes dans le domaine de l'entraide judiciaire est de nature à renforcer l'union entre les Etats membres ;

SONT CONVENUS DE CE QUI SUIT:

TITRE I- DISPOSITIONS GENERALES

Article 1er- Aux fins du présent Accord, on entend par :

- **Etat (s) membre (s)**, les Etats membres de la CEMAC ayant signé et ratifié le Traité instituant la CEMAC ;
- **Etat Partie**, un Etat membre de la CEMAC ayant ratifié ou approuvé le présent Accord
- **Etat requérant ou Partie requérante**, Etat qui a soumis une demande d'extradition aux termes du présent Accord ;
- **Etat requis ou Partie requise**, Etat auquel est adressé une demande d'extradition aux termes du présent Accord ;
- **Etat tiers**, un Etat autre que l'Etat requis ou l'Etat requérant ;
- **Peine**, toute pénalité ou mesure encourue ou prononcée par une juridiction compétente en raison d'une infraction y compris les peines d'emprisonnement ;
- **Extradition**, acte par lequel un Etat requis remet à la disposition d'un Etat requérant une personne poursuivie, recherchée ou condamnée pour une infraction de droit commun conformément aux dispositions du présent Accord ;
- **Commission rogatoire**, Acte par lequel les autorités judiciaires de l'Etat requérant chargent celles de l'Etat requis d'accomplir des actes de procédures déterminés, ou de communiquer des pièces à conviction des dossiers ou documents ;
- **Exequatur**, Acte par lequel les autorités judiciaires d'un Etat partie autorisent, sur leur territoire, l'exécution d'une décision de justice rendue sur le territoire d'un autre Etat partie

Article 2 – Par le présent accord les Etats parties s'engagent à s'accorder mutuellement l'aide judiciaire la plus large possible dans toute procédure visant les domaines pénal, civil, commercial, administratif, des personnes et de la famille.

Article 3 – Les hautes parties contractantes instituent un échange régulier d'informations en matière d'organisation judiciaire, de législation et de jurisprudence..

Article 4 - Les questions relatives à la nationalité des ressortissants des Etats Parties sont du domaine du droit interne des Etats.

TITRE II- DE L'ACCES AUX JURIDICTIONS

Article 5 – Les ressortissants de chacune des hautes parties contractantes auront, sur le territoire des autres, un libre et facile accès auprès des « juridictions « tant administratives que judiciaires, pour la poursuite et la défense de leurs droits. Il ne pourra, notamment, leur être imposé ni caution, ni dépôt sous quelque dénomination que ce soit, à raison de leur qualité d'étranger, soit du défaut de domicile ou de résidence.

Article 6 – Les avocats inscrits à un barreau de l'un des Etats signataires de la présente convention pourront plaider devant les juridictions des autres Etats dans une affaire déterminée à charge pour eux de se conformer à la législation de l'Etat où se trouve la juridiction saisie.

Article 7 – Les ressortissants de chacune des hautes parties contractantes jouiront, sur le territoire des autres, du bénéfice de l'assistance judiciaire comme les nationaux eux-mêmes, pourvu qu'ils se conforment à la loi de l'Etat dans lequel l'assistance sera demandée.

TITRE III - DE LA TRANSMISSION ET DE LA REMISE DES ACTES JUDICIAIRES ET EXTRAJUDICIAIRES.

Article 8- La transmission des actes judiciaires se fait par autorité judiciaire à autorité judiciaire et leur remise par autorité judiciaire de la partie requise à la personne concernée par l'acte.

TITRE IV - DE L'EXECUTION DES PEINES

Article 9 - Les hautes parties contractantes s'engagent à faire exécuter dans leurs établissements pénitentiaires, à la demande des autorités judiciaires de l'Etat requérant, les peines privatives de libertés, quelle qu'en soit la durée, prononcées par les juridictions de l'Etat requérant contre la personne quelle qu'en soit sa nationalité, qui sera trouvée sur le territoire de l'Etat requis.

Article 10 – Les dispositions ci-dessus ne reçoivent application que si la décision de condamnation a acquis autorité de la chose jugée conformément à la procédure pénale en vigueur sur le territoire de l'Etat requérant.

2

Article 11. – Tout ressortissant de l'Etat de l'une des parties contractantes condamné à une peine privative de liberté doit, à la demande des autorités judiciaires de l'Etat dont il est ressortissant et avec son consentement, être remis à cet Etat.

Article 12 – La décision de libération conditionnelle appartient à l'Etat sur le territoire duquel s'exécute la peine, sur avis de l'Etat dont relève la juridiction de condamnation

Article 13 - Le droit de grâce ou d'amnistie s'exerce selon la législation de l'Etat dont relève la juridiction de condamnation.

Les condamnations pécuniaires sont exécutées sur demande par les services de recouvrement compétents de l'Etat requérant. Ces demandes doivent être appuyées d'expéditions des décisions et reproduire les textes appliqués et ceux relatifs à la prescription de la peine sur le territoire de cet Etat ;

Les services de recouvrement compétents de l'Etat requis, après visa pour exécution de l'autorité judiciaire compétente, procèdent au recouvrement pour le compte de l'Etat requérant.

Il est fait application de la législation de l'Etat requis relative à l'exécution des condamnations de même nature.

TITRE V – DE L'EXEQUATUR.

Article 14 – En matière civile et commerciale, les décisions contentieuses et gracieuses rendues par les juridictions de l'une des hautes parties contractantes ont, de plein droit, l'autorité de la chose jugée sur les territoires des autres Etats Parties, si elles réunissent les conditions suivantes :

1. La décision émane d'une juridiction compétente selon la législation de l'Etat Partie sur le territoire duquel elle a été rendue ;
2. la décision n'est pas contraire à la jurisprudence des juridictions de l'Etat sur le territoire duquel elle doit recevoir exécution ;
3. la décision est passée en force de chose jugée ;
4. la décision a été prononcée à la suite d'un procès équitable offrant les garanties de représentation des Parties ;
5. la décision est conforme à l'ordre public de l'Etat Partie où s'exécute la décision.

Article 15 – Une décision déclarée exécutoire sur le territoire d'un Etat Partie peut donner lieu à l'exécution forcée sur les biens du débiteur dans les conditions prévues par les textes en vigueur de l'Etat requis.

Article 16 L'exequatur est accordé, quelle que soit la valeur du litige, par le président de la juridiction du lieu d'exécution et qui aurait compétente ratione materiae pour connaître ce litige.

Le président du tribunal est saisi par requête. Sa décision ne peut faire l'objet que d'un recours en cassation.

L'exequatur peut être accordé partiellement pour l'un ou l'autre seulement des chefs de la décision dont l'exécution est poursuivie.

Article 17 – La requête aux fins d'obtention d'une décision d'exequatur est accompagnée, a peine d'irrecevabilité, des pièces suivantes :

1. une expédition de la décision réunissant les conditions nécessaires à l'authenticité ;
2. l'original de l'exploit de signification de la décision ou de tout autre acte qui tient lieu de signification ;
3. un certificat de greffier dont émane la décision, constatant que la décision dont l'exécution est poursuivie n'est susceptible d'aucun recours ;
4. Le cas échéant, une copie de la citation ou de la convocation de la partie qui fait défaut à l'instance, copie conforme par le greffier de la juridiction dont émane la décision, et toutes pièces de nature à établir que cette citation ou convocation l'a touchée en temps utile.

Article 18 - Les sentences arbitrales rendues sur le territoire de l'une des hautes parties contractantes ont, sur les territoires des autres Etats Parties, l'autorité de la chose jugée et peuvent être rendues exécutoires si elles satisfont aux conditions définies en l'article 13.

TITRE VI - COMMISSIONS ROGATOIRES

Article 19 – La partie requise fait exécuter, dans les formes prévues par sa législation, les commissions rogatoires relatives à une affaire pénale qui lui sont adressées par les autorités judiciaires de la partie requérante et qui ont pour objet d'accomplir des actes d'instruction ou de communiquer des pièces à conviction, des dossiers ou des documents.

Article 20- Si la partie requérante le demande expressément, la partie requise l'informe de la date et du lieu d'exécution de la commission rogatoire.

Article 21– l'exécution des commissions rogatoires aux fins de perquisition ou saisie d'objets est soumise aux conditions suivantes:

- l'infraction motivant la commission rogatoire doit être punissable selon la loi de la partie requérante et de la partie requise;
- l'infraction motivant la commission rogatoire doit être susceptible de donner lieu à extradition dans l'Etat requis.

Article 22– (1) La partie requise peut surseoir à la remise des objets, dossiers ou documents dont la communication est demandée, s'ils lui sont nécessaires pour une procédure pénale en cours.

(2) Les objets, ainsi que les originaux des dossiers et documents, qui ont été communiqués en exécution d'une commission rogatoire, sont renvoyés aussitôt que possible par la partie requérante à la partie requise, à moins que celle-ci n'y renonce.

TITRE VII - REMISE D'ACTES DE PROCEDURE ET DE DECISIONS JUDICIAIRES COMPARUTION DE TEMOINS, EXPERTS ET PERSONNES POURSUIVIES

Article 23- (1) La partie requisé procède, par simple transmission au destinataire, à la remise des actes de procédure et des décisions judiciaires qui lui sont envoyés à cette fin par la partie requérante

(2) La preuve de la remise se fait au moyen d'un récépissé daté et signé par le destinataire ou d'une déclaration de la partie requise constatant le fait, la forme et la date de la remise. L'un ou l'autre de ces documents est immédiatement transmis à la partie requérante. Sur demande de cette dernière, la partie requise précise si la remise a été faite conformément à sa loi. Si la remise n'a pu se faire, la partie requise en fait connaître immédiatement le motif à la partie requérante.

Article 24- Les indemnités à verser, ainsi que les frais de voyage et de séjour à rembourser au témoin ou à l'expert par la partie requérante sont calculés depuis le lieu de leur résidence et lui sont accordés selon des taux au moins égaux à ceux prévus par les tarifs et règlements en vigueur dans l'Etat où l'audition ou la déposition doit avoir lieu.

Article 25 – (1) Toute personne détenue dont la comparution personnelle en qualité de témoin ou aux fins de confrontation est demandée par la partie requérante sera transférée temporairement sur le territoire où l'audition doit avoir lieu, sous condition de son renvoi dans le délai indiqué par la partie requise et sous réserve des dispositions de l'article 26

(2) Le transfèrement peut être refusé :

- si la présence de la personne détenue est nécessaire dans une procédure pénale en cours sur le territoire de la partie requise ;
- si son transfèrement est susceptible de prolonger sa détention ou
- si d'autres considérations impérieuses et motivées s'opposent à son transfèrement sur le territoire de la partie requérante.

(3) Dans le cas prévu au paragraphe précédent et sous réserve des dispositions de l'article 2, le transit de la personne détenue sur le territoire d'un Etat tiers, Partie au présent Accord, est accordé sur demande accompagnée de tous documents utiles et adressée par le ministère en charge de la Justice de la partie requérante au ministère en charge de la Justice de la partie requise du transit.

(4) Tout Etat Partie peut refuser d'accorder le transit de ses ressortissants.

(5) La personne transférée doit rester en détention sur le territoire de la partie requérante et, le cas échéant, sur le territoire de la partie requise du transit, à moins que la partie requise du transfèrement ne demande sa mise en liberté.

Article 26- (1) Aucun témoin ou expert, de quelque nationalité qu'il soit, qui, à la suite d'une citation, comparaît devant les autorités judiciaires de la partie requérante, ne pourra être ni poursuivi, ni détenu, ni soumis à aucune autre restriction de sa liberté individuelle sur le territoire de cette partie pour des faits ou condamnations antérieurs à son départ du territoire de la partie requise.

5

(2) Aucune personne, de quelque nationalité qu'elle soit, citée devant les autorités judiciaires de la partie requérante afin d'y répondre de faits pour lesquels elle fait l'objet de poursuites, ne pourra y être ni poursuivie, ni détenue, ni soumise à aucune autre restriction de sa liberté individuelle pour des faits ou condamnations antérieurs à son départ du territoire de la partie requise et non visés par la citation.

(3) L'immunité prévue au présent article cessera lorsque le témoin, l'expert ou la personne poursuivie, ayant eu la possibilité de quitter le territoire de la partie requérante pendant quinze jours consécutifs, après que sa présence n'était plus requise par les autorités judiciaires, sera néanmoins demeurée sur ce territoire ou y sera retournée après l'avoir quitté.

TITRE VIII - CASIER JUDICIAIRE

Article 27 - (1) La partie requise communique, dans la mesure du possible, les extraits du casier judiciaire et tous renseignements relatifs à la personne poursuivie qui lui sont demandés par les autorités judiciaires d'un Etat Partie requérant.

(2) Dans les cas autres que ceux prévus au paragraphe 1er du présent article, il est donné suite à pareille demande dans les conditions prévues par la législation, les règlements ou la pratique de la partie requise.

TITRE IX - PROCEDURE

Article 28– (1) Les demandes d'entraide doivent contenir les indications suivantes:

a) - l'autorité dont émane la demande,
b) - l'objet et le motif de la demande,
c) - l'identité et la nationalité de la personne en cause, et
d) - le nom et l'adresse du destinataire s'il y a lieu.

(2) Les commissions rogatoires prévues aux articles 19, 20 et 21mentionnent en outre l'inculpation et contiennent un exposé sommaire des faits.

Article 29– (1) les commissions rogatoires prévues aux articles 19, 20 et 21 ainsi que les demandes prévues à l'article 25 sont adressées par le ministère de la Justice de la partie requérante au ministère de la Justice de la partie requise et renvoyées par la même voie.

(2) En cas d'urgence, lesdites commissions rogatoires peuvent être adressées directement par les autorités judiciaires de la partie requérante aux autorités judiciaires de la partie requise. Elles sont renvoyées accompagnées des pièces relatives à l'exécution par la voie prévue au paragraphe 1er du présent article.

(3) Une autre voie peut être convenue par arrangement direct entre deux ou plusieurs parties.

Article 30– (1) Sous réserve des dispositions du paragraphe 2 du présent article, la traduction des demandes et des pièces annexes n'est pas exigée.

6

(2) Toutefois, un Etat Partie peut, au moment de la signature ou du dépôt de son instrument de ratification ou d'adhésion, par déclaration adressée au Secrétaire Exécutif de la CEMAC, se réserver le droit d'exiger que les demandes et pièces annexes lui soient adressées accompagnées d'une traduction dans sa propre langue. Les autres Parties peuvent appliquer la règle de la réciprocité.

(3) Le présent article ne porte pas atteinte aux dispositions relatives à la traduction des demandes et pièces annexes contenues dans les accords ou arrangements en vigueur ou à intervenir entre deux ou plusieurs Etats Parties.

Article 31 - Les pièces et documents transmis en application du présent Accord sont soumises aux formalités de légalisation.

Article 32 - Si l'autorité saisie d'une demande d'entraide est incompétente pour y donner suite, elle transmet d'office cette demande à l'autorité compétente de son Etat et, dans le cas où la demande a été adressée par la voie directe, elle en informe par la même voie la partie requérante.

Article 33 - Tout refus d'entraide judiciaire est motivé.

Article 34 - L'exécution des demandes d'entraide ne donne lieu au remboursement d'aucun frais, à l'exception de ceux occasionnés par l'intervention d'experts sur le territoire de la partie requise et par le transfèrement de personnes détenues effectué en application de l'article 25.

TITRE X - DENONCIATION AUX FINS DE POURSUITES

Article 35 - (1) Toute dénonciation adressée par une Etat Partie en vue de poursuites devant les tribunaux d'un autre Etat Partie fait l'objet de communications entre ministères en charge de la Justice. Cependant les Etats Parties peuvent user de la faculté prévue au paragraphe 3 de l'article 29.

(2) La partie requise fait connaître la suite donnée à cette dénonciation et transmet s'il y a lieu copie de la décision intervenue.

(3) Les dispositions de l'article 30 s'appliqueront aux dénonciations prévues au paragraphe 1er du présent article.

TITRE XI - ECHANGE D'AVIS DE CONDAMNATION

Article 36 - Chacun des Etats Parties donne à l'Etat Partie intéressé avis des sentences pénales et des mesures postérieures qui concernent les ressortissants de ce dernier et ont fait l'objet d'une inscription au casier judiciaire. Les ministères de la Justice se communiquent ces avis au moins une fois par an. Si la personne en cause est considérée comme ressortissante de deux ou plusieurs Etats Parties, les avis sont communiqués à chacun des Etats Parties intéressés à moins que cette personne ne possède la nationalité de l'Etat Partie sur le territoire duquel elle a été condamnée.

TITRE XII - DISPOSITIONS FINALES

Article 37 – (1) Le présent Accord abroge les dispositions contraires des traités, conventions ou Accords bilatéraux qui, entre deux Etats Parties, régissent la même matière.

(2) Les Etats Parties ne peuvent conclure entre eux des Accords bilatéraux ou multilatéraux que pour compléter les dispositions du présent Accord ou pour faciliter l'application des principes contenus dans celui-ci.

Article 38.- (1) Toutes les décisions relatives à l'application et à la modification du présent Accord sont prises à l'unanimité des Parties.

(2) Les modalités d'application du présent Accord seront précisées, en cas de besoin, par un Règlement du Conseil des Ministres sur proposition du Secrétariat Exécutif de la CEMAC.

Article 39- (1) Le présent Accord est ouvert à la signature des Etats Parties de la CEMAC. Toutefois, l'adhésion de tout autre Etat Africain audit Accord est soumise à l'acceptation unanime de ces derniers;

(2) Le présent Accord qui est annexé au Traité de la CEMAC entrera en vigueur trente jours après le dépôt du dernier instrument de ratification auprès de la République du Tchad, désigné Etat dépositaire.

Fait à 28 JAN. 2004

Pour la République du Cameroun **Paul BIYA**	Pour la République Centrafricaine **François BOZIZE**
Pour la République du Congo **Denis SASSOU NGUESSO**	Pour la République Gabonaise **El Hadj OMAR BONGO**
Pour la République de Guinée-Équatoriale **OBIANG NGUEMA MBASOGO**	Pour la République du Tchad **Idriss DEBY**

COMMUNAUTE ECONOMIQUE ET MONETAIRE DE L'A...

9

BIBLIOGRAPHIE

I. OUVRAGES

BERNARD Alain, *L'identité des personnes physiques en Droit privé ; remarques en guise d'introduction,* Paris, PUF, 1977, p.29 ;

Bonneville de MARSANGY A, *De la localisation au greffe de l'arrondissement natal, des renseignements judiciaires concernant chaque condamné au triple point de vue de la répression des crimes et délits, de la pureté des listes électorales et du jury et de la moralisation sociale,* Versailles Dufaure, 1949, p.16 ;

BOYER R. *Les crimes et châtiments au Canada français du XVIIe au XXe siècle,* Montréal, le cercle des livres, 1966, p 77.

CRETTIEZ X. et PIAZZA P. *Du papier à la biométrie. Identifier les individus,* Paris, sciences Po 2006, pp 270-271 ;

Denis SALAS, *Le tiers pouvoir-Vers une autre justice,* Hachette, littérature, 1998.

DESPATYS O, *Traité théorique et pratique des casiers judiciaires en France et à l'étranger,* Paris, imprimerie et librairie générale de la Jurisprudence, 1870, Édition originale, hachette BNF 2018, p.426 ;

DJILA KOUAYI KEMAJOU Rose, *Le Droit pénal des Affaires au Cameroun,* Études africaines, série droit, Harmattan 2015, p. 101 et s ;

DUOMONT H, *Le casier judiciaire, criminel un jour, criminel toujours* ? Édition Thémis, 1995, p.118 ;

ELEK Christian, *Le casier judiciaire*, PUF, Paris, 1988, p.129 ;

F. Ost, *Le temps du droit,* Paris, Édition Odile, 1999, p 129.

F. Ost, M. Van de Kerchove M, *De la Pyramide au réseau ? Pour une théorie dialectique du droit,* publications des facultés universitaires Saint Louis Bruxelles, 2002, 596 p.

FOPI TETJOUON V.P. *Droit pénal OHADA, analyse critique et prospective,* l'Harmattan, 2022, p. 500 ;

FOUCAULT M, *Surveiller et Punir, Naissance de la prison,* Paris, Edition Gallimard, 1975, p. 239 ;

GUIMDO DONGMO B R. *Le Dialogue des juges, analyse des rapports fonctionnels entre juges,* l'Harmattan, 2022, p. 284 ;

Jean APPLETON, *La réforme des casiers judiciaires,* Paris, librairie du recueil général des lois et des arrêts, édition Larose et forcel, 1893, p 4-7.

J. FRAYSSINET, *Informatique, fichiers et liberté,* Paris, LITEC, 1992, p.24 ;

J-B AUBY, *La globalisation, le droit et l'État,* 3e éd. LGDJ, coll. « droit et société », 2008, p. 123 ;

Le POITTEVIN G, *Le Casier judiciaire, étude critique sur le casier judiciaire en France et dans les Pays étrangers,* Paris, A. Rousseau, Forgotten Books, p.408 ;

PERROT Roger, *Institutions judiciaires,* Précis DOMAT Droit Privé, 16e édition LGDJ 2017, France-Jouve, rue du Docteur Sauvé, 53100 Mayenne, pp. 479-481 ;

René DAVID, *Traité élémentaire du droit civil comparé,* Paris, 1950, p 113.

S. LEGER- GRESSOT, *L'oubli en droit pénal,* Thèse, Montpellier, Université de Montpellier, 2000 C. COQUIN, « deux aspects de l'évolution du concept d'oubli en droit pénal », Archives de politique criminelle, 1998, n° 20, p.33 ;

TCHOUNGANG Charles, *De L'impossible justice au Cameroun,* Éditions du Schabel, Yaoundé, 2015, p. 68 et s.

THIERNO BAH, *Enfermement, Prison et Châtiments en Afrique,* collection Homme et Société, édition Karthala, *1999,* pp. 71 - 81 *;*

TISSERON S, *L'intimité surexposée,* Coll. Pluriel, Paris, Hachette, 2002 ;

V. De GREEF et J. PIERET, *Le casier judiciaire, Approches et perspectives comparées,* édition Larcier 2011, Rue des minimes 39, B 1000 Bruxelles, p.452 ;

YVES BRILLON, *Ethnocriminologie de l'Afrique noire, 1980,* Presse de l'Université de Montréal, 1980, collection bibliothèque criminologique, pp. 122-136 ;

II. ARTICLES

BERNHEIM J.C, « le casier judiciaire, Historique et réflexion », conférence prononcée devant les juges du tribunal des droits de la personne, Québec, Pointe du lac, 2003 ;

Bonneville de MARSANGY A, « les rapports sur le casier judiciaire », *Bulletin de la Société Générale des prisons,* Revue pénitentiaire, mars 1887, p. 304 ;

Boris BARRAUD, « Droit sans le territoire-Globalisation et postmodernité juridiques », in Michel Troper et alii, *Le Territoire,* Jurisdoctoria, 2013, P.47 et s.

BOUGON Bernard, « L'éthique en théorie et en pratique », *séminaire Vie des Affaires organisé grâce aux parrains de l'École de Paris, séance du 6 janvier 1995* ;

CARBON de SEZE, « Le casier judiciaire des personnes morales », compte rendu de la réunion du 13 novembre 2013 de la Commission du Droit pénal du Barreau de Paris ;

C. GHEUR, « Vers la création d'un casier judiciaire pour les Entreprises » fédération des Entreprises de Belgique, inforfeb, mise en ligne le 12 janvier 2006, consulté le 20 octobre 2008, p 2 URL : http : //www.feb.be ;

COQUIN C, « deux aspects de l'évolution du concept d'oubli en droit pénal », *Archives de politique criminelle,* 1998, n° 20, p.33.

DE HERT P. et SAELENS Ronny, « La signification du casier judiciaire et de l'extrait de casier judiciaire pour le (candidat) travailleur. Une meilleure régulation aux Pays-Bas. », in *Le Casier judiciaire, Approche critique et perspectives comparées,* Editions Larcier, 2011, Rue des minimes Bruxelles, pp. 215-245 ;

DEVRESSE Marie Sophie, «Traces et Justice pénale », in *Le casier judiciaire, Approches critiques et perspectives comparées,* Edition Larcier, 2011, pp. 427-444 ;

DHAEYER P, 2006, « La saga du casier judiciaire », *Journal des tribunaux,* 2006, p. 398 ;

DOMINIQUE Robert et DUFRESNE Martin, « La dissolution du casier judiciaire dans les banques d'information : la nécessité de repenser la notion du casier judiciaire », article publié dans *Le casier judiciaire, approches critiques et perspectives comparées,* sous la direction de Vanessa De Greef Julien Pieret, édition Larcier 2011, p.43-69 ;

DOUARRE Remy, « Le casier judiciaire, un outil de gestion à intégrer au tableau de bord de l'entreprise », article in *Dossier de l'entreprise, option finance,* n° 1098, Novembre, 2010 ;

D. SALAS, « l'inquiétant avènement de la victime », sciences humaines (en ligne), hors séries n°47, consulté le 10 juillet 2010, URL : http:// sciences

FEELEY et SIMON, « The new Penology : Notes on the Emerging strategy of corrections and its implications », article publié en 1992 ;

FREGEAU S. « De la notion juridique de casier judiciaire », *27 Criminal Reports (3d), 26,* 1982 p. 32 ;

Gaylor RABU, « La mondialisation et le droit : éléments macro juridiques de convergence des régimes juridiques », in *Revue internationale de droit économique,* 2008/3 T.XXII,3 pp. 335-356. **Robert SCHUMAN,** « Le Casier judiciaire européen : quelles perspectives ? », in *Question d'Europe,* Europe et Société n° 19, 20 févr. 2006, p.7 : https://www.robert-schuman.eu/fr/questions-d-europe/0019-le-casier-judiciaire-europeen-quelles-perspectives

GLENN Patrick, « Vers un droit comparé intégré ? », 1999, 3, RIDC, pp 841-851 : le droit comparé est instrument de développement du droit national : "le législateur, le juge s'en inspirent dans la rédaction d'une loi nouvelle, d'un jugement pour l'élaboration d'un droit nouveau".

G. LORHO, « Casier judiciaire », articles 768 à 781, *Juris-classeur de Procédure pénale,* 1999, fascicule 20, n° 123 et 124 ;

H. LAM et HARTCOURT « The use criminal record in employment decision : the rights of ex-offenders, the employers and the public » ;

LORRAIN Rémi et INGRAIN Christophe, « Le casier judiciaire des personnes morales : un document stratégique, mais difficilement accessible », article paru dans la *Lettre de Juriste d'Affaires* n° 1333 du 15 janvier 2018 ;

LOUKS N, LYNER O. et SULLIVAN T, « The employment of People with Criminal Records in the European Union », *European Journal on Criminal Policy and research,* 1998, vol 6, pp.207-237 ;

M.MARZOUKI, « Fichiers : logique sécuritaire, politique du chiffre ou impératif gestionnaire ? », *Mouvements*, 2010, n° 62, p.85 ;

MAIRESSE Malvina, « Extrait de casier judiciaire et Marchés publics », article publié le 8/07/2016, (modifié le 18 novembre 2016) sur le blog de l'intéressée ;

Mark Van HOECKE, « Raisonnement juridique et droit comparé », in *Le droit ou le paradoxe du jeu,* Paris,

Mc GRATH W.T, « Formal Recognition of rehabilitation : legal and Social issue », *Canadian Journal of corrections*, 1969 ;

MOUKALA-MOUKOKO Corneille, « État d'application du droit pénal des affaires OHADA dans les États parties », présentation à l'École Régionale Supérieure de la Magistrature (ERSUMA-BENIN) 2015 ;

M. RAYMOND, « Le casier judiciaire aux frontières américaines », le journal du barreau, 2002, vol 34, n° 18.

Paul de HERT et Ronny SAELENS, « la signification du casier judiciaire et de l'extrait de casier judiciaire pour le (candidat) travailleur. Une meilleure régulation aux Pays bas ?, in *Le Casier judiciaire ; approches critiques et perspectives comparées*

PIERET J., « De la société du risque à la société réflexive. Beck peut-il sauver la modernité ? », in (Y. CARTUYVELS), *Les ambivalences du risque. Regards croisés en sciences sociales,* pp. 55-56.

SCHNEIDER P.M et P.D Martin « Criminal DNA data bases : the European situation », in *Forensic Science international*, 2001, vol, 119, pp. 232-238.

Sylvain SOLEIL « Pourquoi comparaît-on au XIXe siècle ? Clio@thémis, revue électronique du droit, 13, 2017, p 2.

VALCKE Catherine, « l'enseignement du droit comparé à l'ère de la mondialisation : les yeux plus grands que la panse », faculté de droit de l'université de Toronto, mardi 20 avril 2004 ;

VAULTIER, R, « Histoire du Casier judiciaire », in *La vie judiciaire,* 8-13 juin 1959 ;

VENET Olivier, « De l'autre côté du miroir : les obstacles et les remèdes à la stigmatisation », article in *le Casier judiciaire, approche critique et perspectives comparées,* édition Larcier 2011, pp.177-210 ;

III. THÈSES ET MÉMOIRES

A-THESES

Maurice VALTAU, *Le Casier judiciaire,* Thèse de Doctorat soutenue le 25 avril 1900, Faculté de droit Paris 1990, Jouve et Boyer, imprimeur, 15 rues Racine, 157 p.

GRUNVALD, *La conservation des condamnations pénales : étude du casier judiciaire*, Thèse de Doctorat en Droit, Université de Poitiers, 1993, p 65. L'auteur note que statistiquement, les délais de transmission par les services de greffe sont d'autant plus longs que la juridiction à laquelle ils sont rattachés, est importante ;

S. LEGER- GRESSOT, *L'oubli en droit pénal,* Thèse, Montpellier, Université de Montpellier, 2000, C COQUIN « deux aspects de l'évolution du concept d'oubli en droit pénal », archive de politique criminelle, 1998, n°20, p. 33.

B-MEMOIRES

Coomans de BRACHENE, Charlotte, *Le casier judiciaire : entre sécuritaire, droits du justiciable et réinsertion socioprofessionnelle, quel équilibre aujourd'hui ?* Faculté de droit et de criminologie, Université catholique de Louvain, 2019, 82 p ;

ROMAIN Laurent, *Alternatives aux poursuites et droit au juge,* Master de droit pénal et science pénale, Université Panthéon-Assas, Paris II, 2011, 124 p ;

DEJEAN Alice, *la réparation de l'erreur judiciaire en France et au Royaume-Uni,* Master de droit pénal et science pénale, Université Paris II, Panthéon-Assas, 2013, 92 p.

IV. DOCUMENTATION EN LIGNE

http://www.feb.be. **C. GHEUR,** « Vers la création d'un casier judiciaire pour les entreprises », *Fédération des entreprises de Belgique, inforfeb, n°1*, mis en ligne le 12 janvier 2006 ;

http://www.residencepalace.be/fr/; Conseil des ministres, « création d'un casier judiciaire central pour les personnes morales » communiqué de presse, 23 décembre 2005, en ligne sur le site du centre de Presse International. Consulté le 20 décembre 2008 ;

http://www.sénat.fr/notice rap/2008/r08-441-notice.html: C.Rapport d'information **d'Y. DETRAIGNE et A. M. ESCOFFIER**, au nom de la Commission des lois du Sénat en France, 27 mai 2009, sur « La vie privée à l'heure des mémoires numériques : pour une confiance renforcée entre citoyens et société de l'information ». site consulté le 1er janvier 2010 ;

http://wwwrtbf.be.info/region/charleroi/inquiétude-chez-les-taxis-carolo-186126: délivrance du certificat de capacité aux chauffeurs taxi subordonné à la production d'un extrait de casier judiciaire qui ne laisse pas apparaître des condamnations susceptibles d'entacher les garanties de moralité du chauffeur, en application de l'article 9 d'un arrêté du gouvernement wallon du 3 juin 2009. Site consulté le 11 février 2010.

http://www.sciences humaines.com/index.php. **D. SALAS** « l'inquiétant avènement de la victime », consulté le 10 juillet 2010.

http://www.feb.be, **C GHEUR,** « vers la création d'un casier judiciaire pour les entreprises », site consulté le 20 octobre 2008.

V. SUPPORTS NORMATIFS

A- Instruments internationaux

Convention de Strasbourg du 28 janvier 1981 sur la protection des personnes dans le traitement automatisé des données à caractère personnel ;

Convention de Tananarive, Convention générale de coopération en matière de justice datée du 12 septembre 1961 ;

Accord de coopération judiciaire entre **la France et le Cameroun** du 21 février 1974 ;

Accord de coopération judiciaire entre **le Cameroun et le mali** du 16 juin 1964 ;

Accord de coopération judiciaire des **États de la CEMAC** du 28 janvier 2004 ;

Code des Marchés publics CEMAC, objet du règlement 06-09/UEAC-201-CM-20 du 11 décembre 2009 ;

Actes Uniformes OHADA, Juridiscope, 4e édition, année 2012.

B-Législation nationale camerounaise

Loi n° 2005/007 du 27 juillet 2005 portant Code de Procédure pénale au Cameroun ;

Loi n° 2016/007 du 12 juillet 2016 portant Code pénal au Cameroun ;

Loi 2006/015 du 29 décembre 2006 portant organisation judiciaire, modifiée et complétée par celle n° 2011/027 du 14 décembre 2011 ;

Loi 2017/012 du 1é juillet 2017 portant Code de Justice militaire ;

Loi n° 2018/ 366 du 20 juin 2018 portant Code des Marchés publics ;

Loi 2018/011 du 11 juin 2018 portant Code de transparence et de bonne gouvernance dans la gestion des finances publiques au Cameroun ;

Loi n° 2012/001 du 19 avril 2012 portant Code électoral, modifié et complété par la loi 2019/005 du 25 avril 2019 ;

Décret n° 80-299 du 2- juillet 1980 portant organisation administrative des juridictions, modifiée et complétée par le Décret 81-264 du 8 juillet 1981 ;

Décret n° 2012/389 du 18 septembre 2012 portant organisation du ministère de la Justice ;

Décret 2015/3760 du 09 septembre 2015 portant organisation du *Cameroon Business Forum* (CBF).

Décret 2002/092 du 8 avril 2002, portant création, organisation et fonctionnement de l'Agence Nationale des Technologies de l'Information et de la Communication (ANTIC).

C-Législation étrangère

Code d'Instruction criminelle issu de l'ordonnance française du 14 février 1938 et ses modificatifs subséquents ;

Code de Procédure pénale français : Partie législative et partie réglementaire (Décrets en Conseil d'État) ;

Ordonnance du Conseil Fédéral Suisse sur le casier judiciaire dit Ordonnance VOSTRA du 29 septembre 2006, entrée en vigueur le 1er janvier 2007, règle plusieurs aspects du casier judiciaire informatisé en Suisse ;

Code de Procédure pénale de la Côte d'Ivoire, objet de la loi n° 2018-975 du 27 décembre 2018 modifiée par celle n°22/ 192 du 11 mars 2022 ;

Code de Procédure pénale du Sénégal, objet de la loi n° 65-61 du 21 juillet 1965, loi de base plusieurs fois modifiée ;

Code de Procédure pénale du Togo, objet de la loi n° 83-01 du 02 mars 1983 publié au Journal officiel du Togo n°9, le 03 mars 1983, pp. 1-52.

VI. JURISPRUDENCE

A-Jurisprudence camerounaise

C.S., arrêt n°119/P du 9 janvier 1975, B.A.C.S n°32, p. 4614 : les mentions sur le casier judiciaire, la qualification des faits ;

Con. Const., Décision n°07/SRCER/SG/CC du 19 décembre 2019 : Vices de forme susceptibles d'affecter la validité et la régularité du casier judiciaire ;

Con. Const., Décision n° 04 SRCER/SG/CC du 28 mars 2013 : Autorités habilitées à délivrer les extraits de casier judiciaire, incompétence des services de la Police.

B-Jurisprudence internationale

Cour eur. D.H, *X c. Allemagne,* arrêt du 4 octobre 1962, publié en Yearbook of European Convention on Human Rights 192, la Haye Martinus NIJhoff Publishers, 1963 Vol 5 pp. 230-237 : les mentions des données personnelles dans le casier judiciaire ne constituent pas une violation des droits de l'homme ;

C.E., arrêt n° 166.311 du 22 décembre 2006 : le certificat de bonne conduite désormais illégal ;

C.E., (8e ch), *Noël c. la Communauté française,* arrêt n° 153.702 du 12 janvier 2006 : la seule mention d'une condamnation dans un extrait de casier judiciaire n'est pas suffisante pour exclure un candidat à un emploi. Il doit en outre être vérifié « s'il existe un rapport entre l'infraction constatée par la juridiction répressive et la fonction que le candidat entend exercer ;

C.E. *Bronlet c. la Commune de Waimes,* arrêt n°192.417 du 20 avril 2009, dans le même sens que l'arrêt ci-dessus ;

C.E. *Bronlet c. la Commune de Waimes,* arrêt n°198.825 du 10 décembre 2009 : l'examen de conduite doit être renouvelé autant que nécessaire, plutôt que de prendre en compte une appréciation de conduite qui remonte à un an auparavant.

Cour eur D. H, arrêt du 26 mars 2006 disponible en ligne sur le site de la Cour (www.echr.coe.int/: consécration du droit à l'oubli ;

Cour eur. D. H. req. N° 44069/98, G.B C/ France, arrêt du 16 mai 2000, sur le droit à l'oubli ;

Cour eur. D. H., S et Marper C. Royaume Uni, arrêt du 04 décembre 2008 et Cour eur. D. H., Rotaru c. Roumanie, Arrêt du 04 mai 2000 : affirmation du droit au respect de la vie privée et familiale ;

Cass, arrêt du 09 décembre 1997, *Pasicrisie,* 1997, I, p. 543, journal des Tribunaux 1998, p 792 : déclaration de culpabilité sans mention dans le casier judiciaire ;

Cass. Crim, arrêt du 04 février 1898 sur l'interprétation de la loi pénale ;

Cass. Crim, 28 janvier 2004, Bull n°20 : la dispense de la mention de condamnation sur le casier judiciaire, n'opère aucun effet sur les déchéances et incapacités éventuelles ;

Cass Crim, 04 janvier 1990, Bull n° 3 ; JCP 90, II 21 543 note ph. Salvage, Revue des Sciences criminelles, 1990 :

Cons. Const, 1996-377, DC, arrêt du 16 juillet 1996 ; Cons. Const 1999-408, DC, arrêt du 22 janvier 1999 : Interprétation stricte de la norme pénale.

VII. DICTIONNAIRES

GUINCHARD Serge, DEBARD Thierry, *Lexique des Termes juridiques,* 25e édition 2017-2018,

CORNU Gérard, Association Capitant, *Vocabulaire juridique,* Quadrige / Presses Universitaire de France (PUF), 8e édition 2007.

CARINE GIRAC MARINIER et JACQUES FLORENT, Petit Larousse illustré, 2014.

TABLE DES MATIÈRES

Structures éditoriales du groupe L'Harmattan

L'Harmattan Italie
Via degli Artisti, 15
10124 Torino
harmattan.italia@gmail.com

L'Harmattan Hongrie
Kossuth l. u. 14-16.
1053 Budapest
harmattan@harmattan.hu

L'Harmattan Sénégal
10 VDN SICAP AMITIE 3
BP 45034 Dakar-Fann
direction@senharmattan.com

L'Harmattan Cameroun
Tsinga/Derrière polyclinique FECAFOOT
BP 11486 Yaoundé
Jacques.koukam@harmattan.fr

L'Harmattan Burkina Faso
Villa 281, secteur 23 623, rue 14.32
Ouagadougou
zagbie@outlook.fr

L'Harmattan Guinée
Almamya, rue KA 028 OKB Agency
BP 3470 Conakry
harmattanguinee@yahoo.fr

L'Harmattan RDC
185, avenue Nyangwe
Commune de Lingwala – Kinshasa
matangilamusadila@yahoo.fr

L'Harmattan Congo
219, avenue Nelson Mandela
BP 2874 Brazzaville
deunovmikhael@gmail.com

L'Harmattan Mali
Immeuble Mgr Jean Marie Cissé
Aci Hamadallaye
BP 145 Bamako
syllaka@yahoo.fr

L'Harmattan Togo
Djidjole – Maison Amela
face EPP BATOME
02 BP 20680 Lomé
didieramela11@gmail.com

L'Harmattan Côte d'Ivoire
Résidence Karl – Cité des Arts
Abidjan-Cocody
03 BP 1588 Abidjan
harmattan.ivoire@gmail.com

L'Harmattan Bénin
Rue 604, (Immeuble à l'entrée
de la rue UCAO- Cite de Saint-Jean)
Cotonou
stepcorpus@gmail.com

Nos librairies en France

Librairie internationale
16, rue des Écoles
75005 Paris
librairie.internationale@harmattan.fr
01 40 46 79 11
www.librairieharmattan.com

Librairie des savoirs
21, rue des Écoles
75005 Paris
librairie.sh@harmattan.fr
01 46 34 13 71
www.librairieharmattansh.com

www.ingramcontent.com/pod-product-compliance
Lightning Source LLC
LaVergne TN
LVHW011500061026
849535LV00004BA/1154